신랑 신부 궁합으로 선택하기

KB044942

쉽게 보는

나의 짝, 궁합

편저 : 方外士
"潤(윤)"역 천문 학술원

사주명법 "기본지식" 학습서!!!~
자미두수 "즉간즉설 활용기"가 적용된,
"상담 예시" 합본

📖 법문 북스

신랑 신부 궁합으로 선택하기

쉽게 보는

나의 짝, 궁합

편저 : 方外士
"潤(윤)"역 천문 학술원

사주명법 "기본지식" 학습서!!!~
자미두수 "즉간즉설 활용기"가 적용된,
"상담 예시" 합본

📖 법문 북스

일반인은 물론, **"사주 입문자"**를 위한!!!

섭게 보는 나의 짝, 궁합

편, 저자; 方外之士
동양 점성술 역 철학 학술원
"潤" 역 천문 철학관
"윤" 자녀. 학과. 직업 연구소

철학관을 찾지 않고도 누구나 쉽게 알 수 있게 한,
부모, 자녀 간의 바른 이해. 학과 선정과
직업, 사업, 혼인, 이사 택일 법 등. 부기附記.

사주명법 "기본지식" 학습서!!!~
자미두수 "즉간즉설 활용기"가 적용된, "상담 예시" 합본.

역易에 대한 회의懷疑와 혼돈混沌을 거듭하던 중,
나름의 질서秩序를 잡는데 있어
직접적인 가르침을 받은 바는 없으나,
박 일우님과 설 진관님을 비롯한,
시류학파의 강의님, 청화 학술원의 박 청화님 등의
관법들에서 도움 받은 바가 컸기에
위, 분들에게 이렇게, 지면상으로나마
감사의 예禮를 표表하는 바이며,

본, 동양 역 철학 학술원.
"潤"자녀. 학과. 직업 연구소의 사주 명법 지식들은,
결코 적지 않은 시간들을 통해
여러 명법들을 연구, 탐색하는 과정을 거치면서
체계화體系化된 현실적, 활용지식을 다루고 있습니다.

동양東洋 철학哲學!!!,
그 중에서도 역 철학인 사주 명리학은 문헌상,
주나라의 낙록과 귀곡자로부터 시원始元하는 것으로 보며
우리나라서는 유교가 성盛하던 조선시대에 들어,
중인中人들의 과거시험이었던 잡과雜科 중, 명과命科에서
인재를 선발하여 관상감觀象監에 근무토록 하였으며
이들은 국가의 대소사와 중요한 일에
관여하였던 것으로 기록되고 있습니다.

하지만, 전래되는 과정에서 그 본질이 왜곡되고,
미신迷信으로 터부시되는 측면이 있어왔으나
종교차원의 기복신앙祈福信仰도, 미신迷信도 아닌,
우주를 구성하고 있는 음양, 오행의 오묘奧妙한 섭리와
조화를 상생, 상극의 논리로 체계화한
과학 철학으로, 수 천년의 성상星霜이 지났음에도
불구하고, 우리의 생활영역에서 광범위하게
실용적 방편으로 활용되고 있음은
부인否認할 수 없는 주지周知의 사실임을
덤덤히 인정해야 하지 않을까 합니다.

본서에 들어가기에 앞서. . .

본서는 실생활에서 취하는 역 철학의 활용 분야 중, 나에게 주어진 배우자 인연과 복은 어떠하며, 어떠한 사람과 조화를 이뤄가며 살아갈 수 있는 것인지 등에 대한, 배연配緣〈배우자와의 인연〉을 살피는 궁합〈남, 녀 배연 문제뿐만이 아니라, 대인간의 상응계도 살필 수 있다.〉과 더불어 사주 명법命法은 타, 유익한 정보를 제공해주고 있어 그 살핌과 활용법들에 대해 굳이 전문가를 찾아가 묻지 않고도, 쉽게 알아 볼 수 있도록 하는데 그 목적을 두고 記述해 나고자합니다.

다만, 전문가가 아닌 일반인으로 본서의 기술 내용들을 이해하고 활용하기 위해서는 "사주 명법" 기초지식들에 대한 학습이 전제되어야 하므로, 그 기초지식들을 제시하며, 다뤄나갈 것입니다. 하지만, 원래 역 철학이란 우리가 흔히 알고 있고, 여겨오는 것처럼 그렇게 어려운 것만은 아니요, 누구나 쉽게 숙지熟知될 수 있도록 전개시켜나갈 것이므로 부담을 느끼시거나 긴장하실 필요는 없겠습니다.

재미있는 이야기책을 읽듯!!!~ 그렇게 학습해 가시다 보면 어느덧 전문가가 다~ 되어 있을 것입니다.
즐거운 책읽기〈독서〉가 되시기를 바랄 뿐입니다!!!.

하지만, **사주에 관심이 많은 분들도 계실 것이기에 역 철학 입문서로도 활용될 수 있도록 하였으며, 무엇보다~ 사주 공부라는 것이 어렵다거나, 굳이 그렇게 어렵게 해야만 할 불가피 不可避성을 갖는 것은 아님을 제시**하고자 하였습니다.

궁합이란 무엇을 말하고 의미하는 것일까요!!!.
우선 이 용어가 갖는 함축적 의미부터 이해되어야 겠지요.

궁합이란!!!~ 흔히 겉 궁합과 속궁합으로 나눠지며 궁합에
대한, 사전事典적 의미를 보면, "**혼인할 남녀의 사주를 오행
에 맞추어 보아 부부로서의 좋고 나쁨을 알아보는 점**"이라고
되어있으며, 속궁합에 대해서는 "**남자와 여자의 성적 어울림
을 비유적으로 이르는 말**" 이라 되어 있고, 겉 궁합에 대해서
는 "**신랑, 신부의 생년, 월, 일을 십이지에 맞추어 보는 궁합**"
이라 표기表記되어있습니다.
이렇듯, 궁합은 남녀 간의 상응관계를 살피는 방편으로 쓰임
을 갖는데, 참고로, 궁합이란 말〈단어〉은 한자어이지만 우리
한국에서만 통용通用되고 있는 용어이며, 중국어로는 합合
팔자八字 또는, 합혼合婚으로, 일본에서는 相性상성이라는 말
을 사용하는 것으로 알려지고 있습니다.
하지만, 광의적廣意的〈넓은〉 의미에서의 궁합이란 남녀 관계
의 조화를 살피는 방법적 수단에 그치지 않고, 육친관계가
포함되는 모든 대인관계에서도 궁합을 살피는 방법들이 활용
되고 있으니, 즉, **부모와 자식 간, 자식과 자식 간, 나와 친구
간, 직장에서의 동료, 상사 간** 등의 상호 조화와 길흉도 살필
수 있다는 것입니다. 이 밖에도 음식飮食 간의 조화를 고려
한 음식 궁합이나, 약藥을 복용할 때에도 이러한 측면들이
고려되는 등, 생활의 전반적인 면에서 활용되고 있음은 어렵
지 않게 발견할 수 있지요.
그러니까, 궁합이란!!!~ 좁은 의미로는 남녀 간의 조화調和
를 살피는 것이 되겠으나, 보다 넓게는 대인과의 상응관계를
들여다보는 방법적 도구라고 이해하시면 되겠습니다.

i3wb.co.kr(bubmun) http:\\www.i3wb.co.kr(bubmun) http:\\www.i3wb.co.kr(bubmun)

※엮은 순서※

□제 1부□
·궁합, 대인 조화를 살피기 위한 명법 기본지식·; 17.

십간, 십이지; 18.
십간, 십이지의 음/양; 19.
오행의 생/극; 20.
음,양 오행과 간,지의 뜻/ 음,양에 대한 이해; 20.
오행의 함의〈품고 있는 의미〉, 목.화.금.수.토; 21~ 24.
음/양 오행의 조후〈균형/조화〉; 24.

십 천간과 12지지의 함의; 25~ 35.
갑,을 목; 26,27. 병,정 화; 28,29. 무,기 토; 30,31.
경,신 금; 32,33. 임,계 수; 34,35.

12지지의 함의; 36~ 47.
인,묘 목; 36,37. 진 토; 38. 사,오 화; 39,40. 미 토; 41.
신,유 금; 42,43. 술 토; 44. 해,자 수; 45,46. 축 토; 47.

천간 합; 49.
   합된다는 것/ 천간 극/ 충; 50.
지지 육합과 삼합/ 방합; 51.
육합/ 삼합/ 방합.
형. 충. 파. 해. 원진. 괴강; 54.

육십갑자 납음표; 54.

"공망" 되었다는 것!!!~; 55.

사주 세워보기; 57.
일주 대비 시간 조견표; 58.
사주세우기 연습; 59.
월별 절기표; 62.
십간, 12지지 음/양의 생/극; 63.

십성 육친의 성립; 65.
십성 육친과 생/극 관계도; 71.

십성 육친의 함의 요약; 72~ 74.
☐**비겁〈비견, 겁재/ 공통〉**; 72.
☐**식상〈식신, 상관/ 공통〉**; 72.
☐**재성〈정재, 편재/ 공통〉**; 73.
☐**관성〈정관, 편관/ 공통〉**; 73.
☐**인성〈정인, 편인/ 공통〉**; 74.

십성 육친의 확장된 의미; 75~ 85.
☐**비견**〈비견, 물상과 관련 전공학과〉; 76.
☐**겁재**〈겁재, 물상과 관련 전공학과〉; 77.
☐**식신**〈식신, 물상과 관련 전공학과〉; 78.
☐**상관**〈상관, 물상과 관련 전공학과〉; 79.
☐**편재**〈편재, 물상과 관련 전공학과〉; 80.
☐**정재**〈정재, 물상과 관련 전공학과〉; 81.
☐**편관**〈편관, 물상과 관련 전공학과〉; 82.
☐**정관**〈정관, 물상과 관련 전공학과〉; 83.

⊡**편인**〈편인, 물상과 관련 전공학과〉; 84.
⊡**정인**〈정인, 물상과 관련 전공학과〉; 85.
사주, 궁위별 함의; 86.

사주세우기 복습과 간단한 해석 연습; 88.

☐12운성 운용기; 95.
　장생/욕/대/관/왕/쇠; 96.
　병/사/묘/절/태/양; 97.

⊡**갑** 일간의 육친 별, 12포태; 98.
⊡**을** 일간의 육친 별, 12포태; 99.
⊡**병** 일간의 육친 별, 12포태; 100.
⊡**정** 일간의 육친 별, 12포태; 101.
⊡**무** 일간의 육친 별, 12포태; 102.
⊡**기** 일간의 육친 별, 12포태; 103.
⊡**경** 일간의 육친 별, 12포태; 104.
⊡**신** 일간의 육친 별, 12포태; 105.
⊡**임** 일간의 육친 별, 12포태; 106.
⊡**계** 일간의 육친 별, 12포태; 107.

☐12신살; 108.
　12신살의 삼합 그룹별 상호관계; 109.
　생년 지 삼합별 12신살; 109.
⊡**12신살 보는 법**; 110.

12신살 취용기; 111.

⊡겁살; 112. ⊡재살; 113. ⊡천살; 114. ⊡지살; 115.

⊡년살; 116. ⊡월살; 117. ⊡망신살; 118. ⊡장성살; 119.

⊡반안살; 120. ⊡역마살; 121.

⊡육해살; 122. ⊡화개살; 123.

□제 2부□

⊡남녀, 배우자 궁합 대인조화; 125.
　배우자 궁합/ 대인조화 보는 법- 1; 126.
　배우자 궁합/ 대인조화 보는 법- 2; 127.
　궁합/ 대인조화 실 예; 131.

　배우자 궁합/ 대인조화 보는 법- 3; 136.
　궁합/ 대인조화 이법異法; 140.
　궁합/ 대인조화 실 예; 141.

※참고 부가지식※ ; 149.
혼인은 언제 이뤄지나???~; 150.
출산〈딸/ 아들〉; 152.
"공망"으로 보는 외도/배우자 복 없는 사주; 153.
부부 불화시의 개운 법; 154.

⊡자미두수로 보는 궁합/ 대인조화⊡ 157.
자미두수 명반 살펴보기; 160.
두수 12궁의 함의; 163~ 165.

명궁/ 형제/ 부처/ 자녀; 163.
재백/ 질액/ 천이/ 노복/ 관록; 164.
전택/ 복덕/ 부모 궁; 165.

자미두수 십 간 사화; 166.
두수, 보좌/ 살/ 잡성의 배속 궁위; 167.
사화성. **화록/ 화권/ 화과/ 화기**; 168.
·보좌성·
천괴,천월/ 좌보, 우필; 169.
문곡,문창/ 문곡 화기/ 문창 화기/녹존/ 천마; 170.
·살성·
경양, 타라/ 화성, 령성; 171.   지겁, 지공; 172.
·잡성·
홍란, 천희/ 함지/ 천형, 천요; 172.

·두수 주성·; 174~.
·**자미성**· 자미성의 특징. 일반적 성향; 174.
  곤명; 175.
·**천기성**· 천기성의 특징. 일반적 성향; 176.
  곤명; 177.
·**태양성**· 태양성의 특징. 일반적 성향; 178.
  곤명; 179.
·**무곡성**· 무곡성의 특징. 일반적 성향; 180.
  곤명; 181.
·**천동성**· 천동성의 특징. 일반적 성향; 182.
  곤명; 183.
·**염정성**· 염정성의 특징. 일반적 성향; 184.

ub.co.kr(bubmun) http://www.lawb.co.kr(bubmun) http://www.lawb.co.kr(bubmun)

곤명; 185.

⊡**천부성**⊡ 천부성의 특징. 일반적 성향; 186.
　곤명;187.
⊡**태음성**⊡ 태음성의 특징. 일반적 성향; 188.
　곤명; 189.
⊡**탐랑성**⊡ 탐랑성의 특징. 일반적 성향; 190.
　곤명; 191
⊡**거문성**⊡ 거문성의 특징. 일반적 성향; 192.
　곤명; 193.
⊡**천상성**⊡ 천상성의 특징. 일반적 성향; 194.
　곤명; 195.
⊡**천량성**⊡ 천량성의 특징. 일반적 성향; 196.
　곤명; 197.
⊡**칠살성**⊡ 칠살성의 특징/ 일반적 성향; 198.
　곤명; 199.
⊡**파군성**⊡ 파군성의 특징. 일반적 성향; 200.
　곤명; 201.

두수로 논하는 궁합, 대인조화; 203
　두수 **태세 입괘** 결/ 표출법.
　생년 **록.권.과**에 의한 궁합/ 대인조화.
　두수로 보는 궁합 대인조화 실 예; 205.

　명/ 부처 상호 교차법. 명, 부처 상호 교차법 실 예; 214.

·자평과 두수에 의한 적성, 학과/ 직업분야· 221.

·두수 14주성에 의한 적성, 학과/ 직업분야· 122~ 235.
  자미성의 적성, 전공학과/ 직업, 사업 분야; 222.
  천기성의 적성, 전공학과/ 직업, 사업 분야; 223.
  태양성의 적성, 전공학과/ 직업, 사업 분야; 224.
  무곡성의 적성, 전공학과/ 직업, 사업 분야; 225.
  천동성의 적성, 전공학과/ 직업, 사업 분야; 226.
  염정성의 적성, 전공학과/ 직업, 사업 분야; 227.
  천부성의 적성, 전공학과/ 직업, 사업 분야; 228.
  태음성의 적성, 전공학과/ 직업, 사업 분야; 229.
  탐랑성의 적성, 전공학과/ 직업, 사업 분야; 230.
  거문성의 적성, 전공학과/ 직업, 사업 분야; 231.
  천상성의 적성, 전공학과/ 직업, 사업 분야; 232.
  천량성의 적성, 전공학과/ 직업, 사업 분야; 233.
  칠살성의 적성, 전공학과/ 직업, 사업 분야; 234.
  파군성의 적성, 전공학과/ 직업, 사업 분야; 235.

·자평과 두수에 의한 적성, 학과/ 직업분야·
실 예; 236.

□**모사某事〈어떤, 하려는 일〉 성,부/ 성,패/ 발복**□; 263.
모사 성,부/ 성,패/ 발복의 시기; 264.
이사방위; 265.
취업; 266.
사업 부진 시; 267.

vb.co.kr(bubmun) http://www.lawb.co.kr(bubmun) http://www.lawb.co.kr(bubmun)

학교 성적 부진 할 때/ 남, 녀 혼인 안 될 때; 268.
유아 출산/ 금전, 차용 환수 시기; 269.
돈!!!~ 언제 받을 수 있나/ 융자 성,부/ 매매 성사; 270.
가출인위 귀가, 출국/ 치료 방위; 271.
의복 색상 활용법; 272.

□**개운 법**□; 273.
생활풍수 디자인.
사무실, 점포 등의 출입문/ 가택의 출입문; 274.
주방; 275.   거실; 276.   침실; 278.
부모님의 침실; 280
가구, 소품, 조명; 281.
화장실/ 참고 보조 자료/ 숙면을 위한 잠자리.
성적이 부진하고 정서적으로 불안할 때; 283.
불면증/어린이, 노인.
빈혈/ 심장허약/ 허약체질/ 갱년기 장애; 285.
신경통/ 위장질환/ 고혈압; 285.
성형과 일상; 286.

⊡**띠 별 음식 궁합과 평생 길지吉地**⊡
쥐/ 소/ 호랑이 띠; 287.
토끼/ 용/ 뱀/ 말 띠; 288.
양/ 원숭이/ 닭; 289.
개 띠/ 돼지 띠; 290.

⊡이사 방위 택일 법/ 구궁 방소 법에 의한 이사 방위 등, 주요 일람표⊡; 291~ 306.

삼살 방/대장군 방/천살 방.

평생 이사 흉방/ 태백살.

구궁방소법에 의한 이사 방위.

구궁방소 이 방위.

생기복덕 주요 택일, 길/흉 조견표.

황/ 흑도 길/흉 정국.

생 년지 별 갑순 조견표.

육십 갑자/ 월건 길,흉/ 택일하는 법.

생기복덕 길/흉 해석.

12신살 그룹 별, 상호관계.

생년지 별, 삼합, 12신살.

12운성 포태법.

대학 전공별 계열 학과.

유형별 전문분야.

자장 간. 육갑 납음.

오행별 함의.

일주 개비 시간 찾기.

vb.co.kr(bubmun) http://www.lawb.co.kr(bubmun) http://www.lawb.co.kr(bubmun)

□제 3부□

·합습 권卷, 권말卷末, 부록· ;
■사주 명법 입문자를 위한, 기본지식 익히기■; 308~ .

·십 천간과 12지지의 음양. 오행·
·십 천간에 의한 십성 육친 성립·
※사주세우기와 십 천간 별, 십성 육친 붙이기 연습※

※두수 즉간즉설에 대해※; 310

·다시 보는 십 천간, 12지지 음,양 오행·; 313.
·십 천간, 12지지 음,양 오행·; 314.
·오행의 생/극·; 317.
·오행의 생/극과 육친성·; 319.
※사주세우기와 십 천간 별, 십성 육친 붙이기 연습※; 321.

·십성 육친의 성립·; 322.
·사주 궁 주 별, 함의·; 322.
※십성 육친 붙이기 연습※; 325~335.

甲 干 ~ 癸 干

□실전 상담의 예 살펴보기□ ; 339.

·실전 상담의 예· ; 340 ~ 352.
　　1. 임 인 년 생 경 오 일.
　　2. 을 해 년 생 정 유 일.
　　3. 기 미 년 생, 병 술 일.
　　4. 병 오 년 생, 계 미 일.
　　5. 계 해 년 생, 을 유 일.

참고 자료.
학술원 강좌 안내.
"사주명법 요체" 목차 안내.
"자미두수 요체" 목차 안내.

후기.
편, 저술자 약력.

·궁합, 대인조화를 살피기 위한 명법 기본지식·

※각 인의 사주를 구성하게 되는 십 천간, 12지지부터 시작
합니다.

·10간十干, 12지지地支·

궁합을 볼 수 있으려면 앞에서도 말씀드렸듯, 사주 명법의 기초 지식 정도는 학습이 되어야 하므로, 궁합, 대인조화를 이해하고 판단하기 위한 사전지식들부터 살펴보겠습니다.

우선, 궁합을 보려면 각 인의 사주를 알아야하는데, 이 사주는 십간十干이라 불리는 **갑甲/을乙/병丙/정丁/무戊/기己/경庚/신辛/임壬/계癸**와 12지지地支의 **자子/축丑/인寅/묘卯/진辰/사巳/오午/미未/신申/유酉/술戌/해亥**라는 각각의 상징성과 고유의 의미들이 함축된 기호記號체계들이 일정한 법칙에 의해 상응相應하며 짝을 이루거나 또 다른 이야기들을 만들어 내면서 희喜/노怒/애哀/락樂의 어떠한 일, 사건/사고 등으로 들어나게 되는데, 우리는 이러한 현상과 그 추이 등을 살펴 실생활에서 유용하게 활용하게 되는 바, 이러한 논리체계가 동양 철학의 한 분야인 **역 철학〈사주 명법〉**이 됩니다.

위의 십간 십이 지지가 서로 어울려 각각의 짝을 이룬 것이 육십六十 갑자甲子가 되는 것이요, 이 육십갑자가 각 인의 출생 년年/월月/일日/시時로 조합을 이룬 것이 우리가 흔히들 말하는 사주가 되는데, 각 인人의 사주팔자를 아는 방법 또한, 아주 간단하여 부담감을 느낄 필요는 없다는 것입니다.

사족蛇足이 될 수 있겠으나 사주 명법, 역易 철학은 앞에서도 언급되었듯, 우주 삼라만상參羅萬像의 섭리攝理와 조화들을 각각의 상징 부호 체계화하여 그들의 상응관계를 논리적論理的으로 접근接近하는 과학적인 사유체계思惟體系로써,

이미 오래 전, 우리의 선조 때부터 실생활의 전반적인 부분에서 활용되어 왔다는 사실을 군이 부정한다거나 배척排斥할 필요는 없을 것입니다!!!~

상담 현장에 있다면 참으로 이율배반二律背反〈=모순矛盾, 즉, 앞뒤가 맞지 않는〉적인 행위들을 종종 발견하게 되는데, 말로는, 나는 뭐!!!~ 하며 부정하면서도. . .
물을 것은 다~ 묻는. . . ~ 이러한 현상들은 그 만큼, 사주 명법의 역 철학적 지식들이 우리와 실 생활영역에서 같이하고 있음을 반증해 주는 것이겠으며, 전문 명법 상담사로 활동하시는 경우가 아니라 하더라도 사주 명법을 논하는 기본적 지식을 갖추게 된다면 생각보다 실생활의 많은 부분에서 매우 유용하게 활용할 수 있게 될 것입니다.

다음의 도표는 십간 십이 지지의 음/양과 오행의 배속配屬표입니다.

※십간 십이 지지의 음/양※

십간	갑甲	을乙	병丙	정丁	무戊	기己	경庚	신辛	임壬	계癸
십이 지지	인寅	묘卯	사巳	오午	진辰 술戌	축丑 미未	신申	유酉	해亥	자子
음양	양陽	음陰	양陽	음陰	양陽	음陰	양陽	음陰	양陽	음陰
오행 五行	목기 木氣		화기 火氣		토기 土氣		금기 金氣		수기 水氣	

☐陽 干; **갑.병.무.경.임**   ⊡陰 干; **을.정.기.신.계**
☐陽 地; **인.사.진.술.신.해**   ⊡陰 地; **묘.오.축.미.신.자**

■☆오행五行의 생生/극剋☆■

⊡생 관계: 木生 **火**→火生 **土**→土生 **金**→金生 **水**→水生 **木**.

⊡극 관계: 木剋 **土**→土剋 **水**→水剋 **火**→火剋 **金**→金剋 **木**.

※음陰/양陽에 대한 이해〈성질性質과 운동성〉※

먼저 음〈－〉,양〈＋〉은 동양 철학에서 우주의 <u>삼라만상森羅</u><u>萬象〈우주를 구성하는 모든 사물과 그들 간의 상응관계로 드러나는</u> <u>모든 현상〉</u>을 이루는 기본 요소가 되는데, 이들은 서로 독립적으로 존재하는 것이 아닌, <u>상보相補〈서로 돕고 보완하는〉</u>관계요, 이들 음/양 운동으로 생성生成된 기운이 **목. 화. 토. 금. 수의 오행**으로 드러나게 되며, 이들은 <u>봄/여름/가을/겨울</u>의 사 계절을 이루게 됩니다.

음기陰氣는 만물의 성장을 억제하는 성분이요, 소극적이고 어둠, 밤을 상징하며, <u>수렴收斂〈거둬들이고 저장하는〉</u>성을 갖습니다. 따라서 이성적이기보다는 감성적이기 쉽고, 환상적이요, 정신적이기 보다는 본능적이다 보니 실수가 많을 수도 있지요.

陰은 대체적으로 땅, 무겁고 탁濁한 기운이요, 여자/ 밤/ 달/ 겨울/ 그늘/ 안〈리裏＝속리〉/ 적은 것 등이 해당됩니다.

양기陽氣는 만물을 성장시키고 적극적, 진취적 성질을 갖으며 강하고, 의욕적인 기운氣運입니다.

陽은 대체적으로 하늘의 상象이요, 가볍고 맑은 기운이며 시작/ 발산發散/ 생장/ 불〈火〉/ 남자/ 태양/ 낮/ 밝음/ 상승上昇/ 겉〈피상皮相〉/ 굳셈/ 큰 것 등이 됩니다.

다음은 각 오행이 갖는 운동성, 성질에 대한 기술記述입니다.
가볍고 편하게 읽어 내려가시면서 살펴보십시오.!!!~

⦁오행五行의 함의〈품고 있는 의미〉⦁

※木. 火. 金. 水. 土 五行의 함의含意※
▣木氣는 위〈上〉를 向해 밖으로 나아가는 곡직曲直의 운동성運動性으로 寅.卯.辰의 木氣는 기존의 형태를 부수고 무엇인가를 새롭게 만들어 내려는 신생新生/ 창출創出의 성분成分이요, 추진/ 생산/ 번식의 인자因子이며, 自身의 뜻대로 행하고 잘 굽히지 않는 성질을 갖는다. ※자수성가自手成家의 성분이기도 하다※ ※年/ 月의 寅. 卯. 辰 木氣는 교육/ 기획/ 디자인/ 문예, 창작/ 건설 등과 通通한다※ ※木氣가 많으면 새로운 아이디어를 창출해 낸다거나 무언가 새로운 일을 잘 벌이지만, 매듭, 마무리, 결실이 약하여 직업적으로도 일을 최종적으로 마무리하는 업무에는 적합하지 않다. ⦁木氣의 職業 類型⦁ 건축, 설계, 건설/ 목재, 가구/ 임업, 산림업/ 식물원, 화원, 문방구/ 서점/ 악기점/ 언론, 방송, 교육/ 의류, 섬유/ 디자인/ 이,미용/ 야채, 청과

木氣

- 21 -

火氣

■巳.午.未의 火氣는 외부〈밖〉으로 활발하게 펼쳐지는
陽 운동이요, 천지만물이 밝아진다. 빠르다.
급急하다〈성질이 급한, 불같은〉와 통한다.

※成敗가 다단하며 최고라는 소리를 듣고 싶어 하는가하면
단아丹粧하고 꾸미는 폼생폼사의 성분이다.

※丙/巳. 丁/午의 火氣는
번화가나, 활동이 많은 시장골목과 가까운 장소가 된다.

※사주에 火가 없으면 의존, 의탁하려는 경향이 있으며,
부귀빈천의 역동성이 약弱하고,
길흉성쇠吉凶盛衰가 완만緩慢하다※

▷여자로 火氣는 세상을 살아가는 삶의 수단手段으로
火氣〈陽氣〉 과다〈4~5개정도〉의 해害로움이 적지만,
火氣가 없다면 사회, 경제적 번영이 어렵고
인생살이가 참으로 곤혹스러워 지지만, 火가 3개
이상이면 무조건 남편 덕 있고
사회, 경제적經濟的으로도 번영繁榮을 이루기 쉽다◁

▢月柱의 巳.午.未 火氣는 많은 사람들로부터
시선, 조명을 받는다는 것이요, 공명정대함을 함축하므로
공공성/ 공공의 목적성을 갖으며,
직업적으로도 방송,언론/전기,전자,통신/광고/화장품/약품/
문학/예술/연예계/금융/정치/법 등과 관련된다.

金氣	■金氣는 융통성이 부족하며 단단하고 강함, 의리와도 통通하며 의리 때문에 성成하고 패敗하는 현상이 드러나는가 하면, **시비是非/분별/성공/결실의 인자**요, 현금재산現金資産과 통한다. **※자기고집이 강하고 밀어붙이는 속성이 있으며, 어떤 목표가 생기면 몰두沒頭/집중/집착執着하기도 한다.** ■申. 酉. 戌月 生〈特히 酉. 戌月 生〉, 즉, 申. 酉. 戌 金氣의 계절에 태어난 사람들은 사유체계思惟體系가 좀 다른 구조를 갖다보니, 외계外界와 통 한다거나, 일반적인 질병에는 잘 걸리지 않지만, 한 번 걸리게 되면 약이 없으며, 요가/기/선 등을 통해 건강을 관리하게 된다거나 관심이 많게 된다. 더불어 건강에 문제가 있게 된다면 주로 소화기 계통이나 간/혈/심장/신장, 방광 등이 된다.
水氣	■水氣는 지혜, 지략. 계획. 저장의 성분이요, 은장隱藏, 즉 숨어들어가는 속성을 갖는다. 귀신처럼~ 있는 듯 없는 듯~, 눈에 띄지 않게. . . **※떠돌이, 유랑, 표류의 속성이 있으며, 본인 자신이나 그 형제에게서 드러나기도 한다.** ▷亥. 子. 丑의 水氣는 소극적/비현실적〈탈속적脫俗的〉/ 정신적精神的인 운동성運動性을 갖는다.

土氣	■土氣는 陰/陽의 運動을 열고 닫는 成分으로 **중재/화해/노력의 인자요,** <u>자랄 만큼 다 자란/ 무르익은 상태</u>가 된다. **※오래된/영감 같은/옛것/전통적인/보수성의 의미를 함축含蓄하는 것이 토기土氣요,** 四柱에 土氣가 없다면 떠돌이요, 역마성驛馬性을 갖는다※

※▷陰,陽 五行의 *조후調候*〈균형,조화〉!!!◁※

10天干 甲/乙/丙/丁/戊/己/庚/辛/壬/癸 中,

甲.丙.戊는 순양純陽〈乙.丁은 陽氣에 가까운 陰氣다〉이요,

己.辛.癸는 순음純陰〈庚.壬은 陰氣에 가까운 陽氣다〉으로 성패의 극단성極端性을 갖으며 <u>乙/丁/庚/壬</u>은 스스로 陰/陽의 조화 를 이루는 성분들이므로 <u>乙/丁/庚/壬</u>의 運運은 男/女 모두 긍정적 성취도가 높아진다.

12地支인 子/丑/寅/卯/辰/巳/午/未/申/酉/戌/亥 中,

<u>寅.卯.辰/亥.卯.未의 **木氣**, 巳.午.未/寅.午.戌의 **火氣**는 **陽**,</u>

<u>申.酉.戌/巳.酉.丑의 **金氣**, 亥.子.丑/申.子.辰의 **水氣**는 **陰**</u>

으로 분류分類 된다.

※다음은 십간 십이 지지 글자들에 담겨있는 뜻, 의미를 한 눈에 파악할 수 있도록 도표화하여 정리한 것입니다.

그냥~ 가볍게 읽어 보십시오.!!!~

<u>갑甲</u>이라는 글자는~, <u>인寅</u>이라는 글자는~ 이러한 의미 를 갖는구나!!!~

라는 방식으로~ 말이죠!!!~

※十십 天干천간과 12지지地支 함의含意※

⊡다음에 제시되는 십 천간과, 12지지는 비록, 사주 명법의 기본지식에 해당되지만, 상위上位의 기법技法으로 활용되는 매우 중요한 지식임을 말씀드립니다.

※十십 天干천간 함의含意※

□天上의 천둥/ 벼락이요, 비와 번개를 동반同伴하며
권위/ 성냄/ 놀람을 뜻함□

·甲은 위〈上〉로 向하는 운동성을 갖는 인자로
자신이 추구追求하는 바를 一貫性있게 밀고나가는
의지/고집이요, **소신/사명감/행동력**이 강하다.

※四柱에 甲木이 드러나면 **통솔력/책임감/지도자**의 氣質을
갖추며 他人앞에 나서는 것을 좋아한다.

※남자는 성품이 곧고 보스기질을 갖으며
여자는 활동적이요, 가정경제를 책임져야 하는 경우가 많고,
추진성은 강하지만 뒷정리가 잘 안 된다. ※家權掌握※

·새로 시작하는 신생. 창출의 인자요,
甲 日柱라면 다~ 털어먹고 다시 일어나는
자수성가를 의미한다.

□甲 木의 인체, 질병/ 인물, 직업측면□
※머리/ 담(쓸개)/ 허리/ 관절.무릎/ 안면/ 동맥/ 정신. 신경※

·교육적인 일/창작/기획력/발명/독특한 아이디어.
기자/저술가/학자/교육가/언론,문화인/건축,설계/장식.
섬유,의류/의류 디자이너/관리,감독자/전자/의약·

甲

木

□乙 木은 천상의 풍〈바람〉~ 이요, 지상에서는 초목이 되며
부드러운 유연성을 뜻한다□

⊙乙木은 양옆〈左右〉으로 펼치고 나아가는 운동성運動性을
갖으며 풍파風波〈고통, 어려움〉를 의미하는 성분이요,
유랑/표류/여행/항공/해운 등과도 통한다.
⊙乙 干은 지혜/모사,책략이 뛰어나고, 변화에 민감하며
대인 친화적이요, 화려한 것/장식/치장하기를 좋아한다.
※말을 잘하며 손/발 재주를 갖는가 하면,
타인他人의 희생을 통해 번영을 이루는 인자이기도 하다.

※乙木은 말〈言語〉과 關聯되므로
四柱에 乙자가 有氣하면 一生에 한번쯤은 말로
먹고사는 歲月을 갖게 된다는 뜻이다.

▷四柱 內, 乙/己/丑/巳가 드러나면 곡각살曲脚殺이라
하여 사고가 따른다거나 수족이나 신경계에 이상이
있을 수 있으며 乙字가 중첩되면 종교에 몰두하기도 한다.

□乙 木의 人體/疾病/ 職業側面□
※간, 담/ 목, 뒷목/ 손, 발/ 신경계※

⊙교육적인 일. 대인을 상대로 설명하는 등, 언어를
활용하는 일에 적합하며, **방송/언론/문예** 분야에서 재능.
유아/ 청년/ 장남/ 기사/ 마부馬夫/ 지휘자/ 세일즈/ 외교.
미용사/ 디자이너/ 화가/

목공/ 수공예기사/ 재주꾼/ 야구, 골프, 당구 인〈선수〉.

乙
木

□丙火는 천상에서의 **태양**, 번개 불/ 발광체요,
지상에서는 담겨진 불/ 열기로, 밝고 쾌활/ 열정적/ 적극성을 뜻하나
실증이 빠르며 실수失手가 많기도□

※丙 火는 두뇌가 명석하고 학문/문장에 능〈재주〉하며
권위/지도력/명성을 위해 주력注力하는가 하면,
사교성이 좋아 대인들에게 인기가 많아
타인의 이목을 받는 직업이나 역할을 행하며
살아가는가 하면, 시비/판단의 속성이 강하지만,
참을성이 결여되어 용두사미龍頭蛇尾가 되기도 쉽다.

▷丙,丁 火氣는 소리/빛으로 급하고 강한 활동력을 갖는다.
※丙 日干으로 寅/午/戌, 巳/午/未의 火氣가 극왕하면
단명短命할 수도 있다.

※丙 日干은 타인의 시선을 받는 역할이나 직업에 적합하며,
쾌속성快速性을 갖는다.

▷문학/ 예능/ 예술에 열정을 느끼기 쉽고, 다재다능하나
火氣가 지나치면 수심愁心이 서린다.

※여자라이면 활동적이요, 대인관계나 사회생활은 좋으나
가정사에 소홀할 수 있고, 가장의 역할을 수행할 수 있다.

□丙 火의 人體/疾病/職業側面□
※심장/ 소장/ 고혈압/ 열병/ 정신신경계/ 눈. 眼科/ 어깨※

·교육자/방송, 언론계/문화 예술계/화가.디자이너.인테리어/미용, 염직공.
방사선 기사/안과 의사.안경사/기수騎手/전자제품/용접/세일즈/보살.

□丁火는 천상의 별/ 달이요,
지상에서는 촛불/ 등잔불/ 가스불 등 작은 불꽃/ 폭죽과 같다□

※피상적으로는 평온해보이나 부드러운 듯,
폭발적인 면이 있으며 내면적으로는 집념, 자존심/
정신력이 강하고, 상/하 관계를 확실히 함.
※丁火 또한, 지혜와 통하며 사려가 깊고 신중하여
경거망동하지 않으며 自身의 일/재주/기능〈主- 연구/교육/의료분야〉
등을 통해 사회에 기여하기도. . .
⊡丁火는 꽃이 무성하고 화려하게 피어있는 상태로
행동력이 강해지는 시기이며,
장식裝飾/치장治粧/요염妖艶함과 더불어 폼생폼사의 인자요,
生命의 수태受胎/임신姙娠의 별이기도 하다.
■丁은 불, 열기〈뜨거움〉요, 만물에 생명력을 부여한다.

▷丁 日干은 물질, 금전을 긁어모으는 재주를 갖으며
성性에 대해서는 매우, 그루브하다.

□丁 火의 人體/疾病/職業側面□
마음〈心〉, 정신/ 심장/ 소장/ 저혈압/ 신경/ 흉부胸部/ 눈目/ 치아.
교육자/ 수학/ 과학/ 전자공학/ 컴퓨터/ 전자정보/ 전자제품/ 서예가.

언론계 종사자/ 문화 예술계의 화가. 디자이너. 인테리어/ 염직공/
방사선 기사. 안과 의사. 안경사/ 기수/ 전자제품/ 화공. 유류업.

※섬세하거나 비밀秘密을 밝히고 찾아내는 일과도 관련※

丁
火

戊

土

□戊土는 천상의 불꽃이요, 석양/ 저녁노을/ 큰 산山/ 대인大人□

※戊土는 배양, 성장시키는 성분으로, 만물이
무성하게 자라나는 형상이요, 피상적으로는 완성된 듯하나
아직 **결실/보상이 이뤄지지 못한 미완의 상태**가 된다.

※**자기 개성이 뚜렷하고 주장이 강하며 아집, 독선적인가하면,
의지가 강하고 적극적이요,**
포용/ 중화/ 중용을 지키며 친화력을 갖추는 성분이기도하다.
□보수적/과묵/고집/고독/비밀/포용/신용 等과 通□

■戊는 전통적 예절을 중시하며 행동력/ 구체적인
실천력이 강한 성분이요,
"간다면 가고~ 한다면 하는 것이 戊土다"

□戊土는 보수적/과묵/고집/고독/비밀/포용/신용과 통하는 성분이요,
어려움에 닥쳤을 때, 더욱 침착하게 행하며 현명하게 대처한다□

▷戊 日干은 대체적으로 무식할 정도로 밀어붙이는 성향이
있으며 주체의식이 강하고 자기중심적, 이기적이요,
신용은 있으나,
손해 보는 일은 하지 않고, 그리 사교적이지는 못하다.

□戊 土의 人體/疾病/職業側面□
※위장/ 비장/ 옆구리/ 척추, 뼈/ 혈관. 자궁질환※

□•중개인/ 토목/건축, 목재상/ 광고업자/ 행정관료/ 법관. 교도관/
수사기관/ 어부. 어물상/ 종교인/미용사/ 도배/ 주택관리사.

□己 土는 天上의 구름이요,
地上에서는 野山/ 들판의 흙〈大地/田園〉이다□

※만물을 성장/ 배양시키는 성분이요, 내적발전을 이룸.
부드럽고 자애로운 면이 있으며, 포용력을 갖추나
우유부단하다거나 표리부동 하는 등, 결단력이 부족하다.
※己土는 主로 내면 활동의 시작이요, 정신적이며 침묵의
성분이다 보니 대인들에게는 비밀이 많은 것처럼
보여 질수도 있지만, 천성天性이 그러하기 때문이다.
■丙,戊/ 丁,己 日柱는 낙천적인 면이 있어 겉으로는
웃고 화려해 보이지만, 내면으로는
근심根尋, 갈증渴症을 느끼며 살아가기 쉽다.

※己土는 변화무쌍하며 환경 적응력이 뛰어나고,
규칙적이며 확실한 것〈纖細하고 正確하다〉을 좋아하나
타인을 잘~ 신뢰하지 않고, 배우의 기를 빼앗는 상이라
별거/ 이혼이 쉬워질 수 있다.

※개성/색깔/생각이 있는 듯~ 없는 듯... 생각은 있으나
주변상황에 따라 **실리를 취하는 쪽으로 처신**하는 것이
己土요, **정신적, 교육적인 일**과 通〈日柱일 때〉한다.

□己, 丑 土의 人體/疾病/職業側面□
□비장. 하복부/ 허리. 뼈/ 뒷골/ 신경.위장胃腸 /복부/맹장/
횡격막橫膈膜/ 치질/냉증/잇몸/자궁/항문□

·교육/ 연구, 학자/ 금융/ 의료/ 행정관료/ 세무관리, 경리사원/ 군,
경, 검찰/ 소개, 중개업/ 숙박업/ 농장農場/ 원예園藝/ 조류鳥類/
환경단체/ 혼인 상담소/ 기사技士/ 건물 수리업.

□天上의 달〈Moon〉.

※만물이 팽창膨脹의 단계에서 수렴/결실을 이루는 시기요,
새로운 개혁/창출/질서를 의미한다.

□庚金은 강건/정의감/결단, 추진력/의리의 상이요,
일처리가 빠르며 지도, 통솔력을 갖추나,
정情에 弱한 면이 있고 애정사에 문제가 따르기 쉬운가
하면, 과도한 욕심으로 구설을 자초하기도 한다.
※형식적인 면이 있고, 냉정해 보이며 강자에 강하려 하는가 하면,
약자에게는 측은지심惻隱之心을 보이기도 한다.

·庚金은 변화의 운동성이며, 지상의 실력자요,
수렴收斂〈거둬 드림〉. 결실/ 시비/ 판단의 인자로,
실속 추구를 위한 "장악력/실력행사", 의리와도 통한다.

▷庚金이 辛金을 만나면 무조건 돈을 떼이기 쉽고,
庚 日柱는 공사를 구분하며 리더쉽. 소속감. 희생정신을
갖지만, 하체와 하복부에 결함이 있을 수 있으며
독선으로 인한 재화災禍가 초래되기도 한다.

※庚. 辛 金은 재물에 대한 실속, 장악력을 갖는다※

□庚,申 金의 人體/疾病/職業側面□
□대장/ 배꼽/ 척추/뼈, 뼈대/ 근육/ 폐. 호흡기/ 피부/ 기침□

·군, 경/ 법조계/ 통신사/ 기계, 금속 등, 철강/
철도, 운전기사/ 비행사.

□辛金은 天上의 서리요, 금/은 보석과 같다.

※자존심/책임감이 강하고 행동함에 있어 냉혹, 냉철한 면이
있으며〈외유내강을 갖춤〉기획력을 갖는가 하면,
정확성을 기하려는 경향이 있다 보니
대인관계에서의 조화에는 어려움이 따를 수 있다.
·辛 金은 개혁성이 강하고 이성적이요, 유연함을
갖지만, 예리하고 조급躁急하며 칼.보석.수술.이별.판단.
成/敗의 因子로 실질적인 문제를 풀어내고 해결하는
실력자요, 매사를 명확하게 처리한다.

▷辛은 **신고. 고충스럽다는 뜻이요, 고초살枯草煞**로서
육친 간의 무덕無德/ 분탈忿奪이 따르게 된다.
■庚/辛金은 재물을 장악하기위한 동작이요, 행위와 통하며
열매. 금전. 수표. 자격증 등에 속한다■

※辛 日柱는 我/ 他를 분별하며 자존심이 지나치게
강하다거나 외곬수의 경향이 있어 시야가 좁을 수 있고
자아도취에 빠진다거나 비난의 대상이 되기도 한다.
※辛 日柱는 자신의 의지나 **가치판단의 기준**이 매우
강하며 자를 것은 확실하게 잘라버린다※

□여자로 辛 日柱라면, 찾을 수~, 이룰 수 없는 것을
추구하는 "꿈꾸는 여자"요,
지구상에는 이상적인 배우자가 없다!!!~

□辛,酉 金의 人體/疾病/職業側面□
※ 대장/호흡기. 폐/기관지/허벅지/종아리/대장/폐/피부/배꼽※

·식모/ 가수/ 접대부/ 군.경/ 금융/ 금은 세공기사/ 침구. 마취사.

□天上의 봄 이슬/가을의 시리요, 大海/큰 강물/넓은 호수/연못이다.

※만물의 근원이요, 생명의 원천이 되는 성분으로,
두뇌가 총명하고 창의력을 갖으며 문학/예술적 재능을
갖추는가 하면, 대인관계에서 융통성, 친화력을 갖지만,
내면적으로는 음탕하고 색욕적이요,
욕심을 채우기 위한, 음험함이 숨겨져 있기도 하다.

■壬水는 안으로 숨겨진 野心이요, 재물창고로
금전인연이 강하여 壬水 字가 드러나면 富 命이요,
그 數가 많으면〈세개 이상〉大富의 象이다■

▷壬水는 분리/이탈/유일/별종/독단의 성분으로 가족들 중, 전혀
다른 삶의 방식으로 살아가는 것이 壬水요, 속내를 잘
드러내지 않고, 도둑놈 심보를 갖기도 한다.
※壬水는 일단 주위 닮는 속성/성향이 强하고,
냉정한가하면, 인내력이 부족하고 "욱"하는 기질이 있으며
법/질서를 무시하는 경향이 있다거나,
오해誤解받을 수 있는 행동을 잘하는가 하면
애정문제에서 곤난함을 겪기도 한다.
※壬 日柱의 자선에는 목적을 위한 음험함이 내재한다※

※壬/癸 日柱는 "사랑하기 위해, 사랑받기위해" 태어났지만,
사랑에 우는 사주요, 壬午/壬申/壬戌이면 애정에 굴곡이 따른다※

□壬,亥 水의 人體/疾病/職業側面□
※방광/ 자궁/ 신장/ 허리. 하체/ 종아리/ 피부질환/ 정액/성병/ 분비물.
혈관/ 혈액/ 신장/ 생식기/ 자궁/ 방광/ 두부頭部※

⊙賢人/ 해운/선박/잠수사/ 임신부/ 산부인과/ 소아과 의사.
경찰/검찰/ 봉사직. 연구직/ 운동선수/ 부동산/ 목욕탕/ 장의사/ 숙박/ 유흥업.

壬
水

□天上의 봄비요, 봄에 내리는 이슬/빗물/눈물과 같다.
※만물의 탄생을 뜻하며 한 해를 시작하는 구간으로,
두뇌가 명석하고 재치가 있으며 임기응변에 능하나
사기를 당하기 쉽고, 경망스러운가 하면, 표리부동表裏不同의
이중성, 비밀을 갖기도 한다.
⊙癸는 깨끗함. 투명성의 인자요, 정신적 측면의
소극성/음험함과 편집성이 내재하며
丁 火가 드러나면 사기/ 도둑놈 심보를 갖는다.
※癸 日柱는 창의력/예술적 감각/재능을 갖는가 하면 평형성,
즉 좌우를 조정하는 일과 통하므로
主로 판. 검사에 많으며 참모의 역으로 적합하다※

▷癸 日柱는 공상적인 면이 있다 보니 미래에 대한
설계/개발/의학/철학/예능/기술/문학방면과
인연하기 쉽고, 성질이 괴팍하며
자신과 타인을 피곤하게 하는 스타일이기도 하다.
※癸 日干은 온화해 보이지만, 냉정하고 강한 집념과
야망을 불사르며 폭발적이요, 열정을 갖으며
목적을 위해서라면 수단/방법을 가리지 않는 유형이나
재복財福은 두텁지 못하고 과부, 홀 애비가 많다.
※壬水는 대해/심해지만, 癸水는 천상의 빗물, 얕은
물이요, 辛. 癸는 배타적이나, 마무리가 깔끔하고
癸水 日柱는 교육자/ 신앙인이 많기도 하다※

□癸,子 水의 人體/疾病/職業側面□
※신장/ 정액/ 전립선/ 뇌. 정수리/ 골수/ 뼈/ 손.발.허리/ 피부질환/
털體毛 / 자궁/생식기/방광/난자/신장/요도/허리〈요통〉/엉덩이※

⊙승려/ 작가/ 철학자/ 의사〈의료계〉.
간첩/ 군. 경찰/ 해운. 선박/ 유흥업/ 도둑/ 매춘부. 작부酌婦〈술집여자〉.

※12지지地支 함의含意※

·寅 木은 봄〈春〉의 始作이요,
새로운 것을 보고 배우는 유아기에 해당된다.

□寅은 申.巳.亥와 더불어 역마의 속성을 갖으며
사회활동을 해 나감에 있어 일종의 유능/ 능력자로 보며
수술手術/수감/마비성痲痺性 질환이 따르기도 한다.
※寅 木은 天干의 甲木으로
새로움/창출/신통력/권력의 성분이요, 성패/번영의
기복起伏이 따르며
조업祖業이나 본업을 깨고 다시 세우는 등,
몇 차례 인생의 판이 바뀔 수 있다.

□四柱에 寅木이 過하다면
덕이 없고, 시비, 구설/ 배신/ 관재官災 등이 따르게 된다.

※寅. 申. 巳. 戌은 형/ 충/ 파가 다되는바, 직업의 형태
또한 다양하여 제조, 기술/ 가공, 조립/ 역마성의 전자, 통신,
방송, 언론, 컴퓨터/ 건축/교육/의료/형벌/ 법률 等과 더불어
차/ 술/ 미용/ 목욕/ 숙박/ 목욕업 등과 인연할 수 있다.

□寅 木의 人體/疾病/職業側面□
위장질환/ 간/ 담/ 손.발/ 허리/ 다리/ 체모體毛/탈모脫毛/건망증.

전기. 전자/ 통신. 항공.
토목. 건축/ 목재. 가구/ 지물. 섬유/ 출판/ 인테리어. 장식.
교육/ 교사〈도덕, 윤리담당〉/ 의료〈정형외과〉/ 법무/ 세무.
군, 경.검/ 판. 검사/ 자동차.
연극, 연출/ 종교 신앙 인/ 정육점〈主로 돼지고기〉.

寅

木

卯

木

■卯 木은 늦은 봄春, 화초/ 물오른 나무요,
학업/ 학습의 시기時期인 소년기에 해당된다.

·卯木은 양옆〈左,右〉으로 펼쳐지는 역동적 운동성이요,
예쁘게 잘 가꾸는 속성이 함축되며,
활동성/교육/기획/설계/계획 등과 통하는가 하면,
매매를 통한 부동산의 전변〈조상, 부모의 **당**을 자꾸 **팔거나
바꾸는**〉이 많고, 직장이나 아이들 학교문제로 이사를
자주하게 되는〈2~3년에 한 번씩〉 현상이 있게 된다.

※卯는 乙木과 같은 자로 만물을 새롭게 창신, 기획하는
인자요, 면모面貌가 미려美麗하며 꾸미고 장식하는 등의
건축. 설계. 창작. 조경. 인테리어. 디자인.
데코레이션. 의류. 섬유 등과 송신탑의 물상을 갖기 때문에
방송, 언론. 교육과도 인연한다.
·卯 木은 총명하고 꾀가 많으며 외유내강의 기질을
갖는가 하면, 남녀 모두 용모가 미려하나, 일을 행함에
있어 용두사미가 되기 쉽고 몸도 약弱할 수 있다.
※식복이 있으며 사교력, 인기가 좋은가 하면, **의부/의처**의
현상이 있게 되며 **도박**으로 신세를 한탄할 수 있고,
자식 덕이 약하며, 한번 틀어진 관계는 되돌리기 힘들다.

□卯 木의 人體/疾病/職業側面□
간·담/ 눈目/ 손. 발/ 무릎/ 관절/ 체모體毛/ 우울증憂鬱症.

건축· 설계/ 조경/ 장식/ 인테리어. 디자인/ 의류. 섬유/
교육〈유치원. 탁아소. 피아노 학원〉/ 육영사업/ 문학/ 기획, 설계, 건축/
방송. 언론/ 법 관련〈主로 判事〉/ 화훼/ 약초/ 채소. 과일/
음식/ 한의사/ 모자. 귀막이. 등 중, 저가의 보온 용품.
지압/ 미용사/ 모델/ 골프선수.

□辰은 이상주의자며, **폼생폼사**의 성분이자 애정사에
강하게 노출露出되지만, 이러한 비밀을 숨겨야 하는
고충이 따르는 인자요, 말할 수 없는~
바꾸거나 지워버리고 싶은 어두운 과거를 보듬으며
안 그런 척~ 아픔을 안고 살아가기도 한다.

▷辰土는 든든한 빽 줄, 무형의 힘을 믿으며 때가되면
무섭게 치고나가는 인자요,
이것저것 다~ 모아놓은 잡화의 성분으로
"잡학다식 만물박사"요,
직장 또한 "종합"자가 붙는 회사와 인연하기 쉽다.
□辰 日支로 壬戌/癸亥가 드러나면 용이 승천昇天하는
대격大格이요, 신출귀몰하며 목적을 향해 주력走力하나
허황되기 쉽고, 식욕/ 색욕을 탐하는가 하면
타인을 무시한다거나 허풍쟁이가 되기도 한다.
□辰 日支면 냉정하나 상상력이 풍부하며
신앙심이 두텁지만 사람을 배신할 수 있고, 자식과의
연은 박하며 신체적으로는 어깨 걸림이나 척추에 이상異常이
있을 수 있으며 사주에 火氣가 지나치다면
일생, 질병으로 인한 고충이 따를 수 있다.

辰
土

□辰 土의 人體/疾病/職業側面□

비, 위장/ 복부/ 옆구리/ 뼈/ 피부/ 혈관. 신경질환/ 발작/ 자궁질환.

□지식분야의 교육. 기획. 연구/ 홍보. 이벤트업/ 미용.

물과 관련되는, 양식업. 민속주. 토속주. 막걸리/분식집. 식당/

제과.제빵/ 건축. 건설업/ 토건/

특허품 장사(特히 辰 大運)/ 특수제품.

■巳 火는 여름〈夏〉의 시작/타오르는 불이요,
사회생활을 전개시키기 시작하는 청년기가 된다.

⊡巳 火는 발산/확산되는 운동성으로 급하고, 실천력이
빠르며 바쁘게 살아가는 인자요, 수행을 좋아하기도. . .
**※쾌속성快速性, 맹독성猛毒性을 갖는 성분이며
"한다면 하는" 행동, 해결양식을 갖는다.**

⊡위엄/명예가 있고, 일을 行함에 있어 시작始作과 끝이
있으며 집착/질투와도 통하는 성분이요,
귀농/귀촌을 한다거나, 도시생활을 하다가 산으로 들어가
은둔생활隱遁生活을 하기도 한다.

**※사주에 巳火가 지나치면 사회생활의 적응에 어려움이
따른다거나 일이 지체되는 현상이 있게 되며
변태적 기질이 있을 수 있고, 巳 日支로 사주가 차갑다면
육친의 덕〈처/남편/자식 등〉을 기대하기 어려우며
배연에 고단함이 따르지만, 유지시키려는 속성을 갖다보니
갈 때까지 가서야 이별을 하는 유형으로 나타난다.**

□巳 火의 人體/疾病/職業側面□
정신/ 심장/ 혈관/ 치아/ 신체 마비, 안면마비/ 눈目.안과.

⊡가르치고 기른 일, 교육/ 생살권을 갖는 의료/ 법무/ 세무/

수출/ 무역/ 전기. 전자. 통신/ 조명기구/ 보석/

주유소/ 도시가스/ 화학/ 영화 관련업/

화장품/ 안과. 안경점/ 첨단무기/ 이동수단, 자동차/

항공/ 선박/ 관광/ 여행 등.

巳
火

午 火	■午 火는 陽光이요, 사회활동을 왕성하게 전개시키는 청년기에 해당된다. ⊡솔직, 담백, 公共性· 숨길 것이 없는 인자다!!! ▷午<=丁>는 만인에 드러나는 공공성. 자타공인의 속성을 갖다보니 직업적으로도 공공성을 갖는 분야의 방송, 언론 等과 더불어 지식을 전하는 교육/금융/법조계<변호사.검사>/연예계 等이 된다. □午는 **정의감/승부욕/질투심**이 강하고 환경/유행에 민감함을 보이며 성급하여, 연애에서도 급하게 뜨거웠다 빠르게 식으며, 호색적好色的이요, 재물복도 약하다. ▷巳. 午의 불빛, 조명은 카메라/언론/방송 등과 더불어 교육/금융분야와 관련하며 넓게 펼쳐진 곳/모퉁이/놀이공원 등이 된다. ※午는 午의 드러나는 속성<소문 等...>으로 잘 나갈 수 있지만, 애정사의 왜곡 등이 따르기도 한다. ▷午<말>띠 生으로, 坤命이면 늦게 結婚하라!!! 만일 早婚이라면, 10중 8· 9는 깨지리니~ ※대체적으로 말 띠 人은 모든 일에 지체됨이 따르게 되는데, 직장에서의 **승진/ 혼인** 등에서 그러하다. □午 火의 人體/疾病/職業側面□ 심장/ 신경 정신계/ 눈/ 혈관/ 고혈압/저혈압. ⊡교육/ 금융업 계/ 정보情報 관련/ 외무/ 변호사/ 보좌관/ 방송. 언론/ 연예인/ 인기, 유행 업. 전기. 전자. 통신/ 컴퓨터, IT/ 음향, 조명기기/ 방사선 등. 첨단 과학/ 운송 수단의 택시, 자전거, 바이크/ 자동차 부품/ 스포츠 분야. ※ 변화가. 시장. 도로변※

未
土

□未는 **마른 흙**/ **사막**/ **화원**이다.

※未는 아닐 未 字로, 아니다~

미숙한/ **맛이 덜든**/ **수정**/ **반복**/ **게으름**/ **쇠퇴**의 뜻이 함축되며

말 못할 **고민**/**비밀**이 많고 고독을 즐기기도 한다.

※일이 더디고 지체되며 늦어지게 되는데, 이는 어떤

목적, 사회적 발전과 번영을 이루기 위한

내부적 변화이므로 지루함/ 답답함을 감내해야한다.

□자존심이 강하고 온순, 침착하며 진보, 개혁적이기

보다 안정을 추구하며

연구/사색思索/철학/언론/의술/종교/사교私/화려함과도 통한다.

▷학업이나 정신적 측면은 긍정적이나 사회적 성취,

보상報償에는 어려움이 따르며

때로, 엉뚱하고 기적과 같은 일을 만들어내기도 하다.

※상담현장에서~ 사주에 未字가 드러나 있다면 . . .

댁에 크다 만!!!~, 뭔가를 되풀이, 반복하는 사람이 있네요!!!~

하면, "네" 하게 된다는 것이다!!!~

□未 土의 人體/疾病/職業側面□

위장/ 비장/ 비장/ 두부/ 손,발/ 간경화/ 우울증/ 하반신 마비.

⊡공직/ 대민업무/ 보육업/ 도서, 출판업/ 서점/

문화, 예술업계/ 농수산물/ 식품가공(밀가루,면)/

음식,요리 관련업/ 종모상/ 꽃집/화훼.

섬유, 직물(衣類. 이불 等.)/ 의상/ 봉재/ 석공/ 도자기.

부동산/ 중개업/ 중간상인/ 증권관련/ 창고업.

스테인레스/ 우비, 우산, 장화(特히 未 大運) 관련업.

申
金

■申 金은 일의 마무리/ 결실을 맺는 운동성으로 결과물을 만들어내며 안정적인 삶을 추구하는 장년기에 해당된다.

·申 = 庚은 새로운 힘/ 신통력/ 능력을 발휘하게된다는 의미로 사주에 申字가 드러나면 사람을 죽이고 살릴 수 있는 권력성 조직〈형벌. 법무.세무/방송.언론〉과 인연한다거나 자동차/선박/항공/금전/금속류와 더불어 약품/ 전문 건강성 식품/먹을거리 등과도 관련된다.

※申은 두뇌가 총명하고, 환경적응력이 민첩하며 숨겨진 손재주를 갖는가 하면, 자기재주에 자신이 당한다는 의미가 함축되며, 子와 더불어 애정의 왜곡/ 비밀/ 다산多産의 인자요, 여자로 子/申의 글자가 드러나면 무조건 애정의 왜곡이 드러나게 된다.

■금전, 재물은 발달하나 건강이 불안하고 애정사는 왜곡된다■

※이기적인 면이 있어 자기방식을 고수固守하는 경향이 있으며 외로움/고독성의 별이라 배연配緣의 조화에 어려움이 따르고 자식과의 연 또한 약弱하다.

□申 金의 人體/疾病/職業側面□

대장/ 폐. 호흡기/ 기침, 가래, 천식/ 요통. 관절염.

·권력성 형벌. 법률.세무/군〈직업 軍 –공수부대). 경. 검. 행정직 공무원/금융/ 의료업, 의약품/ 치과의. 자동차.항공.해운. 선박/ 기계, 금속.철강/건설, 광산업/ 건강성 식품류/ 과일, 건과류/ 배우, 화가, 소설가.

■酉 金은 결실을 맺고, 결과물을 만들어내는 운동성으로
사회생활을 마무리하는 장년 기에 해당된다.

※酉는 神靈스러움을 갖는 成分이다 보니 앞일에 대한
예감豫感을 갖으며 고집/ 냉철/ 섬세〈특히 애정면에서〉/
까다로움/ 예리하고 날카로움/ 교만驕慢〈잘난 척〉 등과 통하는
인자인가 하면, 흥을 돋우며
풍류를 즐길 줄 아는 성분이기도 하다.

※申. 酉는 큰 것〈金錢,財物〉을 장악掌握하는 힘,
에너지요!!!~, 실속적인 것으로
금덩어리/ 금전/ 수표/ 공증서/ 자격증 등이 속하며
酉字가 드러나면 부자가 될 수 있음이요, 술酒/약물이
되고 질병으로는 천공성 질환이다.

※申.酉.戌/ 巳.午.未는 현금재산이요,
亥.子.丑은 부동산이 된다.※

酉
金

※상담현장에서~ 사주에 申字가 드러나 있다면 . . .
댁에 약물다루는 이가 있나요~ 주류를 취급하고 계시네요!!!~
하면, "네" 하게 된다는 것이다.!!!~

□酉 金의 人體/疾病/職業側面□
간/ 대장/ 폐/ 피부/ 신경과민神經過敏.

※酉는 판단, 심판, 살상의 속성을 갖는다※

군·경·검/ 약사, 간호사/ 정형외과, 치과의.
금융, 회계, 경리/ 시계, 보석상/ 정밀기계/ 기계공학.
과일, 건과류, 곡물, 냉동, 숙성식품/ 주류업.
공무원〈地位가 높은〉/ 구도자/ 작가, 예, 체능/
건설업/ 건축업〈主로 現場 所長 ...〉.

戌
土

⊡戌은 수구성/ 소극적 행동과 더불어
지키는 것이요, 丙戌/ 壬戌의 白虎, 戊戌/ 庚戌/ 壬戌의
魁罡으로 운기의 성쇠 요소가 크며 이중성이 발생된다.
있어도 없는 척~ 없어도 있는 척해야하는. . .~
따라서 사주에 戌字가 드러나면 이중생활의 형태
〈晝耕夜讀한다거나 밤, 낮으로 하는 일이 다른〉와 그로 인한
고충이 있게 된다.

⊡戌은 충성심/ 정감情感/ 직감, 예지력을 갖는가 하면,
적극적이기 보다 유유자적하는 유형이요, 육친의 덕은
박하며 돌연히 성공하고, 돌연히 추락하는 인자가
戌이요, 戌 운에는 외국으로 나가거나 산山으로 들어가
조용히 살고자 한다.

■戌/ 亥는 정신적인 면을 추구하는 성분이요,
정신적 발전을 이루는 통로가 된다.

□戌 土의 人體/疾病/職業側面□
위장/ 비장/ 간질환/ 손·발/ 근육/ 남성 성기.

군. 경. 검/ 교도관/ 정보원/ 변호사/ 보안/ 경비업.
의료/ 법무/ 세무/ 예술 인/ 종교, 신앙 인〈목사, 스님〉/
도사, 도인/ 교육, 철학교수/ 약국, 제약회사/
합창단, 그룹사운드/ 土木, 도로, 제방공사/
위생 업〈휴지장사〉.
※月支 食傷 戌※
의료, 법무, 세무/ 숙박업, 찜질방/ 실내골프장 등.

亥 水	□亥 水는 노년기의 휴식과 삶의 여정을 마무리하는 시기가 된다. ※亥水는 한 가지, 한 방향을 향해 전력하는 성분이다 보니 독선적일 수 있으나, 독립심이 강하며 자수성가 형이요, 깊은 사유思惟와 통찰洞察을 통해〈참선/명상/수도 등〉 지혜를 얻는가 하면, 방송, 언론/저술 등으로 이름을 얻기도 하며, 자신만의 독창적이고 특별함〈特異한 일〉을 즐긴다거나 옛것을 소중히 여기는 스타일이요, 행하는 일에 대해서는 성과를 내고자하는 기질이 있다. ·해 수는 씨 핵核字에서 온 글자로, 가치 있는 것. 영양가가 가득한 등의 의미가 함축되며 어둠/ 검은/ 잘 드러나지 않는/ 뒤죽박죽과도 通한다. □亥年 亥 日柱는 일생, 획일적인 일이나, 조직/단체생활 등에 어려움을 느낄 수 있으며 구설이 따를 수 있어 언행에 신중해야 할 필요가 있다. ※戌/亥는 천문天門의 글자요, 亥年 生으로 寅/辰時 生이면 이름을 널리 알리기도 한다. ※식록食祿/ 금전金錢과 인연이 많으나 금전관리가 안된다. 정신적으로 발전하는 시기〈運〉로 삼으라!!!~ □亥 水의 人體/疾病/職業側面□ 신장/ 생식기/ 자궁/ 방광/ 생식기/ 생리불순/ 요도/ 당뇨. 혈관, 혈액질환/ 고혈압/ 심장마비/ 인후질환/ 항문질환. 무역/수산업〈해조류 養殖〉/ 주류도매/ 음식/유흥, 오락업/목욕탕, 찜질방, 숙박업/의류, 세탁/물장사/ 냉, 난방업/음악관련- 主, 가수/ 건축, 광산업/ 연구원. 천문학자/ 정신적 측면의 교육, 종교, 철학. 의료〈산부인과〉. 수의사/ 탐험가/ 직업군인〈육. 해. 공군〉/ 임대업.

□子는 새로운 시작이요, 명상적이며 지혜롭고 영감靈感이 뛰어난가 하면 고독/슬픔/비관悲觀과도 통하며 중재역할을 잘하고 子年 生으로 癸亥가 드러나면 문장가가 되기도 한다.

※야행성, 비밀스런. 드러나지 않는 사회활동/ 금전/ 애정사요, 생식력生殖力이 강강하고 자식이 많다.

※여자로 子는 애정사의 왜곡/ 고충/ 희생이 많으며 男/女 모두 사회적 번영이나 발전이 더디다·

▷子는 직업적으로 정신/종교/교육/연구,개발/ 전문자격/ 저장/전자. 정보. 검색/컴퓨터/해양. 외교 등과 인연하기 쉽다.

※상담현장에서~

. . . 四柱에 子字가 드러나 있을 때,
"복잡複雜스럽게 살아가는 식구食口가 있네요"!!!~
하면, "네" 하는 것이 子水이기도 하다. . .

□子 水의 人體/疾病/職業側面□
귀/방광/자궁/방광염/아랫배. 요통.

정신. 종교/ 교육. 연구, 개발/ 유전遺傳, 생명공학/ 정보,통신/ 컴퓨터.
현악기絃樂器〈기타, 바이올린〉/ 곡예단.
해양, 해운/ 수산/ 무역/ 밀매업자/ 정치/ 외교/ 판사, 검사.
의료〈산부인과- 방광. 신장. 자궁/ 비뇨기과〉/ 의약.

子

水

□丑, 소는 고집/고독/냉정/인내심의 因子요,
생활의 반복, 느리고 답답하게 보내는 세월/환경/육친이
있음이요, 정신적 의지/신비적 요소와도 통한다.

**※丑年 生이면 소처럼 열심히 묵묵히 살아가지만,
잘나가던 일이 어긋난다거나 대가나 그 보상은 미흡하다※**

**□男.女 모두 소극적이요, 사회적 발전, 번영이
늦어지며 여자로 丑年, 丑 日柱면 고충/희생이 많다※**

■乾命〈남자〉으로 子/ 축운에는 교직이나 연구소 등,
공직에 머물며 변화가 없는 생활을 살아가게 되며,
坤命〈여자〉 또한 별 변화 없는 생활이요,
가정, 육친 간에 애정의 왜곡이 발생되기 쉽고
부귀빈천의 성쇠가 따르는가 하면, 丑 運은
희생을 감내해야 하는 등, 불리함이 많기도 하다.

※丑字에는 결실/매듭/결단/절교의 뜻이 含蓄된다.

□丑 土의 人體/疾病/職業側面□
비장.위장/ 발/ 복부(복통)/ 맹장/ 신경, 정신질환/
치질/ 냉증/ 잇몸/ 자궁/ 항문.

▪군, 경, 강력계 형사/ 검사.판사/ 귀금속/ 금융업/ 세무/경리.
철도. 기차 등, 운송업/ 기계/ 차량정비/ 창고업/ 임대/숙박업.
냉동업/ 골재사업/ 환경 미화원/ 중개, 소개업/ 봉사직.
정신적 측면의 교육, 연구직/ 종교/ 의료〈主 - 산부인과〉.

丑
土

동양 철학 중에서도 역 철학은, 우리 생활의 실용적 측면에 서활용가치를 갖는 논리체계로, 음/양의 오행과 이들의 기운을 품고 있는 천간의 10개 글자(갑.을.병.정.무.기.경.신.임.계)와 지지의 12개 글자(자.축.인.묘.진.사.오.미.신.유.술.해) 간의 상응관계를 살펴 실생활에 적용, 활용하는 것이 사주 명법의 근간根幹입니다.

여기에서 상응관계를 일으키는 요소들로는 합/형/충/파/해/공망 . . .등이 있게 되구요!!!~

본서의 제목이 "누구나 쉽게 보는 나의 짝!!! 궁합 살펴보기" 로 궁합을 본다는 것은 각 인의 사주를 본다는 것이요, 사주를 논하기 위한 지식이 갖춰져 있어야한다는 전제가 성립됩니다.

따라서 궁합을 보기위한 지식들은 갖춘다는 것은 사주 명법의 지식을 갖게 된다는 것이 되며, 이는 궁합뿐만 아니라 타 他 물음에도 답을 할 수 있는 지식들도 더불어 갖추게 된다는 것이 됩니다!!!~

그러므로 결국, 본서를 이해하시게 된다면 사주 명법을 다루는 통합적 전문 상담사는 아니라 해도, 본서에서 다룬 "궁합"과 "학과學科 선정"!!!~ "혼인", "이사 택일" 등에서는 스스로 해결할 수 있는 전문가專門家적 지식을 갖게 된다는 것이 됩니다.

앞에서 십 천간과 12지지 각 글자들이 품고 있는 의미들을 살펴보셨습니다. 만, 어려울 것이 없습니다!!!~

간지를 제대로 이해하는 것만으로도 이미 사주 명법의 50% 이상을 아는 것이 되기 때문입니다.

역 철학!!!~, 사주!!!~ 하면, 우선,
어려운 것!!!~
어렵다는데~~~
어렵게 배워야 한다고 하던데~ . . . 라고 여기시는 듯한데, 이렇듯 역 철학에 대한 왜곡歪曲된 인식들은, 강의 현장이나 개인 교습에서도 무비판적으로 어렵게 배우고, 가르쳐 오면서 형성된 잘못된 기류氣流에서 연유한 까닭일 것입니다.

제가 늘!!!~ 소신을 고수하며 말씀드리는 바는, 역 철학을 배우고 익힌다는 것이 결코!!! 어렵지만은 않다!!!~ 라는 것입니다. 어떠한 방식으로 학습하고, 가르쳐야 하는가!!!~ 하는 **방법론이 중요하다는 것**이지요!!!~

자~
이번에는 천간의 **합.충沖.극克**과, 12지지의 관계에서 성립되는 **육합/삼합/방합方合**에 대해 살펴보겠습니다.

▷※天干 合※◁

天干의 合은 陰과 陽 기운의 이성적 조합으로, 서로를 끌어당기는 현상이지만, 자신의 고유固有한 역량〈成分〉이 손상/훼손/왜곡되는 등의 결과를 가져오므로 천간의 글자들은 대체적으로 합되는 것을 꺼립니다.

※금과 목기/ 수와 화기는 음/ 양의 조화調和요, 한 몸이다※.

回甲갑/己기 合 化 = 土토.

回乙을/庚경 合 化 = 金금.

回丙병/辛신 合 化 = 水수.

回丁정/壬임 合 化 = 木목.

回戊무/癸계 合 化 = 火화.

※천간 합 중, 丁/壬 合은 남/녀의 교합으로 생명체를 잉태해
  내는 합이요, 四柱에 丁/壬 合이 드러났다면 이성연애에
  능숙하지만, 혼인과는 별개의 문제가 됩니다.

▷합合 된다는 것◁

서로에 의해 관계되어있다. 묶여 있다~
묶여 있다 보니 고유의 기운은 약해지고 활동성은 둔화, 왜곡
되지만 외적인 요인으로부터는 보호된다. 는 뜻을 갖게 됩니
다.

충은 양 간과 양 간, 음 간과 음 간끼리의 작용으로 갑목과
경금이 만나면 충 관계가 성립되면서 **剋되는 글자의 역량**
〈氣運〉 **오히려 강화된다는 것**인데, 천간에서는 충보다는 극
을 취하게 됩니다.

▷天干천간 沖충, 克극◁

回甲-庚/ 乙-辛/ 丙-壬/ 丁-癸 沖.

回甲-戊/ 乙-己/ 丙-庚/ 丁-辛/ 戊-壬/ 己-癸 剋.

⊡지지地支 육합六合과 삼합三合, 방합方合⊡

地支 六合, 三合은 지지地支 글자들 간의 상응에 의한 현상
으로, **"서로 관련되어 있다"**는 의미요, 원래 합이란 오행의
글자가 서로 묶이는 것으로, 묶여 있다 보니 **유대紐帶, 친밀
함, 보호되고, 안전해진다**는 의미와 더불어 **"답답함"**도 느끼게
됩니다.

※육합六合※

자子, 축丑 합.	인寅, 해亥 합.	묘卯, 술戌 합.
진辰, 유酉 합.	오午, 미未 합.	사巳, 신申 합.

※삼합三合※

신申, 자子, 진辰 삼합.	사巳, 유酉, 축丑 삼합.
인寅, 오午, 술戌 삼합.	해亥, 묘卯, 미未 삼합.

※방합方合※

인寅, 묘卯, 진辰 방합.	사巳, 오午, 미未 방합.
신申, 유酉, 술戌 방합.	해亥, 자子, 축丑 방합.

방합은 전생으로부터 부여附與받은 성품, 기질을 의미하며
계절성季節性 운동으로, 인.묘.진은 봄〈春節〉/ 사.오.미는 여름〈夏節
期〉/ 신.유.술은 가을〈秋節〉/ 해.자.축은 겨울〈冬節期〉이 됩니다.

⊡형刑/ 충沖/ 파破/ 해害/ 원진怨嗔/ 괴강魁罡⊡

刑	寅.巳.申.		丑.戌.未.		
	子.卯.	辰.辰.	午.午.	酉.酉.	亥.亥 刑.
沖	子/午. 卯/酉.		丑/未. 辰/戌.		寅/申. 巳/亥.

- 51 -

破	子/酉.	丑/辰.	寅/亥.	卯/午.	巳/申.	戌/未.
害	子/未.	丑/午.	寅/巳.	卯/辰.	申/亥.	酉/戌.
怨嗔	子-未.	丑-午.	寅-酉.	卯-申.	辰-亥.	巳-戌.
魁罡	戊辰.戊戌/		庚辰.庚戌/		壬辰.壬戌.	

"沖"은 깨지고 소멸될 수 있지만 "刑"은 사라지는 것이 아닌 불편/정신적, 육체적 고통/사건, 사고 등으로 드러나며, 비정상적인 과정을 겪으면서 지속적으로 전개됩니다.

⊡沖충은 서로 반대되는 기운끼리의 충돌/손상/파괴 등이요, 다음의 현상들도 드러나게 됩니다.

※子/午 沖; 객지 생활, 부부이별.

※丑/未 沖; 형제지간의 금전 다툼.

※寅/申 沖; 교통사고.

※卯/酉 沖; 다변多變. 주변인들과 불화.

※辰/戌 沖; 고독. 희비喜悲반복.

※巳/亥 沖; 고생이 많음.

⊡破파는 서로의 作用力을 **방해/파괴하는 운동성**이나, 파괴라는 의미보다는 파괴를 통한 **조정/용도의 채움**이요, 다음의 현상들이 드러나게 됩니다.

※子/酉; 주로 정신적인 문제가 되고, 배연 풍파.

※丑/辰; 형제지간의 불화. 인덕 무無.

※寅/亥; **합.파.해** 모두에 해당. 타인과의 시비. 중도포기.

※卯/午; 주색으로 인한 구설,번뇌,가산탕진.

※巳/申; **합.파.형** 모두에 해당. 교통사고.

※戌/未; 인덕 무無. 징투,배신 등.

⊡害해는 일명 작당作黨의 인자요, 육합을 방해하는 운동성
  이요, 다음의 현상들이 드러날 수 있습니다.
※子/未; 육친〈가족/친 인척〉간의 불화.
※丑/午; 부부불화. 대인관계의 어려움.
※寅/巳; 시비,구설의 대상. 교통사고. 음독.
※卯/辰; 허무함. 고독.
※申/亥; 희노의 감정기복이 심함.
※酉/戌; 주변인들에 의한 배신.

⊡怨嗔원진은 특별한 이유 없이 싫고, 미운 작용력입니다.
⊡魁罡괴강으로 남자면 성질이 강하거나 불같은 면이 있으
  며, 여자면 男便이 없다거나 그 男便의 사업 실패로 가산
  家産을 탕진한다거나 횡사를 의미하기고 합니다.

다음은 십 천간, 12지지에 의해 짝을 이루는, 육십갑자 에
대해 살펴보도록 하지요!!!~

아래의 육갑 납음표는 육십갑자와 공망, 그리고 육갑 아래는
앞으로 언급될 12운성 상의 왕/쇠 등을 함께 표기한 것으로,
육갑은 이러한 글자들로 짝을 이루고 있으면서 갑자의 짝은
욕지浴地, 갑술의 짝은 양지養地가 되고 갑술甲戌부터 계미
癸未까지의 글자들은 신유申酉가 공망되는구나...~ 라는 식
으로 살펴보시면 되겠습니다.

※육십六十 갑자甲子 납음納音표※

	海中 金		爐中 火		大林 木		路傍 土		劍鋒 金		空/四,亡	
一	甲子 갑자	乙丑 을축	丙寅 병인	丁卯 정묘	戊辰 무진	己巳 기사	庚午 경오	辛未 신미	壬申 임신	癸酉 계유	戌亥	水
	浴	衰	長生	病	冠帶	帝旺	浴	衰	長生	病		
	山頭 火		澗下 水		城頭 土		白蠟 金		楊柳 木		空亡	
二	甲戌 갑술	乙亥 을해	丙子 무자	丁丑 정축	戊寅 무인	己卯 기묘	庚辰 경진	辛巳 기사	壬午 임오	癸未 계미	申酉	無
	養	死	胎	墓	長生	病	養	死	胎	墓		
	泉中 水		屋上 土		霹靂 火		松柏 木		長流 水		空亡	
三	甲申 갑신	乙酉 을유	丙戌 병술	丁亥 정해	戊子 무자	己丑 기축	庚寅 경인	辛卯 신묘	壬辰 임진	癸巳 계사	午未	金
	絶	絶	墓	胎	胎	墓	絶	絶	墓	胎		
	砂中 金		山下 火		平地 木		壁上 土		金箔 金		空亡	
四	甲午 갑오	乙未 을미	丙申 병신	丁酉 정유	戊戌 무술	己亥 기해	庚子 경자	辛丑 신축	壬寅 임인	癸卯 계묘	辰巳	水
	死	養	病	長生	墓	胎	死	養	病	長生		
	覆燈 火		天河 水		大驛 土		釵釧 金		桑柘 木		空亡	
五	甲辰 갑진	乙巳 을사	丙午 병오	丁未 정미	戊申 무신	己酉 기유	庚戌 경술	辛亥 신해	壬子 임자	癸丑 계축	寅卯	無
	衰	浴	帝旺	冠帶	病	長生	衰	浴	帝旺	冠帶		
	大溪 水		沙中 土		天上 火		石榴 木		大海 水		空亡	
六	甲寅 갑인	乙卯 을묘	丙辰 병진	丁巳 정사	戊午 무오	己未 기미	庚申 경신	辛酉 신유	壬戌 임술	癸亥 계해	子丑	金
	官祿	官祿	冠帶	帝旺	帝旺	冠帶	官祿	官祿	冠帶	帝旺		

십 천간의 글자가 십이 지지의 글자와 짝을 이뤄가다가 지지 글자의 戌과 亥는 짝 지울 수 있는 천간의 글자가 없어 그대로 남겨지게 되므로 이를 공망되었다고 칭하는데, 위 도표에서 보시듯 오른 쪽 끝에 술/해가 놓여있습니다.

이렇듯, 십 천간의 글자와 십이 지지의 글자가 순서에 의한 일정한 법칙에 따라 서로 짝을 이루다 짝을 이루지 못하게 되는 글자를 공망이라 하며, 육십갑자의 글자가 이뤄지면서 발생되는 공망의 글자는 위, 일람표에서 확인할 수 있듯, 그 순서에 따라 술,해/ 신,유/ 오,미/ 진,사/ 인,묘/ 자,축의 글자가 되는 것입니다.!!!

좀 더 추가하여 설명을 드리자면, 본인의 생년〈태어난 년도〉이나 일주〈태어난 날〉이 갑자/을축/병인/정묘/무진/기사/경오/신미/임신/계유라면 술戌/ 해亥의 글자가 공망이요, 갑인/을묘/병진/정사/무오/기미/경신/신유/임술/계해라면 자子/ 축丑의 글자가 공망이 된다는 것입니다.

여기에서, "공망空亡"되었다는 것은 무슨~,
어떤 의미를 갖는 것일까요!!!~

※"공망"되었다는 것※

<u>비었다,</u>
<u>나와는 인연이 약하다, 없다.</u>
<u>채워도, 채워도, 잘~ 채워지지 않는다.</u>
<u>채워진다 하더라도…,</u>
<u>어렵게~ 그것도 제대로 채워지지 않는다.</u>
는 등의 의미를 갖게 됩니다.

나의 경우 **인/묘**의 글자가 공망에 해당된다고 한다면, 인/묘라는 글자들이 갖는 상징과 함축되어 있는 의미들과는 **인연이 약하다, 없다, 취할 수 있게 된다 하더라도 매우 고생스럽게**. . . 라는 전제조건들이 부여된다는 것입니다.

활동적이지 못하다거나. . . ,
무엇을 하더라도 시작하기가 어렵다거나. . . ,
두뇌회전이 민첩하지 못하다거나. . . ,
물론~, 단면적일수 있겠으나 학과, 직업적으로는 **인테리어. 건축. 조경. 설계. 방송. 언론. 교육. 의료. 형벌** 등의 분야와는 인연하기 어렵다고 볼 수 있다는 것이지요!!!~

예로부터 명법은 나라와 백성을 통치하는 방편으로 쓰여 왔고, 양반兩班이라 해도 누구나 쉽게 익힐 수 있었던 것 또한 아니요, 중인中人 이하의 계급에서는 배울 수조차 없었던 터라!!!~ 아직까지도 일반들과는 괴리乖離〈거리감〉가 느껴지는 것 일 것이며, 전문가로 활동하기 위한 배움의 과정에서도 어렵게 배워야 하는 것이 정통인 듯~ 잘못된 인식들을 무비판적으로 수용해 오고 있었다는 점들이 역 철학, 사주명법은 어렵게 공부해야 하고, 어려운 것이야~ 라는 정서를 조성造成시켜온 요인들로 작용되었다 할 수 있을 것입니다.

우리의 실생활에서 사주 명법의 활용도는 적지 않아 사주를 세우기 위한 기본서인 만세력萬歲曆은 서점에서 구입하는 것이 좋을 터이나 뭐~ 그렇게까지. . . , 라고 여겨지신다면, 인터넷 상에서 무료로 제공되는 **"만세력 보기"** 사이트를 이용하시면 되겠습니다.

자!!!~ 그러면,
이제 나의 사주를 세워볼까요!!!~

⊡사주四柱 세워보기⊡

먼저 인터네 상에서 제공되는 무료 만세력 사이트를 이용하여 사주를 세우려 한다면 어느 사이트이든, 검색창에 "무료 만세력"이나 "무료 만세력 보기"를 입력한 후, 보고자 하는 이의 출생 년/월/일/시를 음력과 양력을 구분하여 입력시키면 되겠는데, 만약 양력으로 **1988년 8월 18일 오전 8시** 경에 태어났다면 음,양력 칸에서는 양력을 선택 한 후, 년/월/일/시 란에 그대로 1988년/ 8월/ 18일/ 8시을 입력하시면 본인의 사주 여덟 글자가 나오게 되겠으며, 만세력 책을 활용하는 경우라면 1988년에 해당되는 페이지에서 8월/ 18일을 찾아가게 되면 **무진戊辰년, 경신庚申월, 을사乙巳일**이 됩니다.

다음으로 출생 시⟨=**시주時柱**라고 합니다.⟩를 찾아야 하는데, 이 시주는 본인의 출생 일⟨=**일주日柱**⟩를 기준하게 되므로 일사 일주로 오전 8시면 **경진庚辰** 시가 되어 위 인⟨명주命主⟩의 사주는 **무진戊辰년, 경신庚申월, 을사乙巳일 경진庚辰시**가 되는 것이지요!!!~

다음은 시주를 쉽게 찾을 수 있도록 도표화 것으로, 각 인의 일주를 기준하여 내가 태어난 출생 시 줄의 육갑글자가 나의 출생 시가 되는 것입니다.

☆일주日柱 대비對比 시간時間 조견표早見表☆

	1961年8月'10日 以前 出生 者	1961年8月'10日 以後 出生 者	四柱- 日干				
			甲/己	乙/庚	丙/辛	丁/壬	戊/癸
子	오후 00시-01시 前	左側 時+30分.	甲子	丙子	戊子	庚子	壬子
丑	오전 01시- 3시	〃	乙丑	丁丑	己丑	辛丑	癸丑
寅	〃 03시- 5시	〃	丙寅	戊寅	庚寅	壬寅	甲寅
卯	〃 05시- 7시	〃	丁卯	己卯	辛卯	癸卯	乙卯
辰	〃 07시- 9시	〃	戊辰	庚辰	壬辰	甲辰	丙辰
巳	〃 09시-11시	〃	己巳	辛巳	癸巳	乙巳	丁巳
午	〃 11시-13시	〃	庚午	壬午	甲午	丙午	戊午
未	오후 13시-15시 前	〃	辛未	癸未	乙未	丁未	己未
申	오후 15시-17시	〃	壬申	甲申	丙申	戊申	庚申
酉	〃 17시-19시	〃	癸酉	乙酉	丁酉	己酉	辛酉
戌	〃 19시-21시	〃	甲戌	丙戌	戊戌	庚戌	壬戌
亥	〃 21시-23시	〃	乙亥	丁亥	己亥	辛亥	癸亥
子	〃 23시-00시	〃	丙子	戊子	庚子	壬子	甲子

※Summer- time 實施期間※

```
1984년  5월  31일  00시-   9월  12일  24시  까지.
1949년  4월   3일   -      〃  24일   〃
1950년  4월   1일   -      〃  23일   〃
1955년  4월   6일   -      〃  21일   〃
1956년  5월  30일   -      〃  29일   〃
1957년  〃    5일   -      〃  21일   〃
1958년  〃    4일   -      〃  20일   〃
1959년  〃    4일   -      〃  19일   〃
1960년  〃    1일   -      〃  17일   〃
1987년  〃   10일  02시 - 10월  11일  03시  까지.
1988년  〃    8일   〃  -   〃   9일
```

다시 위의 시간 조견표를 참고하여 1958년 양력 8월 28일 저녁 10시경에 태어난 경우의 사주를 세워보겠습니다.

※사주四柱 세워기 연습※

1958년이면 만세력의 1958 무술戊戌년의 페이지에서 8월이면 경신庚申월이 되며 28일이면 정축丁丑일이요, 출생 시간은 일주 정축을 기준하는 것이니 위 조견표의 정丁 칸에서 아래로 오후 10시면 21〈9시〉시 ~ 23〈11시〉 칸의 술戌시가 되므로 위 사주는 <u>무술戊戌년 경신庚申월 정축丁丑일 경술庚戌</u>이 되는 것이겠지요!!!~

이를 적을 때에는 다음과 같은 방식으로 표기합니다.

시時	일日	월月	년年
경庚	정丁	경庚	무戊
술戌	축丑	신申	술戌

사주를 세울 때, 고려해야 할, 주요한 점은 절기節氣를 참고해야 한다는 것으로, 절기란 쉽게 몇 월, 몇 일에 태어났는가에 따라 각자의 년주와 월주가 정정定해지므로 사주를 세울 때 놓치지 말아야 할, 매우 중요한 지식입니다.

위의 1958년 양력 8월 28일 오후 10시인 경우, 8〈申〉월이 아닌, 1월 3일이라면 년주는 1958, <u>무술戊戌년</u>이 아니고 1957, <u>정유丁酉년 임자壬子월 경진庚辰일 병술丙戌시</u>가 되는 것이지요!!!~

시時	일日	월月	년年
丙병	庚경	壬임	丁정
戌술	辰진	子자	酉유

좀!!!~
어려워지시나요. . .

다시 보죠!!!~
이번에는 1958년 양력 8월 28일이 아닌 8월 5일이라면 이
경우의 사주팔자는 어떻게 조합될까요???~

이 때에도 양력으로는 8월이나 아직 8월의 절기가 들어서기
이전이므로 8월의 경신 월이 아닌, 7월의 기미월 갑인甲寅
일이 되지요.
따라서 무술년 기미월 갑인일이 되는 것이며 출생 시가 오전
5시라면 병인 시가 되겠죠!!!~

이를 표기해 보면,

시時	일日	월月	년年
병丙	갑甲	기己	무戊
인寅	인寅	미未	술戌

이 되는 것입니다.

이렇듯 절기 전인가???~ 후인가??? 에 따라 사주의 구성
조합이 달라지므로 주의하여야 하는데, 이 절기를 구분하는
방법 또한 어려운 것이 아어서 문제될 것은 없지요!!!~

1958년 양력 8월 28일이 아닌 8월 5일 5시인 경우, 만세력의 8월을 보면 입추 8일 10:17로 표기가 되어있을 터인데, 이는 8월의 입추 절은 8월 8일 오전 10시 17분부터 시작된다는 것으로, 8월, 8일 오전 10시 17분을 전/후로 전이면 전 월인 7월이 되는 것이며 8일 10시 17분 이후부터 비로소 8월의 경신 월이 된다는 것입니다.

전혀 어려울 것이 없지요!!!~
이해되시죠!!!~

한 번 더해볼까요!!!~

이번에는 1958년 양력 10월 12일인 경우의 사주를 세워보죠!!!

출생 년은 그대로 무술년이 되겠고, 10월의 12일이면 10월의 절기인 한로 이후가 되므로 그대로 10월인 임술壬戌 월 임술壬戌 일이 되겠으며 출생 시가 오전 11시경이라면 을사乙巳 시가 되겠죠!!!~
이를 표기해보면,

시時	일日	월月	년年
을乙	임壬	임壬	무戊
사巳	술戌	술戌	술戌

가 됩니다.

월별의 절기를 표로 정리해 놓은 것을 보시면 더욱 이해하기 쉬울 것이므로 다음에 제시되는 각 월별 절기표를 참고하시기 바랍니다.

·월별 절기표·

지지	인寅	묘卯	진辰	사巳	오午	미未	신申	유酉	술戌	해亥	자子	축丑
월별	1월	2월	3월	4월	5월	6월	7월	8월	9월	10월	11월	12월
절입	입춘	경칩	청명	입하	망종	소서	입추	백로	한로	입동	대설	소한
중기	우수	춘분	곡우	소만	하지	대서	처서	추분	상강	소설	동지	대한

위와 같이 각 월에는 2개씩의 절기가 들어가 24절기가 들게 되는데, 그중에서 1월은 입춘立春이 드는 시각부터 시작되는 것이요, 2월은 경칩驚蟄,

3월은 청명淸明,

4월이라면 입하立夏,

5월이면 망종芒種,

6월이면 소서小暑,

7월이면 입추立秋,

8월은 백로白露,

9월이면 한로寒露,

10월이라면 입동立冬,

11월이면 대설大雪,

12월이면 소한小寒이 되는 시각부터 시작되는 것이죠!!!~

참고로 이 24절기는 절후節候라고도 칭칭稱하며 태양력, 즉, 양력陽曆을 기준합니다.

"어려울 것"이라는 선입견先入見이 무의식적으로 작용되었던 것일 뿐!!!~ 어려울 것이 없으며, 전문인이 되기 위한 사주 명법들의 학습법 또한, 어떻게, 어떠한 방식으로 학습하느냐에 따라 그 과정과 결과는 다르게 나타나게 되겠지요!!!~

앞에서 10간 12지지를 그 기운에 따라 오행을 분류했었는데, 그 오행은 서로 생/극작용을 하게 되며, 그 관계는 다음과 같습니다.

※십간 십이 지지 음/양의 생극※

십간	갑甲	을乙	병丙	정丁	무戊	기己	경庚	신辛	임壬	계癸
십이 지지	인寅	묘卯	사巳	오午	진辰 술戌	축丑 미未	신申	유酉	해亥	자子
수數	3	8	7	2	5	10	9	4	1	6
음양	양陽	음陰	양陽	음陰	양陽	음陰	양陽	음陰	양陽	음陰
오행 五行	목기 木氣		화기 火氣		토기 土氣		금기 金氣		수기 水氣	
계절	봄		여름				가을		겨울	

오행의 生/剋 관계에 대해서는 앞에서도 언급이 되었으나, 이, 오행의 생/극으로부터, 십성육친이 성립되고 사주에 변화를 일으키는 등, 매우 중요한 작용력을 갖습니다.

■☆오행五行의 생生/극剋☆■
⊡생 관계: 木生 火→火生 土→土生 金→金生 水→水生 木.
⊡극 관계: 木剋 土→土剋 水→水剋 火→火剋 金→金剋 木.

위의 표에서 **갑,을/인,묘의 목기木氣**는 임,계/해,자의 수기水氣로
부터는 생生을 받으며, 무,진술/기,축미의 토기土氣와는 극克
하는 관계가 되고 병,사/정,오의 화기火氣를 생해주는 작용력
을 갖습니다.

병,사/정,오의 화기火氣는 갑,을/인,묘의 목기木氣로부터는 생을
받으며 무,진술/기,축미의 토기土氣를 생해주며 경,신/신,유
의 금기金氣와는 서로 극하는 관계가 됩니다.
무,진술/기,축미의 토기土氣는 경,신/신,유의 금기金氣를 생해주
고, 병,사/정,오의 화기火氣로 부터는 생을 받으며 임,계/해,
자의 수기水氣와는 극克하는 관계가 성립됩니다.

그런가하면, **경,신/신,유의 금기金氣**는 임,계/해,자의 수기水氣를
생해주고, 무,진술/기,축미의 토기土氣로 부터는 생을 받으며
갑,을/인,묘의 목기木氣와는 극하는 관계가 됩니다.

임,해/계,자의 수기水氣인 경우에는 경,신/신,유의 금기金氣로
부터는 생을 받으며 갑,을/인,묘의 목기木氣를 생해주고, 병,
사/정,오의 화기火氣와는 극克하는 관계가 성립됩니다.

이어서 오행의 속성을 함축含蓄〈안으로 품고 있는〉하고 있는
천간과 지지의 글자들이 어떠한 방식으로 십성, 육친 성을
성립시키게 되는지에 대해 살펴보겠습니다.

·십성十星, 육친六親의 성립·

위에서 **목/화/토/금/수**, 오행간의 **生/剋** 관계를 살펴보았으며 이러한 관계에 의해 성립되는 것이 사주 명법에서 각 인의 사주를 풀어내는 매우 중요한 방편으로 활용되는 십성 육친이 되며, 그 성립 방식은 다음과 같습니다.

갑甲목木이 나의 **일간日干〈태어난 날의 천간 글자〉**이라고 할 때, 나와 오행으로 동일한 **갑인/을묘**의 **木氣**를 비겁이라 하며, 음양으로 동일한 **갑인 목**은 **비견**이라 칭하고, 음양으로 다른 **을묘 목**은 **겁재**라고 하며, 갑목으로 부터 생을 받는 **병,사/정,오**의 **화기火氣**는 **식상食傷**이 되는데, 이때도 갑목과 음양으로 동일한 **병丙,사巳**는 **식신食神**이 되고, 음양으로 다른 **정丁,오午**는 **상관傷官**이 됩니다.

만약, 을목이 나의 일간이라면 한다면 내가 생해주는 **병,사/정,오의 화기火氣**는 갑목과 마찬가지로 식상食傷이되는데, 이때에도 을목과 음양으로 동일한 **정丁,오午는 식신食神**이 되고, 음양이 다른 **병丙,사巳**는 **상관傷官**이 되는 것입니다.

다음으로 갑목이 극克하는 **무,진술/기,축미**의 **토기土氣**는 **재성**이 되는데, 이때, 갑목과 음양이 같은 **무戊/진辰,술戌**은 **편재偏財**가 되고, 음양으로 다른 **기己/축丑,미未**는 정재正財가 됩니다.

이번에는 나인 **갑甲목木**을 극하는 관계〈즉, 내가 극을 당하는 입장일 때를 말합니다〉로, **경,신/신,유**의 **금기金氣**는 **관성**이 되는데, 음양으로 갑목과 동일한 **경庚,신申**은 **편관偏官**이요, 음양이 서로 다른 **신辛,유酉**는 **정관正官**이 됩니다.

다음은 나인 갑甲목木을 생生해주는 관계로, 오행 중, 임.해/
계.자의 수기水氣는 나인 갑목을 생하는 인자로 인성이 되는데,
음양으로 동일한 임壬.해亥는 편인偏印이 되는 것이고, 음양
이 서로 다른 계癸.자子는 정인正印이 되는 것입니다.

일간이 을목인 경우라면, 음양으로 다른 무戊/진辰.술戌은 정재
正財가 되겠고, 음양으로 동일한 기己/ 축丑미未는 편재偏財가
되는 것이죠!!!.

관성인 경우, 을목과 음양이 동일한 신辛.유酉는 편관偏官이
되고, 음양이 다른 경庚.신申은 정관正官이 되겠죠.~
인성인 경우라면, 음양으로 동일한 계癸.자子는 편인偏印이되
고, 음양이 서 다른 임壬.해亥는 정인正印이 되는 것입니다.

병丙화火가 나의 일간日干이라면 어떠할까요.!!!!~
나와 오행으로 동일한 병.사/정.오의 火氣는 비겁이 되고, 음양
으로 동일한 병.사는 비견이 되는 것이요, 음양으로 서로 다른
정.오는 겁재가 되는 것이며, 병화로 부터 생을 받는 무.진술/ 기.
축미의 토기土氣는 식상食傷이 되는데, 이때도 병화와 동일한
음양인 무/진.술은 식신食神이 되고, 음양으로 서로 다른 기/축.
미는 상관傷官이 됩니다.

정화丁火가 나의 일간이라면, 내가 생해주는 무.진술/ 기.축미의
토기土氣는 병화와 마찬가지로 식상食傷이며 되는데, 이때에
도 정화와 동일한 음양인 기/축미는 식신食神이 되고, 음양으
로 다른 무/진술은 상관傷官이 되는 것입니다.

다음으로 병화가 극克하는 **경,신/신,유의 금기金氣**는 **재성**이 되는데, 병화와 음양이 같은 **경/신**은 **편재偏財**가 되고, 음양으로 다른 **신/유**는 **정재正財**가 됩니다.

이번에는 나인 **병丙화火**를 극하는 관계로, **임,해/계,자의 수기水氣**는 **관성**이 되는데, 병화와 음양이 동일한 **임/해**는 **편관偏官**이 되고, 음양이 다른 **계/자**는 **정관正官**이 됩니다.

다음은 나인 **병丙화火**를 생生해주는 관계로, 오행 중, **갑,인/을,묘의 목기木氣**는 나인 병화를 생해주는 인성이 되는데, 음양으로 동일한 **갑/인**은 **편인偏印**이되고, 음양이 서로 다른 **을/묘**는 **정인正印**이 되는 것입니다.

무戊토土가 나의 **일간日干**인 경우라면 어떠할까요.!!!!~
나와 오행으로 동일한 **무,진술/ 기,축미의 토기土氣**는 비겁이 되겠고, 음양으로 동일한 **무/진술**은 **비견**이 되는 것이요, 음양으로 서로 다른 **기/축,미**는 **겁재**가 되는 것이며, 무토로 부터 생을 받는 **경,신/신,유의 금기金氣**는 **식상食傷**이 되는데, 이때도 무토와 동일한 음양인 **경/신申**은 **식신食神**이 되고, 음양으로 서로 다른 **신/유酉**는 **상관傷官**이 됩니다.

기토己土가 나의 일간이라면, 내가 생해주는 **경,신/신,유의 금기金氣**는 무토와 마찬가지로 식상食傷이며 되는데, 이때에도 기토와 동일한 음양인 **신/유**는 **식신食神**이 되겠고, 음양으로 다른 **경/신**은 **상관傷官**이 되는 것입니다.

다음으로 무토가 극克하는 **임,해/계,자의 수기水氣**는 **재성**이 되는데, 무토와 음양이 같은 **임/해**는 **편재偏財**가 되고, 음양으로 다른 **계/자**는 **정재正財**가 됩니다.

나인 **무戊토土**를 극하는 **갑,인/을,묘의 목기木氣**는 **관성**이 되는데, 무토와 음양이 동일한 **갑/인**은 **편관偏官**이 되고, 음양이 다른 **을/묘**는 **정관正官**이 되지요!!!.

다음은 나인 **무戊토土**를 생生해주는 관계로, 오행 중, **병,사/정,오의 화기火氣**는 나인 무토를 생해주는 인성이 되는데, 음양으로 동일한 **병/사**는 **편인偏印**이되고, 음양이 서 다른 **정/오**는 **정인正印**이 되는 것입니다.

경庚금金이 나의 **일간日干**인 경우라면!!!!~
나와 오행으로 동일한 **경,신/신,유의 금기金氣**는 비겁이 되겠고, 음양으로 동일한 **경/신**은 **비견**이 되는 것이요, 음양으로 서로 다른 **신/유**는 **겁재**가 되는 것이며, 경금으로 부터 생을 받는 **임,해/계,자의 수기水氣**는 **식상食傷**이 되는데, 이때에도 경금과 동일한 음양인 **임/해**는 **식신食神**이 되고, 음양으로 서로 다른 **계/자**는 **상관傷官**이 됩니다.

신금辛金이 나의 일간이라면, 내가 생해주는 **임,해/계,자의 수기水氣**는 경금과 마찬가지로 식상食傷이며 되는데, 이때에도 신금과 동일한 음양인 **계/자**는 **식신食神**이 되겠고, 음양으로 다른 **임/해**는 **상관傷官**이 되는 것입니다.

다음으로 경금이 극克하는 **갑,인/을,묘의 목기木氣**는 **재성**이 되는데, 경금과 음양이 같은 **갑/인**은 **편재偏財**가 되고, 음양으로 다른 **을/묘**는 **정재正財**가 됩니다.

나인 **경庚금金**을 극하는 **병,사/정,오의 화기火氣**는 **관성**이 되는데, 경금과 음양이 동일한 **병/사**는 **편관偏官**이 되고, 음양이 다른 **정/오**는 **정관正官**이 되겠지요!!!.
다음은 나인 **경庚금金**을 생生해주는 관계로, 오행 중, **무,진술/기,축미의 토기土氣**는 나인 경금을 생해주는 인성으로, 음양으로 동일한 **무/진술**은 **편인偏印**이되고, 음양이 서 다른 **기/축,미**는 **정인正印**이 되는 것입니다.

임수壬水가 나의 **일간日干**인 경우라면!!!!~
나와 오행으로 동일한 **임,해/계,자의 수기水氣**는 비겁이 되겠고, 음양으로 동일한 **임/해**는 **비견**이 되는 것이요, 음양으로 서로 다른 **계/자**는 겁재가 되는 것이며, 임수로 부터 생을 받는 **갑,인/을,묘의 목기木氣**는 **식상食傷**이 되는데, 이때도 경금과 동일한 음양인 **갑/인**은 **식신食神**이 되고, 음양으로 서로 다른 **을/묘**는 **상관傷官**이 됩니다.

계수癸水가 나의 일간이라면, 내가 생해주는 **갑,인/을,묘의 목기木氣**는 임수와 마찬가지로 식상食傷이며 되는데, 이때에도 계수와 동일한 음양인 **을/묘**는 **식신食神**이 되겠고, 음양으로 다른 **갑/인**은 **상관傷官**이 되는 것입니다.

다음으로 임수가 극克하는 **병,사/정,오의 화기火氣**는 **재성**이 되는데, 임수와 음양이 같은 **병/사**는 **편재偏財**가 되고, 음양으로 다른 **정/오**는 **정재正財**가 됩니다.

나인 **임수壬水**를 극하는 **무,진술/기,축미의 토기土氣**는 **관성**이 되는데, 임수와 음양이 동일한 **무/진술**은 **편관偏官**이 되고, 음양이 다른 **기/축,미**는 **정관正官**이 되지요!!!.

다음은 나인 **임수壬水**를 생생生해주는 관계로, 오행 중, **경,신/신,유의 금기金氣**는 나인 임수를 생해주는 인성으로, 오행 상 동일한 **경/신**은 **편인偏印**이되고, 오행이 서 다른 **신/유**는 **정인正印**이 되는 것이지요!!!.

이를 다시 간단하게 정리해 보면 다음과 같습니다.
나〈아我 = 日干〉을 기준하여,
　나와 五行이 같고 陰,陽이 같으면 **비견比肩**.
　나와 五行이 같고 陰,陽이 다르다면 **겁재劫財**.
→比肩/ 劫財는 比劫으로 통칭統稱합니다.

　내가 生해 주고 陰,陽이 같으면 **식신食神**.
　내가 生해 주고 陰,陽이 다르다면 **상관傷官**.
→食神/ 傷官은 食傷이라 통칭統稱합니다.

　내가 剋하고 陰,陽이 같으면 **편재偏財**.
　내가 剋하고 陰,陽이 다르다면 **정재正財**.
→正財/ 偏財는 財星이라 통칭統稱합니다.

　나를 剋하고 陰,陽이 같으면 **편관偏官**.
　나를 剋하고 陰,陽이 다르면 **정관正官**.
→正官/ 偏官은 官星이라 통칭統稱합니다.
　나를 生해 주고 陰,陽이 같으면 **편인偏印**.
　나를 生해 주고 陰,陽이 다르면 **정인正印**.
→正印/ 偏印은 印星이라 통칭統稱합니다.

다음은 육친의 관계도를 도표화 한 것입니다.

☆十星 六親과 生/剋 관계도☆

日干	比肩	劫財	食神	傷官	偏財	正財	偏官	正官	偏印	正印
甲木	甲.寅	乙.卯	丙.巳	丁.午	戊.辰.戌	己.丑未	庚.申	辛.酉	壬.亥	癸.子
乙木	乙.卯	甲.寅	丁.午	丙.巳	己.丑未	戊.辰.戌	辛.酉	庚.申	癸.子	壬.亥
丙火	丙.巳	丁.午	戊.辰.戌	己.丑未	庚.申	辛.酉	壬.亥	癸.子	甲.寅	乙.卯
丁火	丁.午	丙.巳	己.丑未	戊.辰.戌	辛.酉	庚.申	癸.子	壬.亥	乙.卯	甲.寅
戊土	戊.辰.戌	己.丑未	庚.申	辛.酉	壬.亥	癸.子	甲.寅	乙.卯	丙.巳	丁.午
己土	己.丑未	戊.辰.戌	辛.酉	庚.申	癸.子	壬.亥	乙.卯	甲.寅	丁.午	丙.巳
庚金	庚.申	辛.酉	壬.亥	癸.子	甲.寅	乙.卯	丙.巳	丁.午	戊.辰.戌	己.丑未
辛金	辛.酉	庚.申	癸.子	壬.亥	乙.卯	甲.寅	丁.午	丙.巳	己.丑未	戊.辰.戌
壬水	壬.亥	癸.子	甲.寅	乙.卯	丙.巳	丁.午	戊.辰.戌	己.丑未	庚.申	辛.酉
癸水	癸.子	壬.亥	乙.卯	甲.寅	丁.午	丙.巳	己.丑未	戊.辰.戌	辛.酉	庚.申

그러면 비겁의 **비견, 겁재/** 식상의 **식신, 상관/** 재성의 **편재, 정재/** 관성의 **편관, 정관/** 인성인 **편인, 정인**은 각각, 어떠한 의미들을 함축하고 있을까요!!!~

十星 십성	육친六親		대인對人, 직업분야	성향性向/기질氣質
비 견	남	我, 형제, 자매/친구	친구, 동료 주체적 개인주의	-獨立心/ 고집固執이 세고, 어떠한 일도 두려워하지 않음.
	여	我, 형제, 자매/친구		
比 劫	겁 재	남	형제, 자매 이복형제	라이벌 친구, 동료 투기 배타적 이기주의	-個性/질투/競爭心, 財物에 대한 欲求가 强하며 취득방식에 있어 手段.方法을 가리지 않음 -投機,賭博,冒險을 좋아함 ※편재와 유사※
	여	형제, 자매 시아버지		
	공 통		비겁은 자신의 의지, 자기사업/ 자수성가를 의미하며 비겁 다多면, 독선적이요, 오만傲慢하기 쉽고, 비겁이 약弱하다면, 의지력意志力이 약弱해진다.	
食 傷	식 신	남	장모, 사위, 증조부	연구, 과학, IT분야 예술분야. 낭만. 심미 창조적탐구	-遊興, 快樂〈가무/음악/예술〉을 좋아함 -研究, 思考, 窮理性 강. -利己,自尊心强. 非社交的 -재물활동을 즐겁게 전개.
	여	딸. 조모		
	상 관	남	조모, 장모.	정치외교 언론 무역, 관광 연예. 세일즈 유희. 탐미 모방적창조	-拘束을 싫어함. -聰明/智慧/學術/藝術, 技術 등에서 탁월한 재능 -社交, 勝負慾이 강하며 보스기질응 갖음, ※食神은 言辯에 능함※
	여	아들. 외조부		
	공 통		식상은 자신의 능력을 표출해 내는 성분이요, **돈줄**이 된다. 사주 내, 식상 많으면, 하고 싶은 것들만 하려고하는 경향傾向이 있으며, 식상이 약弱하다면, 직업형성에 어려움이 많을 수 있다.	

財星	정재	남	妻. 숙부, 고모.	자영업. 금융, 회계기관. **타협, 계획 현실적인 財**	-구두쇠요,物質에 執着 하며 재물운용력이 탁월 -利害打算的, 現實主義者. -信用尊重, ※고정적 수입, 遺産※
		여	시조부 숙부.		
	편재	남	父. 첩, 처 형제	큰돈이 되는 사업을 추구. 펀드운용자 건축, 토목, 설계. **독단, 즉흥 감각적.**	-自手成家의 성분이요, 錢財運用에 탁월하며, 本能的으로 物質을 추구. -잘되면 巨富나, 아니면 빚쟁이가 된다. -한량기질이 있으며 飮食, 술,女子 좋아함. ※노력하지 않고 얻는 재물/ 횡재, 투기※
		여	父. 시어머니.		
	공통		재성은 행동으로 옮기며 결과를 중시하는 성분이요, 사주 내, 재성이 많으면 財物욕심이 많고 약弱하다면, 財物을 浪費하는 것으로 드러난다. ※사업자는 재성이 官〈직업〉이다		
官星	정관	남	딸.	행정직 공무원, 직장인. 명분 중시. 책임감 합리적 통제	-民主的, 合理的, 理性的이요, 公明正大합을 추구. -禮意, 規範, 질서를 重視 하며 共益于先함. ※귀인,관직,국가※
		여	夫〈남편〉.		
	편관	남	아들.	군, 경검 등, 계급조직. 보스적 기질, 강압적 통제.	-自身에게 嚴格하며, 責任 完遂이 能力대단함. -카리스마를 갖추며, 奸詐 權謀術數에 能능. ※도둑, 횡액,재앙※
		여	偏夫. 며느리.		
	공통		사주 내, 관성이 많으면 독선적이요, 파괴적 氣質을 보이며, 他人을 의식하는 성향이 있게 되고, 관성이 약弱하다면, 타인의 간섭을 싫어하게 됨.		

印星	정인	남	生母. 장인.	주로, 교육, 행정직 음식, 의류. 부동산업. 예언, 계시.	-理性的 保守的이요, 主로 理論的 임. -學業成績이 좋고 學問,名譽를 象徵함. -智慧롭고 친절하며, 人情的.
		여	生母. 조부.	이론적, 계획적	<u>※학문/문서,인장/매매※</u>
	편인	남	조부, 偏母.	의약 관련업 종교. 신비. 오술, 역학.	-聰明하며 集中力 뛰어남. -宗敎的, 非現實的인 경향이 있으며, 삶의 의미와 價値대 해 사유思惟.
		여	사위. 偏母.조부 .	정신, 직관적 즉흥, 이상적	<u>※의심/ 임기응변/</u> <u>편법/ 모사※</u>
	공통		인성은 타인에 대한 포용, 이해력이 좋으며 직관력直觀力이 뛰어난 인자요, 사주 내, 인성이 많다면, 게을러 질 수 있으며, 인성이 약弱하다면 他人에 依支하는 삶이 賢明함.		

어느덧~ **십성十星, 육친六親**까지 왔네요!!!~

줄기차게~ 거듭하며 말씀드리지만, 어려울 것이 없습니다.

초등학교 수학 정도~ 될까요.!!!~

역 철학에 대한, **왜곡된 기류氣流**!!!, **기존의 인식認識**!!!~

에서 이제는 자유로울 수 있어야 하지 않나 싶습니다.

굳이, 애써 부정하고~ 배척해야 할 이유는 없겠지요!!!~

다음은, 위 육친에 대한 부분이 좀!!!~

간단한 듯하여, 십성 육친에 대해 부기附記한 것입니다.

※십성 육친의 확장된 의미※

※십성 육친의 의미※

<table>
<tr>
<td rowspan="1">比肩
비견</td>
<td>

※兄弟,姉妹/친구,동료/同業者〈劫財도 同一〉다※

⊡남자- 남,녀 형제/ 친구/ 동업, 경쟁자/ 며느리.

⊡여자- 남편의 애인/ 형제, 오누이.

▷比肩은 기본적으로 경쟁의 논리를 갖으며
형제/친구/동업/분배/이동/변동/건강/직책/녹봉 등과 관련된다.

※比肩의 금전적인 소비/지출은 자의自意에 의하나,
劫財는 他意에 의한 강탈/분배로 나타난다.

⊡比肩은 행위의 주체요, 독립성/자존심을 의미하며
日干이 약하면 나에게 도움이 되지만
타, 십성보다 비견이 강하다면 아의 재財를 쟁탈한다.

※자기밖에 모르는 固執不通이요, 자유/자연주의자다.
※日支가 비견이면 그 어디에도 소속되는 것을 싫어하
며 자신이 하고자 하는바 대로 행한다.
※四柱에 비겁이 많으면 고집이 세고 직선적이요, 비겁
이 없다면 자신감/추진력이 약弱하다보니 매사에 있어
중도에 포기하는 현상이 드러나게 된다.

□물상과 관련학과□; ※동창회 등 친목회/ 후원회/
상조회/ 조합/ 정당※

⊡사회학/인류학/건축학/정치학/경호학과/기계공학과/물리치료학과⊡

</td>
</tr>
</table>

劫財
겁재

※친구, 동료/ 同業者〈劫財도 同一〉다※

　·남자- 형제, 女형제/ 이복형제/ 며느리.

　·여자- 형제, 男형제/ 남편의 첩/ 시아버지, 시동서.

　※성姓이 다른 이복형제/ 경쟁자※

▷劫財는 재물을 빼앗는다는 의미요, 자존심/투쟁력이
　　　강하고 재물욕심이 많으며 日干이 弱하면
　도움이 되지만 겁재가 강하다면 형제/친구 등의
인덕이 없음이요, 극부/극처/파재의 현상으로 나타난다.

※劫財는 투쟁/승부의 論理를 갖으며 他意的인 지출/낭비요,
競爭에서 이기려는 好勝心이 强하다.
※他意에 依한 강탈/분배요, 不和/損財의 因子로, 背信을
하기도, 當하기도 한다.
※劫財는 比肩과 大同小異한 作用力을 갖지만, 競爭心/
勝負, 財物慾이 强하며 利己主義的 性向을 갖는다.
※目的을 위해서는 수단/방법을 가리지 않는가 하면 他人
들로부터 좋은 소리듣기만을 좋아하는 性向을 갖는다.
※月支가 劫財이면 잘난 척/우월감/과대망상적 傾向이 드러
난다.

□물상과 관련학과□; ※시민단체 등, 이익단체/
노동조합/ 야당※

　·체육학과/ 사회복지/ 범죄심리학/

신문방송/ 정치학과/ 경제학과/ 약대/ 의예과·

ⓞ 여자 ; 딸. 조카.

ⓞ 남자 ; 장모. 사위. 손자. 할머니.

※ 재주. 능력. 표현력. 지혜. 진로. 새로운 변화.
의식의 풍요. 장수. 소통疏通의 성분 ※

▷食神은 능력을 밖으로 표현〈出〉해 보이는 행위요,
음식의 신神으로 식록〈의식주를 주관〉, 의식의
풍요로움을 의미하며 심사心思/ 언어, 표현력/ 능력발휘
〈主-두뇌적 측면〉/활동력 등과 더불어
신 사업 계획/ 창업/ 투자 등과도 통한다.

**食
神
식
신**

▷食神은 我의 재주를 뜻하며 食傷은 재치/넉살의 성분이다◁
※ 맡은 일에 충실하고 사교성이 있어 대인관계가 좋으
며 먹고 즐기는 것을 좋아하는 식도락〈美食家〉가 이기
도하다.
※ 食神은 어느 한 가지 일에 몰두하거나, 분석하는 성분
으로 특히 예술방면의 **미술/문학/음악〈주-작곡〉/연구/기획** 등
전문성을 의미하는 별이기도 하다.

ⓞ**표현력**〈문창성-말을 조리있게 잘함〉/**연구, 창의력/사교/지혜/
장수의 별이요, 대화/설득 등을 통해 서로 타협할 수 있는
수단/방법이 될 수 있으며 편관을 제어하는 성분이다.**

□**물상과 학과**□; ※의류/ 음식, 식품/ 생산시설/ 농장※
ⓞ식품 영양학/ 식품 공학과/ 의학/ 약학/ 어문학/ 사회복지/
사회심리학/ 아동학과/ 미술 대/ 경제, 경영학과ⓞ

여자 ; 아들. 할머니.　　남자 ; 조모. 장모. 손녀.

관官을 상〈破壞〉하게 한다는 뜻이요, 식신과 같이 자신의
능력을 밖으로 표현해 보이는 행위요,
두뇌가 명석하고 언변/표현력이 뛰어나며, 예술성을 갖지만
관官〈男便/道德, 倫理〉을 상〈=剋〉하므로,
구설, 판단, 시행착오, 시기, 모함, 도난, 관재, 좌천, 퇴임,
파직, 제멋대로의 행위〈自由奔放〉등과도 연관된다.

※傷官은 一般的인 規則, 規範/法規 等을 따르지 않으며
批判的이요, 反撥心을 갖는가하면 超法性의 有能한 因子로
傷官이 없다면 融通性이 不足하고
새로운 企劃/ 創作/ 아이디어가 떨어진다.

※傷官은 천재성/예술성이 발휘된다거나 언론/방송/구설/반항
등으로 나타나기도 하며, 食神과 유사한 작용력을 갖
지만, 傷官은 식신보다 번거로운 과정을 거쳐야 하는
등, 어려움이 따르게 된다.
※부가가치가 높은 재 생산품이다.
　　□傷官은 定型化되고 形式化된 組織을 싫어하는
프리렌서요, 言論, 放送 等과 더불어 發明〈破格的인
製品을 開發한다〉/ 創作을 意味.

■물상과 학과; ※유치원/ 어린이집/ 언론. 방송사/ 광고※
□심리학과/ 철학과/ 교육. 언론학/ 정치외교학/ 기상학과/
예술 대. 문예 창작학과/ 연극 영화학과□

傷官
상관

□·여자 ; 시부모. 남편의 첩/애인.

□·남자 ; 부父. 내연 녀. 첩/애인.

※편재는 투기성 재물이요, 유동적 재물이며 중인〈= 萬人〉의 재물을 뜻하므로 한탕주의적인 속성이 강하고, 허황된 욕심이 크기도 하다.

※偏財는 세상살이의 술수요, 삶에 역동성을 부여하는 인자이며 **융통성/역동성/투기적** 성향이 강하다.

□·편재는 "세상에 영원한 내 것은 없다"라고 생각하는 성분이요, 낭비성이 있고 주색/풍류/호탕/횡재/욕심/허욕이 많으며 부동산, 전답매매/사업/재물 등과 관련되고, 사업성/투기/허욕/횡재를 꿈꾸며 성패가 다난하다※

▷四柱에 財星이 없다면 특별特別한 수단手段으로 世上을 살아가게 된다는 것을 의미한다.◁

※偏財는 부친이요, 재물환경이 좋고, 적은 노력으로도 큰 성과를 볼 수 있으며, 횡재를 뜻하기도 하나 부모/처와의 불화요, 주酒/색色으로 인한 패가망신으로도 드러나기도 한다.

※坤命으로 편재는 시 부모와 불목하며 남자라면 외도 外道로 나타난다.

□물상과 학과□; ※증권사/ 투자, 신탁/ 도박장/ 천연자원/ 재물※

□·수학학과/경영학/ 무역학/ 토목, 건축, 실내건축학과/ 철도학과/ 부동산학과·□

偏 財 편 재

- 80 -

正財 정 재

⊡여자; <u>父親</u>. 시부모. ⊡남자; <u>女子</u>/ 처. 처재. 숙모. 고모.

▷<u>正財</u>는 보수적이요, 온건/근검/인색하며 허황된 꿈을
　꾸지 않는 절약형이요, 노동을 통해 얻어지는
　재물/일의 결과/고정소득〈임대소득, 이자 등〉에 해당되는
　실속의 因子요, 遲滯의 成分이기도 하다.
　　　　※정재는 신체 건강과도 관련※

⊡정재는 맡은 일에 대한 <u>책임완수/공사구분/고정성</u>, 안정성이
　강한 성분이요, <u>재물/금전의 수입</u>,지출/<u>채권</u> 등과 관련된다.

　　▷<u>正財</u>는 공사구별이 분명하고 책임을 다 할 줄 알며
　　　　금전적인 면에서는 계산이 확실하고,
　　바빠 움직이는 것을 좋아하지 않는데 比해, 偏財는
　어딘가를 떠돌아다니기를 좋아하는 역마성을 갖는다.
※정재는 건강에 관심이 많고 계산적이요, 무엇을 할 때
　면, 정석대로 行하며 확실하고 안정적인 것을 추구하
　는가 하면, 재물에 대한 집착이 강하게 나타난다.
※결과를 중시하는가하면 미래 지향적이며, 도움을 받는
　것도, 주는 것도 싫어하는 것이 정재요, 사주에 財가
　없다면 경제관념/결단력이 부족하며 실속이 적으며
　日支의 財星은 <u>폭식暴食/폭음暴飮</u>하는 현상이 드러난다.

　　　□물상과 학과□; ※현금/ 지폐/ 급여/ 상품권/
　　　　　　　매장賣場/ 상가/ 곡물※
⊡회계학과/ 설계학과/ 경제, 경영학과/ 금융학과/ 가정관리학과⊡

□·여자 ; 남편/남편의 형제/ 정부情夫/ 며느리.
　　　□·남자 ; 자식〈아들〉/ 조카.
※**직장 상사. 윗사람 등**※.

※偏官은 투쟁성/ 권력욕이 강하고, 영웅심/ 권력성/
호승심/ 권모술수/ 월권越權의 특징을 갖으며,
질병/부채〈負債〉, 빚, 빚쟁이/ 맡은바 책임이 된다.

※官星은 나를 억제하며 다스리는 인자로, 인내심을 갖
으며 윗사람의 조언/충고와도 같은데, 偏官은 日干과
陰/陽으로 같다보니 치우친 벼슬/관직이 되며, 전문성을
갖는 무관/경찰.검찰/특수기관 등, 주로 사법과 관련되고,
개혁성/권력욕을 갖는가하면 기회포착에 능하며 일종
의 권모술수權謀術數와도 통한다.

※偏官은 權威的이요, 저돌적이며 찬스에 强한가 하면
便法에 의한 이익/진급, 승진/성취 등의 회사가 따르는가
하면, 사업가는 관청/공사 등의 계약을 수주하는 등의
기쁨이 있으나, 他人들로 부터는 시기猜忌가 따르게
된다.

※偏官은 사고로 인한, 절단/수술/치료불능 等, 몸을 다칠 수
있으며 시비/지체/장애/자식의 속 썩임/파산/도산/수감收監/
구속/명예훼손/관액 등이 드러날 수도 있다.

□**물상과 학과**□ ; ※위험물/ 교도소/ 경찰관/ 구속영장/감사원※
　　□·법학과〈형법/형사소송법/조세법〉/체육학과/경기지도학과/
　　국방대학/ 경찰대학/ 경호학/ 사관학교/ 정치학□·

偏
官
편
관

□·여자 ; 배우자 夫. 남편, 남편의 형제/ 情夫/ 직장/규범/ 법.

　□·남자 ; 자식- 정관 ;딸/ 편관 ;아들/ 조카/ 직장/ 법.

※외할머니. 직장. 윗사람 등※

□正官은 安定性을 追求하며

規定대로 法대로 行하는 時間表. 信號燈과 같은 成分이요,

安定的 發展/ 保守的. 公平無私/ 行政組織.

判決文/ 形式. 規範. 法律 道德. 倫理 等과 通한다.

※正官은 아를 극하며 陰/陽이 다른 성분으로 합리적이
　요, 정도正道를 지키며 노력에 비해, 큰 성과를 얻는
　가하면 주변의 큰 인물들로부터 도움이 따른다.

※정관은 보수적/합리적이요, 체면을 중시하며 원칙대로
　행하는 원칙주의자로 융통성은 부족하나 품행이 단정
　하고 공정한 성분을 갖춘다.

※正官은 취업/사업, 대인관계의 확장/진급, 승진/계약/송사 等에
　의한 이익이 자식에게 돌아가기도 한다.

※年/月에 正官이 자리 잡고 있다면 "出馬"를 뜻하며
　초, 중학교시절 반장선거에 나가본 경험을 갖기도 한다.

□여자로 관이 없다면 남자에 집착하는 경향이 있게 된다.

□물상과 학과□; ※국가기관/ 관공서/ 공문서/
인, 허가증/ 자격증※
□·법학과(헌법/행정법/형법/민법/상법/공무원법)/
사회학과/ 행정학/ 교육학과/ 정치학과/ 비서학과/ 사관학교□·

正官정관

⊡여자 ; 배우자, 夫. 祖父 / 계모, 이모 / 손녀.

⊡남자 ; 祖父 / 계모, 이모.

※어머니. 명예. 문서화된 재물. 학문. 계약. 도장※

※偏印은 눈치가 빠르고 食神을 抑制하는 成分이요,
남들이 갖지 못한 特別한 能力과 技術을 意味하는가
하면 學問/ 教育/ 神秘함과도 通한다.

※偏印은 신비/자유로움/부정수용/게으름/의심의 性分이요,
눈치가 빠르고 要領이 뛰어나며 自由로움을 追求한다.

※종교/ 철학/ 의약(의사.약사.의약업 등)/ 한의학/ 예술〈디자인〉※

▷무엇을 행함에 있어 正印은 계획적이나,
偏印은 벼락치기로 몰아서 하는 유형이요, 집착성이
있으며 偏印이 月干이면 외탁(할머니/고모 등..) 일 수 있고,
正/偏의 印星 혼잡은 생각이 많으며 결정이 쉽지 않아
기회를 잃기 쉬운가 하면, 게을러 보일 수도 한다.

※자기중심적이요, 편의주의적便宜主義적이다.

※偏印은 신통력/ 특별한 기술. 기능과 더불어 전문분야
의 자격증, 문서재산이 되며, 예술적 재능/의약/종교/
철학 등과 더불어 임기응변의 인자요, 단판勝負 등에
해당된다.

□물상과 학과□; ※예술품/ 골동품/ 박물관/ 종교시설※

⊡심리학과/ 고고학/ 종교학과/ 철학과/ 교육학과/ 예, 체능학과/

이공계/ 신문방송학과/ 연극, 영화학과⊡

偏
印
편
인

<table>
<tr><td rowspan="1">正
印
정
인</td><td>

⊡여자; 배우자 夫, 시아버지/ 손자/ 사위/ 윗조자, 귀인.

⊡남자; 母/ 딸/ 장인/ 윗조자, 윗사람/ 스승. 귀인.

※<u>조부. 장모. 명예. 문서화된 재물. 학문. 계약</u>※

⊡정인은 윗사람을 공경할 줄 알고, 유순하며 준법정신이
강하고 명예, 체면을 존중하는가하면 부끄러움이
많기도 해, 기회를 놓치는 현상으로 드러나도 한다.

▷印星은 我. 나의 사상, 자존심/인내, 조절력,
모든 일의 시작을 의미하며, 덕망/예절 등, 도덕성과
학문의 별이요, 신비적 기질, 보수성, 책임감, 명예,
글공부, 시험/문서, 도장, 계약 등과 더불어
부동산이나 문서화된 돈, 재물, 진로문제 등과 통하며
행동력, 순발력이 부족한 인자이기도 하다.

※正印은 보수적이고 인정이 있으며 <u>이해력/직관/수용성의</u>
성분이요, 꾸미고 가식적假飾的인 것을 싫어한다.

⊡正印은 타인을 돕고 가르치는 일에 적합하여 교육분
야<u>(국문학. 어문계열. 유아교육)</u>/ 회계, 세무士 등과 인연하기
쉽다.

※<u>정인은 편인과 유사하나 안정성을 추구하며,
현실 적응력이 좋다</u>※

<u>□물상과 학과□</u>; ※<u>대학</u>/ 도서관/ 방송, 신문사/
자격증/ 문서※

<u>□교육학과/ 행정학/ 어문학과/ 국문학/ 신문, 방송학과/ 문예창작/
사회학과/ 유아교육과/ 정치학과/철학/ 종교학/ 문화 인류학과□</u>

</td></tr>
</table>

사주를 세워보았고, 육친성까지 살펴보았으니 이제!!!~

사주, **年/月/日/時, 근根/묘苗/화花/실實**에 의한 궁宮주柱 론을 살펴보겠습니다.

이 궁주 론은 사주, **年/月/日/時, 근根/묘苗/화花/실實**에 다음의 표와 같이 각각의 의미와 상징성을 배속配屬시켜 놓은 것으로, 실제, 상담에서도 사주를 해석하고 운용하는데 있어 매우 간편하고 유용하게 활용할 수 있는 방편이 됩니다.

※四柱 궁宮 주柱 별別 함의含意※

時〈實〉	日〈花〉	月〈苗〉	年〈根〉	干
配偶者. 子息	自身. 配偶者	父母. 兄弟	先祖. 祖父.	
末年 期	長年 期	靑 / 長年 期	初年. 少年 期	
80~61歲	*60 ~ 41歲*	*40 ~ 21歲*	*20 ~ 1歲*	
冬〈陰;10~12〉	秋〈陰;7/8/9〉	夏〈陰;4/5/6〉	春〈陰;1/2/3〉	
子息/ 동생關係 *大門 밖* *베란다. 앞뜰.* *가게, 事業場* *도로, 路上* 時間 手當.	*안방/ 居室* *주방* *내 집* *대문* 日當.	血肉- 父母, 兄弟 *家屋, 建物/ 文書* 職場/ 上,下 關係 *집 뒤뜰.* *옆집* 月 給.	前生/ 祖上, 家門 *땅/ 先山 墓* 事業/ 職業 官廳 關係事 *집 전체.* *我가 사는 동네* 金錢/ 큰 財物.	共 通
부하직원. 수하인	**자신**	**중간 관리자**	**사주社主**	
두 팔, 다리. 발 생식기. 엉덩이	몸통	어깨 흉부, 두 팔	머리	
두 時間	一日/ 24時間	**한 달**. 30日	1年. 365日	
未來	現在	現在完了. 過去	大 過去	
媤 家. 妻 家		親 庭. 本 家		
子息- 딸 後世	我의 家庭 配偶者.妻.愛人	母. 兄弟. 夫 社會	祖母	支

▫天干은 정신적 측면/ 명에/ 귀貴함/ 남자 육친을 의미.
　地支는 실질적인 삶의 환경, 현실 조건/ 일/ 금전/ 여자 육친.

·天干의 十星,六親이 실질적인 역량을 갖추려면 지지 정기 正氣에 통근通根할 때 가능하며 좌표 상, 年/月에는 식/재/인성이, 日. 時에는 재/관성이 놓여야 좋다.

이전에서, 각 인의 일간이 십간十干의 어느 글자인가에 따라 각, 글자에 육친성이 정定해지게 되며 각각의 육친들은 어떠한 의미를 품고 있으며, 어떠한 작용력을 갖는지 등에 대해 알아보았습니다.

비견, 겁재라는 육친성은 이러한 의미를 갖으며, 이러한 작용을 하게 되는구나!!!~
라는 식으로 이해를 하시면 되겠습니다.

사주를 살핌에 있어, 육친성을 위주로 그 상응작용들을 살피는 것이 참으로 중요하나, 이들은 육친성이라는 칭호를 얻기 이전까지는 **음/양**의 기운을 함축含蓄하는 **목.화.토.금.수**라는 오행의 속성을 갖으면서 **갑/을/병/정/무/기/경/신/임/계** 십간과, **자/축/인/묘/진/사/오/미/신/유/술/해**라는 12지지의 글자였으므로, 이들 각 글자들에 내재되어있는 의미와 상징성들도 독자적 쓰임을 갖게 됨을 간과看過해서는 안됩니다.

즉, **갑甲**이라는 글자가 육친적으로 어느 성星이 되더라도 갑이라는 글자가 갖는 고유의 의미와 작용력도 함께 고려考慮해야 한다는 것이지요!!!~

갑이라는 글자가 겁재가 되었으니 겁재성으로서의 작용력만 있을 뿐, 甲으로서의 역할성은 사라지는 것이 아닌, **갑이면서 비겁의 작용력을 갖는** 것으로 이해해야 한다는 것이죠.
십성 이전에 **오행/ 음.양**이 있다는 것입니다!!!~

이러한 방식으로 이해하게 되면, 명법命法 공부가 한결 유연
柔軟해지고, 쉬워짐을 느끼게 되지요.

·사주 세우기 복습과 간단한 해석연습·

자~ 그럼!!!~ 간단하게나마, 예를 들어보겠습니다.
양력, 1963년 1월 27일 오후 0시 0분에 태어나신 경우를
보지요!!!~
양력으로 1963년 1월 27일이면 음력으로는 1963년 1월 3
일이 됩니다. 앞에서 사주를 세울 때, **각, 절기에 의해 출생
년과 월의 글자가 정정定해진다**고 말씀드렸었지요!!!~

각, 절기는 언제부터 시작되는지, 다시 한 번 보겠습니다.
 1월은 **입춘立春**이 드는 시각부터 시작되는 것이요,
 2월은 **경칩驚蟄**,
 3월은 **청명淸明**,
 4월이라면 **입하立夏**,
 5월이면 **망종芒種**,
 6월이면 **소서小暑**,
 7월이면 **입추立秋**,
 8월은 **백로白露**,
 9월이면 **한로寒露**,
10월이라면 **입동立冬**,
11월이면 **대설大雪**,
12월이면 **소한小寒**이 되는 시각부터 시작됩니다.
따라서 위 사주 인은 1963년의 **계묘년**이 아닌, 1962년의
임인년이 되는데, 실제로 1963년은 입춘이 시작되는 **2월 4
일 오후 10시 8분 이후**부터가 되기 때문으로, 사주를 세워
보면 다음과 같습니다.

```
시時    일日    월月    년年
 □     경庚    계癸    임壬
 □     오午    축丑    인寅
丙 丁 戊 己 庚 辛 壬
午 未 申 酉 戌 亥 子
67 57 47 37 27 17 7
```

본명 사주 아래, 사주의 월주 아래부터 표기된 7/ 17/ 27~
의 임자/신해/경술~ 은 위 사주인의 대한大限〈보통, 대운이
라고 합니다〉으로, 출생 년 간을 기준하여 남/녀에 따라 양
남, 음녀면 월주를 기준하여 60갑자를 순행하며, 음남, 양녀
라면 역순을 하게 되는데, 양남, 음녀란, 년간의 글자가 남자
는 양간, 여자는 음간인 경우를 말하는 것이요, 음남, 양녀란
년간의 글자가 남자는 음간, 여자는 양간의 글자일 때를 말
하는 것입니다.
앞에서도 다뤘듯, 천간의 글자 중, 양간은 갑.병.무.경.임이 되고,
음간이면 을.정.기.신.계가 되지요!!!~

여자이면서 출생 년의 천간이 양간인 壬의 글자이므로 월주,
癸丑을 기준하여 60갑자를 역순〈반대 방향으로 진행하는 것〉
하게 되어 임자/신해/경술~의 순서로 표기해 나가게 되며,
7/17/27~ 의 숫자는 대한의 숫자로 7/17/27세 때부터 10
년 단위의 대한이 시작된다는 것인데, 이들은 모두 만세력에
표기되어 있어 쉽게 처리되는 부분입니다.

다시 돌아가 본 사주를 살펴보지요!!!~

위, 분은 경금 일간이면서 년간에는 **식신**, 년지에는 **편재**가 자리하고 있으며 월간에는 **상관**, 월지에는 **편인**이, 일지에는 **정관**이 놓여있습니다.

위의 명주命主〈=사주의 주인공〉가 여자 분이라면 사주, 년지에 육친적으로는 편재를 놓으면서 자字 상으로는 인寅자가되므로, **"유년기가 포함되는 학창시절 새로운 것에 대한 호기심, 무엇인가를 생각해 내고, 만들어 낸다거나 꾸미고 장식하는 일들에는 관심을 보이며 긍정적으로 작용되었겠으며, 종교적으로도 심취하게 됩니다"**!!!~ 가 되는데, 이러한 해석은 육친성을 떠나, 寅이라는 글자가 년지에 있기 때문이요, 년지의 寅字가 육친적으로 재성財星이기 때문에 갖는 작용력은 **"학업적으로는 방해요가 많았다는 것을 드러내 보이는 요인으로 작용되었다는 것"**이지요!!!~

조금 더~ 해석을 확장시켜 보면, 년지의 寅, 재성은 나의 부父, 아버지가 되므로, 이분의 아버지께서는 신통력을 갖는다거나 창작, 창의력을 갖추신 분이요, 직업적로는 역마성〈한 곳에 머무르지 않고 이리저리 바삐 다니며 업무를 보는〉을 떠는 **의료, 형벌/ 법률계통이나, 교육분야**. 대민의 일이 될 것이라는 것이죠!!! 그러나 년지에 놓임으로써 부와의 연이 짧을 수 있음을 암시하고 있는데, 이는 재성이 **근/묘/화/실** 상, 년주로 나가 있어 운運으로부터의 **형/충/파/해**로 쉽게 재난災難의 액厄을 당할 수 있는 조건에 노출露出되어 있기 때문입니다.

월간에는 **상관**이면서 **계 수癸水**가, 월지에는 **편인**이면서 **축 토丑土**가 놓이며, 일지에는 **정관**인 **午火**가 놓여있습니다.

근/묘/화/실 상, 월주는 21~ 40세의 구간區間에 해당되는
데, 30대까지의 기간에서는 계수면서 상관이다 보니 직업적
으로 안정을 이루기에는 어려움이 따르겠고 자유로움을 추구
하며 예술적 재능이나, 전문성을 띠는 기술 분야와 인연하거
나 해운海運/선박/무역 등과도 연관聯關이 됩니다.
글재주, 문학성도 포함되겠지요!!!~

20대 중반 이후는 丑土면서 인성이므로 정신적 측면의 교육,
봉사/의료/세무 분야나 기계, 금속 등과도 관련되겠으나 그
대가나 보상은 약하게 드러난다는 것이죠!!!~

이분의 사주에서 드러나는 배우자의 양상은 혼인생활에 굴곡
屈曲이 있게 되며, 50대 중반 이후가 되어야 배우자의 모양
이 안정된다는 것이요, 나의 모친과 배우자 관계는 조화를
이루기 어렵다는 것입니다.

왜~ 그럴까요.!!!~
궁주 론에서 월주는 부모 궁이요, 월지는 모친이 되며, 일지
는 나 자신이면서 나의 안식처요, 배우자 궁이 됩니다.
그런데 이들의 관계가 丑/午 원진이다 보니 괜히 싫고 미워
하는 상황이 되는 것입니다.

이해, 되시죠.!!!, ???~
각 글자가 놓여 있는 대로, 글자들의 字象과 육친의 의미들
을 그대로 읽어주면 되는 것이니 어려울 것이 없지요!!!~

역 철학의 역易자는, 바꿀 **역**/ 쉬울 **이**자입니다.

하여, 본래 역은 쉬운 것인데. . . ,
어렵게 공부하고,~ 배우고, 가르쳐 왔던 것이지요!!!~

이제까지 십간, 십이 지지와지지 글자들 간에 성립되는 합/
형/충/파/해/원진/괴강 등과, 육십갑자!!!~
절기를 고려한 출생 년/월 잡는 법과 각 인의 일주를 기준한
출생 시 찾는 법 등을 살펴, 각인의 사주를 세워보았고, 십성
육친의 성립과 쓰임!!!~
궁주 론에 대해서도 살펴보았습니다.

~ 수고 많으셨습니다!!!~ 짝짝짝~ ^ ^ ~
어떠세요???~

음양, 오행까지는 뭐~ 했는데, 갑,을. . ., 자,축이 나오고,
이후, 비견, 겁재~ 정관, 편인하면서. . . ~

당연하지요!!!~
익숙하지 않은 용어들이었으니. . . ~
하지만, 이정도면 사주 명법을 운용하는데 별 어려움이 없으
며, 궁합을 살피고 이해하기도 부족함이 없다는 것입니다.

용어상의 익숙하지 못함, 낯 섬이 좀, 있었던 것!!!~
뿐이지요!!!~

역 철학!!!~
사주 명법은 우리의 생활입니다.
기존, 인식의 틀에서 자유로워져 보십시오.!!!~

그리고 부담 없이~ 가볍게, 가볍게 접근해 보십시오!!!~

그렇게 천천히 이해해 나가다 보면, 독자께서는 적어도, 배우자와의 조화와 동업문제가 포함되는 대인관계의 유, 무정~유, 무덕을 다루는 궁합과, 입시에서의 학과 선택의 문제~혼인과, 이사에 관련되는 문제들에 있어서는 전문가가 다~되어 계실 것입니다!!!~

앞의 예例에서도 보셨듯~, 사주명법은 현장에서 활동하고 계시는 전문 상담사들의 통합적 지식만으로 알 수 있는 것이 아닌, 일반인이라 해도 쉽고, 간편하게 활용할 수 있는 단편적斷片的인 지식들로도 해결할 수 있는 부분들이 있기 때문입니다.

다음에 소개되는 12운성과, 12신살은 사주명법에서 그 활용도가 높고, 다양한 쓰임을 갖는 중요한 지식입니다.

12운성은 각, 십 간별, 육친성의 장생長生~양양養의 형식으로 도표화함으로써 활용도를 높였습니다.

12신살은 앞서 말씀드렸던, 각 인의 출생 년 지를 삼합 그룹으로 하여 12지지 글자들이 어느 신살에 해당되는 가로 보는 것으로, 여기에서는 육친 간이나 대인관계에서의 조화와 이해, 직업적 측면으로 한정하였음을 말씀드립니다.
그러면 12신살을 이해하기 위해, 간략하게나마 그 작용성들을 알아보겠습니다.

그냥!!!~ 이게 12운성~ 12신살이라는 거구나~~~
하시면서 편하게 살펴보십시오.

※12運星 旺~衰에서 陽 干이 生하는 곳에서는 陰 干이 死하고,
陰 干이 生하는 곳에서는 陽 干이 死하게 된다.

■신생기; 태/ 양.
■성장, 성숙기; 장생/ 목욕/ 관대/ 건록/ 왕.
■성노쇠, 쇠퇴기; 쇠/ 병/ 사/ 묘/ 절.

·사주의 모든 육친은 12운성 上 病/ 死/ 墓/ 絶의 시기에
변색變色/ 왜곡歪曲/ 손상損傷되기 쉬우며
胎/ 養/ 長生/ 浴地의 구간에서는 무늬를 갖추는 상태요,
冠帶/ 官. 祿/ 旺/ 衰의 구간에 이르러 제 기능을 발휘하게 된다.

☆該當, 六親이 陽 干이면 墓/ 絶/ 胎/ 養地에서,
陰 干이라면 衰/ 病/ 死地에서 어려움을 겪게 된다.

□사주에 財/官이 있다 해도 月支가 病/死 등이면 복이 없다.

▷ ※12運星운성 運用技운용기※ ◁

⊡長生⊡; 밖으로 자신의 존재를 드러내기 시작하는 단계段階.
 ※활동성이 증폭,확대되면서 그 근거가 뚜렷해지며 새로운
 일/사업이 시작되는 등, 새로운 환경이 전개되며 폼 잡는
 시기이기도 하다.
 　　　　　※이는 長生/ 冠帶/ 旺地에서도 같으며
 生/ 浴地에서는 수입이 계속되면서 지출이 커진다.
 ※財/官이 長生이면 발전/성취의 기틀이 조성됨.
 ※長生은 계승/ 출발/ 시작/ 개업/ 발전의 상이다※

⊡沐浴⊡; 갇혀있던공간에서 빠져나와 그 흔적을 털어내는 단계요,
 다소, 어려움이 따르겠지만 帶/冠/旺地. 즉, 상승/발전을
 위해 잠시 주춤하는 시기가 된다.
 ※성장의 과정이요, 금전/재물이 지출되는 시기이기도하다.

⊡冠帶⊡; 자신의 존재가 확실하게 드러나는 단계로, 식상이나 재
 가 관대지면 사업번영이요, 관/인이면 승진하기도. . .
 ※입소문 나기 시작하고 사업이 잘되는 시기이기도. . .

⊡官祿⊡; 자신의 뜻을 실현하는 시작하는 단계로, 능력이 발휘되며
 진취적인 발전과 더불어 재물 발전이 이뤄지는 시기다.
 ※財/官이 官祿이면 가내 경사/재물 취득이 따른다.

⊡旺⊡; 가장 왕성한 활동력을 발휘하는 단계로, 최고의 절정기다.
 ※財/官이 旺地면 명성을 얻으며 부가 축적되는 등, 경사가
 많지만, 곤명으로 일주가 旺地라면 배우자 덕이 박薄함을
 의미한다.

⊡衰⊡; 서서히 기력이 떨어지며 활동력이 약해지기 시작하는 단계.
 ※財/官이 衰地면 금전/재물의 영락零落을 의미하므로 확대/
 투자를 금하며 근신, 안정을 추구해야 한다.

⊡病⊡; 지상에서 그 뜻이 실현된 상태로, 기운이 쇠퇴하여 병드는
단계다.
※財/官이 病地라면 근신하며 현상유지에 만족해야 하며 父母
에 병고/ 이별이 따르기도 한다.

⊡死⊡; 모양은 있으나 움직임이 없고, 죽어있는 상태로, 모든 일을
마무리 지어야 하는 시기이다.
※육친 간에 덕이 없으며 매사가 소극적이요, 결단력이 없다.

⊡墓⊡; 성장이 멈추고 흙속〈무덤〉에 묻힌 상태로, 육친과의 이별/
사별이 따르거나 사업자면 실패로 드러나는 단계.
※財/官이 墓地면 금전/재물에 집착하기 쉽고, 배연에 왜곡이
따르기 쉽다.

⊡絶⊡; 형체形體와 기운이 완전히 소진/단절된 **최악의 상태**.
※불안이 커지고 경제적 파산이 염려되는 등, 되는 일이 없으
며 세상살이가 우울해 진다.

⊡胎⊡; 존재는 있으나 형체는 없는, 태아가 형성되는 상태.
※점차적으로 좋아지는 조짐이 드러나기 시작하며 財星이 胎
地면 소규모로 사업을 시도할 수 있다.

⊡養⊡; 존재가 느껴지고 확인되는 시기요, 출산을 준비하는 단계.
※財星이 養地라면 일을 추진해도 좋다.

다음은 **각, 십 간 별, 12운성〈포태법〉의 조견표**입니다.

▫갑甲 일간의 육친 별, 12포태▫

甲 日干		甲 寅 比肩 비견	乙 卯 劫財 겁재	丙巳 戊 辰戌 食神 식신 偏財 편재	丁午 己 丑未 傷官 상관 正財 정재	庚 申 偏官 편관	辛 酉 正官 정관	壬 亥 偏印 편인	癸 子 正印 정인
寅	綠	官	旺	長生	死	絶	胎	病	浴
卯	羊	旺	官	浴	病	胎	絶	死	長生
辰		衰	帶	帶	衰	養	墓	墓	養
巳	文	病	浴	官	旺	長生	死	絶	胎
午	紅	死	長生	旺	官	浴	病	胎	絶
未	貴	墓	養	衰	帶	帶	衰	養	墓
申		絶	胎	病	浴	官	旺	長生	死
酉	飛	胎	絶	死	長生	旺	官	浴	病
戌		養	墓	墓	養	衰	帶	帶	衰
亥		長生	死	絶	胎	病	浴	官	旺
子		浴	病	胎	絶	死	長生	旺	官
丑	貴	帶	衰	養	墓	墓	養	衰	帶

▣을乙 일간의 육친 별, 12포태▣

乙 日干		乙 卯 比肩 비견	甲 寅 劫財 겁재	丁 午 己 丑未 食神 식신 偏財 편재	丙 巳 戊 辰戌 傷官 상관 正財 정재	辛 酉 偏官 편관	庚 申 正官 정관	癸 子 偏印 편인	壬 亥 正印 정인
寅		旺	官	死	長生	胎	絶	浴	病
卯	祿	官	旺	病	浴	絶	胎	長生	死
辰	羊	帶	衰	衰	帶	墓	養	養	墓
巳		浴	病	旺	官	死	長生	胎	絶
午	文 紅	長生	死	官	旺	病	浴	絶	胎
未		養	墓	帶	衰	衰	帶	墓	養
申	貴	胎	絶	浴	病	旺	官	死	長生
酉		絶	胎	長生	死	官	旺	病	浴
戌	飛	墓	養	養	墓	帶	衰	衰	帶
亥		死	長生	胎	絶	浴	病	旺	官
子	貴	病	浴	絶	胎	長生	死	官	旺
丑		衰	帶	墓	養	養	墓	帶	衰

·병丙 일간의 육친 별, 12포태·

丙 日干		丙巳 戊 辰戌 比肩 비견 食神 식신	丁午 己 丑未 劫財 겁재 傷官 상관	庚申 偏財 편재	辛酉 正財 정재	壬亥 偏官 편관	癸子 正官 정관	甲寅 偏印 편인	乙卯 正印 정인
寅	紅	長生	死	絶	胎	病	浴	官	旺
卯		浴	病	胎	絶	死	長生	旺	官
辰		帶	衰	養	墓	墓	養	衰	帶
巳	祿	官	旺	長生	死	絶	胎	病	浴
午	羊	旺	官	浴	病	胎	絶	死	長生
未		衰	帶	帶	衰	養	墓	墓	養
申	文	病	浴	官	旺	長生	死	絶	胎
酉	貴	死	長生	旺	官	浴	病	胎	絶
戌		墓	養	衰	帶	帶	衰	養	墓
亥	貴	絶	胎	病	浴	官	旺	長生	死
子	飛	胎	絶	死	長生	旺	官	浴	病
丑		養	墓	墓	養	衰	帶	帶	衰

丁 日干		丁午己丑未 比肩 비견 食神 식신	丙巳戊辰戌 劫財겁재 傷官상관	辛酉 偏財 편재	庚申 正財 정재	癸子 偏官 편관	壬亥 正官 정관	乙卯 偏印 편인	甲寅 正印 정인
寅		死	長生	胎	絶	浴	病	旺	官
卯		病	浴	絶	胎	長生	死	官	旺
辰		衰	帶	墓	養	養	墓	帶	衰
巳		旺	官	死	長生	胎	絶	浴	病
午	祿	官	旺	病	浴	絶	胎	長生	死
未	羊紅	帶	衰	衰	帶	墓	養	養	墓
申		浴	病	旺	官	死	長生	胎	絶
酉	文貴	長生	死	官	旺	病	浴	絶	胎
戌		養	墓	帶	衰	衰	帶	墓	養
亥	貴	胎	絶	浴	病	旺	官	死	長生
子		絶	胎	長生	死	官	旺	病	浴
丑	飛	墓	養	養	墓	帶	衰	衰	帶

▫무戊 일간의 육친 별, 12포태▫

戊 日干		戊 辰戌 丙巳 比肩 비견 偏印 편인	己 丑未 丁午 劫財 겁재 正印 정인	庚申 食神 식신	辛酉 傷官 상관	壬亥 偏財 편재	癸子 正財 정재	甲寅 偏官 편관	乙卯 正官 정관
寅		長生	死	絶	胎	病	浴	官	旺
卯		浴	病	胎	絶	死	長生	旺	官
辰	紅	帶	衰	養	墓	墓	養	衰	帶
巳	祿	官	旺	長生	死	絶	胎	病	浴
午	羊	旺	官	浴	病	胎	絶	死	長生
未	貴	衰	帶	帶	衰	養	墓	墓	養
申	文	病	浴	官	旺	長生	死	絶	胎
酉		死	長生	旺	官	浴	病	胎	絶
戌		墓	養	衰	帶	帶	衰	養	墓
亥		絶	胎	病	浴	官	旺	長生	死
子	飛	胎	絶	死	長生	旺	官	浴	病
丑	貴	養	墓	墓	養	衰	帶	帶	衰

⊙기己 일간의 육친 별, 12포태⊙

己 日干	己 丑未 丁午 比肩비견 偏印편인	戊 辰戌 丙巳 劫財겁재 正印정인	辛 酉 食神 식신	庚 申 傷官 상관	癸 子 偏財 편재	壬 亥 正財 정인	乙 卯 偏官 편관	甲 寅 正官 정관
寅	死	長生	胎	絶	浴	病	旺	官
卯	病	浴	絶	胎	長生	死	官	旺
辰 紅	衰	帶	墓	養	養	墓	帶	衰
巳	旺	官	死	長生	胎	絶	浴	病
午 祿	官	旺	病	浴	絶	胎	長生	死
未 羊	帶	衰	衰	帶	墓	養	養	墓
申 貴	浴	病	旺	官	死	長生	胎	絶
酉 文	長生	死	官	旺	病	浴	絶	胎
戌	養	墓	帶	衰	衰	帶	墓	養
亥	胎	絶	浴	病	旺	官	死	長生
子 貴	絶	胎	長生	死	官	旺	病	浴
丑 飛	墓	養	養	墓	帶	衰	衰	帶

□ 경庚 일간의 육친 별, 12포태 □

庚 日干		庚 申 比肩 비견	辛 酉 劫財 겁재	壬 亥 食神 식신	癸 子 傷官 상관	甲 寅 偏財 편재	乙 卯 正財 정재	丙巳 戊 辰戌 偏官편관 偏印편인	丁午 己 丑未 正官정관 正印정인
寅		絶	胎	病	浴	官	旺	長生	死
卯	飛	胎	絶	死	長生	旺	官	浴	病
辰		養	墓	墓	養	衰	帶	帶	衰
巳		長生	死	絶	胎	病	浴	官	旺
午		浴	病	胎	絶	死	長生	旺	官
未	貴	帶	衰	養	墓	墓	養	衰	帶
申	祿	官	旺	長生	死	絶	胎	病	浴
酉	羊	旺	官	浴	病	胎	絶	死	長生
戌	紅	衰	帶	帶	衰	養	墓	墓	養
亥	文	病	浴	官	旺	長生	死	絶	胎
子		死	長生	旺	官	浴	病	胎	絶
丑	貴	墓	養	衰	帶	帶	衰	養	墓

辛 日干		辛 酉 比肩 비견	庚 申 劫財 겁재	癸 子 食神 식신	壬 亥 傷官 상관	乙 卯 偏財 편재	甲 寅 正財 정재	丁午 己 丑未 偏官 偏印 편관 편인	丙巳 戊 辰戌 正官 正印 정관 정인
寅	貴	胎	絕	浴	病	旺	官	死	長生
卯		絕	胎	長生	死	官	旺	病	浴
辰	飛	墓	養	養	墓	帶	衰	衰	帶
巳		死	長生	胎	絕	浴	病	旺	官
午	貴	病	浴	絕	胎	長生	死	官	旺
未		衰	帶	墓	養	養	墓	帶	衰
申		旺	官	死	長生	胎	絕	浴	病
酉	紅祿	官	旺	病	浴	絕	胎	長生	死
戌	羊	帶	衰	衰	帶	墓	養	養	墓
亥		浴	病	旺	官	死	長生	胎	絕
子	文	長生	死	官	旺	病	浴	絕	胎
丑		養	墓	帶	衰	衰	帶	墓	養

▣임壬 일간의 육친 별, 12포태▣

壬 日干		壬 亥 比肩 비견	癸 子 劫財 겁재	甲 寅 食神 식신	乙 卯 傷官 상관	丙巳戊 辰戌 偏財 편재 偏官 편관	丁午己 丑未 正財 정재 正官 정관	庚 申 偏印 편인	辛 酉 正印 정인
寅	文	病	浴	官	旺	長生	死	絶	胎
卯	貴	死	長生	旺	官	浴	病	胎	絶
辰		墓	養	衰	帶	帶	衰	養	墓
巳	貴	絶	胎	病	浴	官	旺	長生	死
午	飛	胎	絶	死	長生	旺	官	浴	病
未		養	墓	墓	養	衰	帶	帶	衰
申		長生	死	絶	胎	病	浴	官	旺
酉		浴	病	胎	絶	死	長生	旺	官
戌		帶	衰	養	墓	墓	養	衰	帶
亥	祿	官	旺	長生	死	絶	胎	病	浴
子	羊紅	旺	官	浴	病	胎	絶	死	長生
丑		衰	帶	帶	衰	養	墓	墓	養

▣ 계癸 일간의 육친 별, 12포태 ▣

癸 日干		癸 子 比肩 비견	壬 亥 劫財 겁재	乙 卯 食神 식신	甲 寅 傷官 상관	丁午 己 丑未 偏財 편재 偏官 편관	丙巳 戊 辰戌 正財 정재 正官 정관	辛 酉 偏印 편인	庚 申 正印 정인
寅		浴	病	旺	官	死	長生	胎	絶
卯	文貴	長生	死	官	旺	病	浴	絶	胎
辰		養	墓	帶	衰	衰	帶	墓	養
巳	貴	胎	絶	浴	病	旺	官	死	長生
午		絶	胎	長生	死	官	旺	病	浴
未	飛	墓	養	養	墓	帶	衰	衰	帶
申	紅	死	長生	胎	絶	浴	病	旺	官
酉		病	浴	絶	胎	長生	死	官	旺
戌		衰	帶	墓	養	養	墓	帶	衰
亥		旺	官	死	長生	胎	絶	浴	病
子	祿	官	旺	病	浴	絶	胎	長生	死
丑	羊	帶	衰	衰	帶	墓	養	養	墓

▷※12신살神殺※◁

□12신살의 삼합 그룹별, 상/ 하위와 ,충 그룹.

■12신살神殺, 삼합三合 취용기取用法■

※活用法※

기준基準으로 삼은 그룹의 **상위上位 그룹**이면,

선배. 윗사람. 상사 등이 되며

그러한 관계에서 사회, 금전적 상황이 형성되게 됩니다.

하위下位의 그룹인 巳.酉.丑은 수하 인, 아랫사람.

내가 주도할 수 있는 관계가 되고,

충沖 관계인 寅.午.戌 그룹과는

상호 주, 피동의 관계가 성립된다는 것입니다.

※여기에서 삼합이란, 앞에서 다뤄 보셨듯!!!~

신.자.진/ 사.유.축/ 인.오.술/ 해.묘.미 네, 그룹의 글자 모임
이 됩니다.

다음은 각, 네 그룹별 **상위/ 하위/ 충 관계**를 요약하여 도표
화 한 것이며, 다음의 도표는 그룹별, 각 글자에 해당되는
12신살의 명칭名稱입니다.

※삼합 그룹별 상호 관계※

申; 地煞 子; 將星 辰; 華蓋	上位 그룹	亥- 망신	卯- 육해	未- 천살
	下位 그룹	巳-겁살	酉- 년살	丑-반안살
	沖 그룹	寅-역마	午-재살	戌- 월살
巳; 地煞 酉; 將星 丑; 華蓋	上位 그룹	申- 망신	子- 육해	辰- 천살
	下位 그룹	寅- 겁살	午- 년살	戌-반안살
	沖 그룹	亥- 역마	卯- 재살	未- 월살
寅; 地煞 午; 將星 戌; 華蓋	上位 그룹	巳-망신	酉- 육해	丑- 천살
	下位 그룹	亥- 겁살	卯- 년살	未-반안살
	沖 그룹	申- 역마	子- 재살	辰- 월살
亥; 地煞 卯; 將星 未; 華蓋	上位 그룹	寅- 망신	午- 육해	戌- 천살
	下位 그룹	申- 겁살	子- 년살	辰-반안살
	沖 그룹	巳- 역마	酉- 재살	丑- 월살

·생년지 별, 삼합 12신살.

	劫煞	災煞	天煞	地煞	年煞	月煞	亡身	將星	攀鞍	驛馬	六害	華蓋
寅午戌	亥	子	丑	寅	卯	辰	巳	午	未	申	酉	戌
巳酉丑	寅	卯	辰	巳	午	未	申	酉	戌	亥	子	丑
申子辰	巳	午	未	申	酉	戌	亥	子	丑	寅	卯	辰
亥卯未	申	酉	戌	亥	子	丑	寅	卯	辰	巳	午	未

12신살을 보는 방법은 다음과 같습니다.

내가, 만약, **오년 생**이라면, 위 표에서 **인.오.술** 삼합 그룹이 되
는 것이요, **사**〈뱀띠〉년 생이라면, **사.유.축/ 진**〈용 띠〉년생이면,
신.자.진/ 해〈돼지 띠〉년 생이면 **해.묘.미**의 삼합 그룹을 이루게
되는 것으로, **인.오.술년** 생이라면, **亥**부터 **겁살**을 시작하여
子면 **재살**, **丑**이면 **천살**, **寅**이면 **지살**, **卯**면 **년살**, **辰**이면
월살, **巳**면 **망신**, **午**라면 **장성**, **未**면, **반안**, **申**이면 **역마**,
酉라면 **육해**, **戌**이면 **화개살**이 된다는 것으로, **사.유.축/
신.자.진/ 해.묘.미** 년생의 경우 또한, 그 운용방식은 같습
니다.

사.유.축 년에 태어나신 분들이라면, 어떨까요.!!!~
寅부터 **겁살**을 시작하여 **卯**면 **재살**, **辰**이면 **천살**, **巳**라면,
지살, **午**면 **년살**, **未**면 **월살**, **申**이면 **망신**, **酉**라면 **장성**, **戌**
이면, **반안**, **亥**면 **역마**, **子**라면 **육해**, **丑**이면 **화개살**이 된다
는 것이죠!!!~

신.자.진 년 생이라면, **巳**부터 **겁살**을 시작하여 **午**면 **재살**,
未면 **천살**, **申**이면 **지살**, **酉**면 **년살**, **戌**이라면 **월살**, **亥**면
망신, **子**면 **장성**, **丑**이면, **반안**, **寅**이면 **역마**, **卯**라면 **육해**,
辰이면 **화개살**이 되겠지요!!!~

해.묘.미 년 생이라면, **申**부터 **겁살**을 시작하여 **酉**면 **재살**,
戌이라면 **천살**, **亥**면 **지살**, **子**면 **년살**, **丑**이라면 **월살**, **寅**이
라면 **망신**, **卯**면 **장성**, **辰**이면, **반안**, **巳**라면 **역마**, **午**라면
육해, **未**이면 **화개살**이 되겠지요!!!~

좀~ 더!!!~ 부언附言해 본다면, 각 그룹의 **첫 번째 글자**는
모두, **지살**이 되며, 두 번째 글자들은 **장성**, 마지막 세 번째
글자는 **화개살**이 되는 것입니다.

▷ ※ 12신살神殺 취용기運用技 ※ ◁

12신살이 갖는 작용력에 대해서도 살펴보겠습니다.

1. 겁살劫煞〈= 絶地〉

出生 年; **인.오.술   사.유.축   신.자.진   해.묘.미**
四柱 中;   亥   寅   巳   申   .

강제철거. 압류. 강탈/ 질병.상해/ 부도不渡/실失, 파직罷職/
파재破財/ 관재官災/ 역모逆謀. 뒤통수 맞는 일,
一種의 橫厄이요, 설정設定된 부동산.

▷*劫煞 인의 직업은 의료. 법무. 세무직이면 해소되며*
의료직/ 간호사. 약사/ 세무/ 법무/ 판, 검사/ 변호사/
이발, 미용업과도 통通한다.

☆**겁살** 大/ 歲運☆
■겁살 대한의 학과 선택은 **법학과**가 좋으며
학업성적이 좋지 않다면 **체육학과**를 선택하라!!!~
▷*본명의 겁살이 대/ 세운에 의해 형살을 맞게 되면,*
불치병에 걸릴 수 있다.

※겁살의 대운은 **강제적인 철거나 집행/압류/강탈** 等을
자주 당 한다거나 **설정된 부동산/가옥** 등을 소유하고 있음이요,
괴질/ 파재/돌발사/관재구설/가정불화 等이 따른다.
■*겁살의 대. 세. 월운에는 사고를 조심해야하는데,*
더우이나 곤명이라면 특히 밤길의 겁탈을 조심해야 한다■

※**겁살의 대한에는 불로소득의 큰돈을 횡재하기도**※

2. 재살災煞〈=胎地〉

出生 年: **인.오.술   사.요.축   신.자.진   해.묘.미**
四柱 中: ___子___ ___卯___ ___午___ ___酉___.

※災煞은 감당하기 어려운 재앙으로
괴질怪疾. 상해傷害. 교통사고. 수술手術 등과,
수옥살囚獄煞로 스스로를 감옥監獄에 처處하는 인자이기도.
▷災煞 人의 직업은 대체적으로 형사,경찰 등,
수사 기관이나 군. 경/세무/금융/법조계 등, 권력기관과
인연하기 쉽고, 내 사주에서 재살이 재성이면 경찰서.
형무소. 법원 등 사법기관을 상대로 하는 사업에 유리하다.

☆재살 大/ 歲運☆

⊡재살 운을 살아가고 있다면 꾀로 살아가고 있다는 것이요,
**재살 大運 末期에 이르면 職場 人의 경우 퇴직을 한다거나
파직**罷職(명예퇴직도)**을 당하는 운이 되기도 된다.**
※本命에 재살이 有氣하면서 운으로 재살이 들어오게 되면,
명예가 손상되거나 **失物/官災數**가 따를 수 있다.
※災煞 대운에는 主로 정신적 노동을 하게 되며 **소위 빽**
줄로 目的을 이루는 해이기도 하며노력하지 않은
불로소득의 횡재수가 따르기도 한다.
※천재지변의 액이 따르는 등 만사가 여의치 않아 새로운
일/인사/애정 등에서 목적을 이루기 어렵고
商業을 한다면 처음은 잘 되는 듯하나 結局은 失敗한다.

■**坤命으로 재살 운을 行行하고 있다면 외모와는 무관하게
이성에게 매력적으로 보이는 등, 인기가 많아진다.**

3. 天煞〈= *養地*〉

出生 年: **인.오.술   사.유.축   신.자.진   해.묘.미**

四柱 中: <u>　丑　　　　辰　　　　未　　　　戌　</u>.

⊡<u>克服하기 어려운 最大의 꿈!!! 아직 때가 아니다</u>.

꼼짝 못하는, 하늘만 쳐다 보는 狀況.

※<u>事業 發展. 昇進의 契機로도 作用</u>※

▷<u>천살은 양육養育의 별로 동식물을 키우고 가꾸는 것을</u>
<u>　　　　　　　　　　　　　　좋아하다보니, 직업적으로</u>

<u>보육／교육／상담／요양원／유치원／육영사업／애완동물</u>

<u>〈조류.가축.어류 등〉~, 분재／화원 등과 연관된다</u>.

☆**천살 大／** 歲運☆

■**天煞의 운은 최대한의 능력발휘하는 운이요,**

大運 경과 후에는 신용 상실/官, 訟事 등이 따른다.

※ 사업 발전/승진의 계기로 작용되며 직장 인은 좌천/퇴직 ※

※사업자로 천살 대한이면 사업이 잘나, 운이 경과되면
민／ 형사 상의 사건이 따르는 등, 관재수가 따르며 천살
대운에 사업을 하거나 천살 방으로의 이사는 패망한다.

▷*급여 생활자로 천살 대한이면 승진할 수 있으나 대운이*
경과하면 좌천／ 퇴직되는 등, 운이 하향한다.

※天煞 大運의 성직자〈승력.신부.수녀 등〉자 인 경우,
天煞 대운 이후에는 <u>파계破戒하는 현상</u>이 드러나는가 하면,
좌천/파직을 당하기 쉽고, 天煞의 대운이 경과할즈음에는,
중풍／언어장애／말더듬／음주과다／심장질환／신경성질환／급성질환 等,
마비질환痲痺疾患이 따르게 된다.

4. 地煞 ⟨= 長生地⟩

出生 年 : **인.오.술   사.유.축   신.자.진   해.묘.미**

四柱 中 :   寅   巳   申   亥   .

※地煞은 새로운 환경의 변화가 도래함을 의미하며
이사/ 이동/ 직업이나 업종의 변동/여행/유학/객지살이/
차량사업 등과도 통한다.

※四柱에 地煞이 드러나 있다면 국, 내외로의 출장/여행할 일이
생기거나 이사/직업, 사업변동 등이 빈번頻繁해지며 직업적으로는 대부분
운수업이나, 운전직에 종사하게 된다거나 항공/해운/선박/무역,
통상/외교/어학/통역에 적합해진다.

☆지살 大/ 歲運☆
■지살 년은 주도적 변화, 궤도수정이 이뤄지는 해다■
▷自身을 알리고 자격증 활용하는 운이요,
새로운 시작/취업/승진/간판을 다는 해가 되며, 지살 운에
망신스런 일을 당했다면 사고 수를 액땜 한 것이요,
일반인이나 직장 인으로 지살 대한은
광고, 선전/ 세일즈에 유리하다.
※사업자의 경우 지살 년은 선전이 잘되는 등 거래가 활발하지만
년살 년/ 월에는 실속 없고 재물이 손실된다.

※직장인으로 지살과 沖되는 역마 대/ 세/ 월 운에는
시말서를 쓰게 된다거나 주위로부터 무시/ 창피를 당하는
일이 발생하기도 한다.

5. 년살年煞 〈= 桃花煞/ 浴地〉

出生 年: **신.자.진**　　**인.오.술**　　**사.유.축**　　**해.묘.미**
四柱 中: 酉　　　　卯　　　　午　　　　子.

※年煞은 타인의 시선을 현혹하여 목적을 성취함이다.
　　　　　　⊡시선집중視線集中이다⊡

▷年煞은 인기성이요, 미인계 등을 의미하며
직업적 측면으로는 장식/인테리어/비서직/의료행위
等과 더불어음료/다/주류/목욕업 등, 물과 관련되는
업종에도 가可하다.

☆년살 大/ 歲運☆
▣년살 대운은 Pro~가 되는 운이요, 사치/유흥/비밀탄로 운이기도 하다▣
※장식/인테리어/의료행위와도 관련되며 부수입이 짭짤하기도~

※도화살 운에는 남녀 모두, 이성문제가 다발하며
허영/사치하게 되고, 비밀이 탄로나는가하면, 도박/허영/사치
성 사업으로 패망하는 운이기도 하다.
▷年煞의 대운은 뛰어난 능력과 재능, 든든한 빽 줄이 있다
해도 직장을 얻기가 어렵고, 년살의 運에 장사를 하게 되면
처음에는 잘되겠으나 점차 적자赤子로 고전한다.

※년살의 대/세운에는 겉치레, 사치/낭비 등으로 지출이 발생되고,
교제비가 많이 드는 사업을 하게 되는가하면, 장기 실업자가 되기도 한다.

6. 월살月煞 ⟨= 冠帶地⟩

出生 年: **신.자.진   인.오.술   사.유.축   해.묘.미**

四柱 中: <u>戌</u>   <u>辰</u>   <u>未</u>   <u>丑</u>.

月煞은 주변변동으로 인한 <u>**사례.위로.하사금.상속**</u>받는 일.

생각하지 못했던 혜택, 부가이익이다.

■바야흐로 때가 도래到來하였다!!!

▷*四柱 內 月殺이 드러나 있다면 개인사업/*

군.경. 공무원/ 금융. 무역/ 종교 인 등에 적합하다.

☆**월살** 大/ 歲運☆

※月煞 大運에는 보통 사례금을 받거나 <u>**위로/하사금/상속**</u> 또는

빚도 물려받을 수 있으며 밤에 일하는 직장이거나

그러한 일(**은밀한 일/도박, 밀수 등...**)을 하기도 한다.

■月煞 大運이면 醫大/ 藥大를 擇하라■

▷*月煞의 대한을 행하고 있다면 가난한 자者없다*◁

↳*겉으로는 없다고 엄살을 부리고 있지만, 알부자인 것이다.*

▷**월살의 대/ 유년에는**

절⟨寺刹⟩ 사업을 허거나, 타인을 돕는 봉사 일 많이 하라!!!

↳*수명이 늘고, 말년이 편안해 진다.*

·<u>월살과 망신살 대운에서는 귀인의 덕이 따르며</u>

<u>재물이 풍요롭지만, 월살의 인자가 미라면 손실이 초래된다.</u>

7. 망신亡身煞 〈= 禄地〉

出生 年; **인.오.술   사.유.축   신.자.진   해.묘.미**
四柱 中;   巳   申   亥   寅

망신살은 내가 이루고 싶은 삶의 수단이요,
부끄러운 일/ 위험한 일 등을 통한 경제적 발전이 이뤄지는
살로, 애정/혼사/병원출입/수술/성 질환 등과도 관련됨.

▷직업적으로는 공무원/국영
기업체/교수/학술/문예/정치가/ 시민 운동가 등이요,
총무/단체나 모임의 리더역을 맡는다.

☆**망신살** 大/ 歲運☆
■最 絶頂의 運이다■
·다 보여주고 최선을 다해야하는 운이요, 내가 이루고
싶은 삶의 수단, 인생의 전환점이 되는 시기가 된다.
※부끄러운 일/ 위험한 일 등을 통한 경제적 발전이 이뤄진다.
※애정사/혼사/병원출입/수술/성 질환과 관련됨※

▷**망신살 운을 행하고 있다면,**
"빽 줄이 든든하고 횡재수가 따르겠습니다"!!!~
※亡身 大運에는 **유산상속/퇴직금/사례금/위로금/보상금** 等이 있을 수
있으며 **부동산으로 인한 이득**이 발생되기도 한다.
▷자금회전이나 재산의 증식은 **망신과 월살의 대운/세운**에
최상의 발전을 이루게 되며, 망신살 운의 재록은
단기 투자와 같은 단기 간, 잠깐 동안의 복록을 의미한다.

8. *장성将星煞〈= 旺地〉*

出生 年; **인.오.술   사.유.축   신.자.진   해.묘.미**

四柱 中;   午   酉   子   卯

장성살은 주관이 뚜렷하고 위엄을 갖추며,
지배/권력욕/소신이 강한가하면, 고집불통의 인자요,
정리, 처리할 일 많고 승진/진급/사업형통/출장/원행 등으로
바쁜가하면, 의식주/住居의 변동이 따르는 별이다.

▷*직업적으로는 군/ 경 /법 계통이요,*
감사직/ 참모직/ 임대업/ 이발/ 미용/ 재단裁斷
등에 적합하다.

☆**장성살** 大/ 歲運☆

※장성살 대운을 행하고 있다면, 현재 중요한 일을 하고 있으며
매사에 필요한 인물이라는 것이다.

※밑천 다 걸고 총 매진邁進해야 하는 운으로,
坤命은 가정경제를 위해 직업전선으로 나가야 하는 운이요,
출장/ 외국출입 등, 동서로 바쁜 해가 되기도 한다.

※이별/고독/원행/부상 및 파산이 많은 운이기도 하나,
사업자로 장성살 대운이라면, 자금資金이 여유롭고 영업도 잘된다.

9. 반안攀鞍煞〈= 衰地〉

出生 年; **인.오.술   사.유.축   신.자.진   해.묘.미**
四柱 中;   未   戌   丑   辰 .

▷攀鞍煞은 戰爭 中 얻은 戰利品,
또는 學位/資格證 等과도 通하며, 명예/출세/번영의 因子요,
조상의 蔭德을 뜻하기도 한다.

▷中年 以後 發展하며 硏究/ 發明/ 敎職/ 保育/
宗敎/ 哲學/ 相談/ 通譯/ 出版編輯/ 映畵/ 寶石 細工/
建築 等에 適合하며 給與生活로 살아가는 것이
有利하다.

☆**반안살** 大/ 歲運☆
※진학/ 학위취득/ 승진/ 사업번창※
⊡실속을 위한 통로요, 부가이익이 이뤄지며,
학위/자격증을 얻는 운이다⊡
※반안살 운에는 분규/감원/명퇴 등에도 신분이 **보장된다**※

▷모든 새롭게 시작하는 별이다. ※집, 土地 文書를 잡기도.
※주거. 의식주의 변동이 쉽게 이뤄지는 해요,
주동적, 자기 중심적으로 행하는 운이다.
※본명에 반안살이 있다면 전문직이 적합하며
반안살 대운에는 금전/재물이 증식되는 등 발복하게된다.

⊡고명으로 반안살 대운이 경과했다면 자식을 두기가 어렵다.

10. 역마駅馬煞 〈= 病地〉

生年 支 : **신.자.진   인.오.술   사.유.축   해.묘.미**
日 支 :   <u>寅   申   亥   巳</u>

▷역마살은 타他에 의한 이사/ 변동/ 해외 출입,
정보통신/방송/언론매체/외국/이민/무역과도 통하며,
의약/의료/간호사/상담사 등과 더불어 순수 예술분야나
연구, 발명/ 교직/ 평론/ 참모/
종교/구류술사, 역술인 등에도 적합하다.

☆**역마살 大/ 歲運**☆

■역마의 대운은 지출이 많고, 이용을 당하기 쉬우며
特히 老年期의 驛馬 運은 健康에 매우 해롭다.
▷역마가 대/세 운으로 들어오면 이사/변동/해외 출입 사가
발생하며 운에 의해 역마가 상충되면 상해/교통사고/횡사
등의 급변 사요, 공망이면 병마가 되는데, 대운/세운/월이
모두 역마를 상충하면 더욱 그렇다.

·말년과 초년의 역마 운은 불리하며 역마의 대운은
먹고 살기위해 분주한 운이요,
유학을 간다면 공부보다는 돈을 벌기 위함이다.
※관재/구설 등으로 구속된 상태라면 역마살 세운이나
월운에 풀려나게 된다.

11. 육해六害煞 ⟨= 死地⟩

出生 年: **인.오.술   사.유.축   신.자.진   해.묘.미**
四柱 中: <u>酉</u>   <u>子</u>   <u>卯</u>   <u>午</u> .

⊡육해살은 **빽 줄이 생기고 지름길을 택하나 성패가 따르며**,
<u>**서서히 위축/정리해야하는 상태가 된다**</u>.

※사주 내 식상이 역마면서 병지면, 현실적인 물질이나
욕망에 집착하기보다, 정신 지향적이다 보니 지적이요,
전문 기술적 분야인 학술/사상/예술/종교/철학/점술
의료.의약/침술/작가/기획/설계/스포츠 등에 적합한데,
월/ 일지가 사지라면 더욱 그러하다.

☆육해살 大/ 歲運☆
⊡**빽 줄이 생기고 지름길을 택하나 다성다패요**,
<u>**서서히 위축/정리해야하는 상태다**</u>.
※六害煞 운에는 자의든 타의든 **정리/조정**할 일이 생긴다거나
의무에 따른 책임이 무거워 지며
질병으로 고생을 하게 된다거나, **허리가 아프기도**. . .
▷*生死與奪*의 해요~ *"저승사자다"!!!*~
※육해살 대운에는 직장에서 중요한 일을 하게 된다거나,
<u>요직에 오르기도 하지만, **좌천左遷되기도 쉽다**</u>.
※육해살 대운에는 병고 등으로 인한 고생이 따르거나
저당/설정/차압을 당하는 일이 발생할 수 있으며,
군 복무자는 단기복무하거나 근무이탈 등으로
곤욕을 치르기도 한다.

12. 화개華蓋煞〈= 墓地〉

出生 年; **인.오.술   사.유.축   신.자.진   해.묘.미**
四柱 中; 戌   丑   辰   未 .

⊡화개살은 재회/ 재혼/ 복귀/ 정리정돈/ 케도수정,
포장, 분장 등과 통하며, **교육/ 종교/ 철학/ 연애** 등에서
특별한 재능을 갖추는 별이다.

▷직업적으로는 **男命**이면 철학자/은행 등
금융업/재무/회계 경리계통/창고업/장의사 등이
적합하고, **坤命**이라면 살림을 잘하겠으나 배우자의
외도로 혼인생활에 낙이 없을 수 있다.

☆**화개살 大/** 歲運☆
▷시비/분쟁사 조정/줄 것 주고, 받을 것은 받는… 운이 된다.

※초년의 화개살은 좋은 것으로, 중년 이후의 화개는
대흉으로 보는데, 辰/戌/丑/未는 사고四庫요,
괴강/ 백호에 해당하기 때문이다.
■화개살 대운에는 불편했던 동기간의 관계가 해소되는
운이요, 과거의 **일/사건/사업** 등이 재 발동되는데,
재출마/복직/재결합/재회/미납세금의 납부 통고/질병 등…
　　　　　　辰年 生이면 **辰**月, 戌年 生이면 **戌**月,
　　　　　　亥年 生이면 **亥**月 等이 된다.

12신살은 사주명법에서 육친 간이나, 대對 타他 관계에서의 관계설정과 더불어, 나와 상대방을 이해할 수 있는 방편으로도 활용됩니다. 물론, 전문적으로는 좀 더~ 다양한 쓰임을 갖게 되지만, 말이지요!!!~

자!!!~
이제, 그러면 남녀 배우자 궁합과 육친 간의 관계설정이나, 대인관계의 조화 등을 통해, 12신살이 어떻게 활용되는지와 더불어 직업적 측면 등에 대해 알아보겠습니다.

12신살은 앞에서 설명이 되었듯, 주로, 삼합 그룹에 의한 상, 하위와 충 관계를 살펴 논하며 다음의 **배우자 궁합, 대인 조화 보는 법**- 1.2.3 중, 2,3번과 연계連繫되어 활용됩니다.

□제 2부□

☆배우자 궁합/ 대인 조화☆

사주명법에서 궁합, 대인과의 조화, 동업의 길/흉 등을 살피는 방법에는 여러 가지가 있으나, 그 중에서도 실용성實用性을 갖추는 몇 가지활용기법에 대해 알아보겠습니다.

궁합, 대인관계의 상호조화는 주로 서로의 출생 년과 일주를 살피게 되며, 천간 글자의 상응관계를 살펴 논하기도 합니다. 이외, 일반화 되어있지 않았던, 두수로 보는 배우자, 대對 타他 관계의 유, 무정/ 유, 무덕 등을 알 수 있는 방법에 대해서도 제시해 보겠습니다.

□남,여 배우자 궁합, 대인조화 보는 법□- 1.

먼저, **천간 글자의 조화에 의한 방법**입니다.

갑/을/병/정/무/기/경/신/임/계, 십 천간의 글자 중, **甲.戊.庚/ 乙.丙.丁/辛.壬.癸**는 天干의 삼기三奇라하여 남,녀 두 사람의 四柱에서 이들의 글자가 서로 채워지면 天生의 인연因緣이라고 하는 길 조합이 된다는 것입니다.

즉, 여자 분의 사주에 **乙字**가 드러나 있으면서 남자의 사주에서 **丙,丁**이 채워진다거나, 남자의 사주에 **戊**가 있으면서 여자의 사주에서 **甲,庚**의 글자가 채워지는 등의 방식이 되는 것이지요~ 만약, 여자 분의 사주 천간으로 **辛金**의 글자가 드러나 있을 을 때, 그 배우자 사주로 **壬,癸**의 글자가 유기 有氣〈=있다. 드러나 있는 경우〉하는 경우에도 하늘에서 맺어준 연緣으로 논한다는 것입니다.

시時	일日	월月	년年〈남〉	시時	일日	월月	년年〈여〉
□	병丙	신辛	□	□	경庚	계癸	임壬
□	□	미未	인寅	□	□	축丑	□

위 예를 보시면, 여자 분의 년간에 **壬水**, 월간에 **癸水**의 글자가 드러나 있으면서 남자의 사주 월간에서 **辛.壬.癸** 삼기의 남은 한 글자인 **辛**자를 채워주고 있습니다.

정신적精神的 공감대共感帶, 공유共有하는 부분들이 많다는 것입니다.!!!~

- 126 -

시時 일日 월月 년年〈여〉 시時 일日 월月 년年〈여〉
□ 정丁 □ 을乙   □ 임壬 □ 병丙
□ 유酉 □ □   □ 신申 □ □

이 경우는 대인관계에서의 조화가 되겠는데, **乙.丙.丁** 삼기
의 글자를 서로 채우고 있습니다.

시時 일日 월月 년年〈남〉 시時 일日 월月 년年〈여〉
갑甲 경庚 신辛 무戊   □ 기己 경庚 병丙
□ □ □ 술戌   □ □ 자子 □

위는 **甲.戊.庚**의 삼기를 여자 분의 사주에서 **庚**자를 갖추면
서 남자 사주에서 **甲**과 **戊**자를 채우는 경우입니다.
이시겠지요!!!~
천간은 정신적 측면과 명예, 귀貴氣를 의미한다는 것도...

□남,여 배우자 궁합, 대인조화 보는 법□- 2.
다음은 **출생한 년도〈즉, 띠〉를 활용하는 방법**으로, 지지의
12글자를 다음과 같이 삼합의 그룹으로 묶어 이들 간의 관계
로 상호 조화의 유, 무정/ 유, 무덕을 논하는 기법입니다.
지지의 12글자인 <u>자/축/인/묘/진/사/오/미/신/유/술/해</u>를 <u>신.자.진/</u>
<u>사.유.축/ 인.오.술/ 해.묘.미</u>의 삼합 그룹으로 묶어 내가 속해있는
그룹을 기준하여 **상위上位, 하위下位, 충沖** 관계를 살피는 것인
데, 그 방법은 다음과 같습니다.

《《사. 유. 축》》
《《신. 자. 진》》   《《인. 오. 술》》
《《해. 묘. 미》》

위, 삼합의 네 개 그룹 중, 내가 **자**〈쥐 띠〉년생이라면 **신**〈원숭이 띠〉, **진**〈용 띠〉 년생은 동일 그룹을 이루게 되고, **유**〈닭 띠〉년생이라면 **사**〈뱀 띠〉, **축**〈소 띠〉와 한 그룹이 되며, **오**〈말 띠〉년생이면, **인**〈호랑이 띠〉, **술**〈돼지 띠〉와. **묘**〈토끼 띠〉년생이면, **해**〈돼지 띠〉, **미**〈양 띠〉와 한 그룹을 이룬다는 것입니다. 그러면, 이들은 어떠한 방식에 의해, **상, 하/ 충**의 관계가 성립되는 것일까요!!!~

12지지의 각 글자들은 **자**자로부터 시작되어 **축.인**~. . **해**까지로 진행되며 **子**자는 **亥**자 다음으로 들어오고, **丑**자는 **子**자의 다음으로 들어오게 됩니다.

申자라면 **未**자 다음이요, **未**자는 **午**자 다음으로 들어오게 되지요!!!~ 따라서 기준되는 그룹의 앞〈이전以前〉字에 해당되면 상위, 다음 자 그룹이면 하위가 되는 것이며, 지지의 충자에 해당되면 충 그룹이 되는 것이죠!!!~
위 표에서 내가 속해있는 그룹을 기준하여 시계 방향으로 돌아가면서 내 앞쪽에 속해있는 글자는 나의 상위, 내가 속해있는 그룹의 다음에 해당된다면 나의 하위그룹이 되는 것입니다. 내가 **말** 띠라면 **사.유.축** 그룹은 나의 상위, **해.묘.미** 그룹은 나의 하위 그룹이 되며 **신.자.진** 그룹과는 충 관계가 된다는 것입니다.

동일 그룹이면 서로에 대한 이해, 삶의 방향성/ 가치 척도 등에서 유정有情한 관계가 되고, 나의 **상위 그룹**이라면 내가 그를 대할 때, 어려움이 있다거나 함부로, 쉽게 대할 수 없고 그는 나의 형, 누나, 부모, 상사 등과 같은 관계가 된다는 것이요, **하위의 그룹**이면 그들은 나의 동생, 부하와 같이 내가 대하기에 부담이 없는 관계가 되는 것이며, **충 관계**면 그들과는 충돌, 파괴, 다툼이 있게 되는 관계지만, 한 편으로는 서로에게 발전의 대상이 되어주는 관계가 되기도 합니다.

충沖 관계가 길흉한 관계로 작용되는 경우가 있으니, 서로의 사주 월지 간의 관계로 논하는 방법인데, 12지지의 충으로 여자의 월지 글자가 **子**라면 남자의 월지는 **午**가 된다거나, 남자의 월지 글자가 **辰**자일 때, 여자의 월지가 **戌**의 글자가 되는 식이지요.!!!~

$$\boxed{地支\ 沖}; \quad 子,\ 午$$
$$丑,\ 未$$
$$寅,\ 申$$
$$卯,\ 酉$$
$$辰,\ 戌$$
$$巳,\ 亥$$

삼합, 그룹별 상/하위와 충 관계를, 12신살의 삼합 그룹으로 표기하면, 다음과 같은 관계가 설정됩니다.

아래의 삼합 그룹별 12신살의 관계는 앞에서 제시되었던 것으로, 이해의 편리를 위해 다시 가져와 표기합니다.

※12신살의 삼합 그룹별 설정관계※

申; 地煞 子; 將星 辰; 華蓋	上位 그룹	亥- 망신	卯- 육해	未- 천살
	下位 그룹	巳-겁살	酉- 년살	丑- 반안살
	沖 그룹	寅-역마	午-재살	戌- 월살
巳; 地煞 酉; 將星 丑; 華蓋	上位 그룹	申- 망신	子- 육해	辰- 천살
	下位 그룹	寅- 겁살	午- 년살	戌- 반안살
	沖 그룹	亥- 역마	卯- 재살	未- 월살
寅; 地煞 午; 將星 戌; 華蓋	上位 그룹	巳-망신	酉- 육해	丑- 천살
	下位 그룹	亥- 겁살	卯- 년살	未- 반안살
	沖 그룹	申- 역마	子- 재살	辰- 월살
亥; 地煞 卯; 將星 未; 華蓋	上位 그룹	寅- 망신	午- 육해	戌- 천살
	下位 그룹	申- 겁살	子- 년살	辰- 반안살
	沖 그룹	巳- 역마	酉- 재살	丑- 월살

※표를 보는 법에 대해 다시 설명을 드린다면, 내가 오〈말 떠〉년 생이라면, **인.오.술** 그룹이 되는 것이요, 인.오.술에 서 인은 지살/오는 장성/술은 화개살이 되며, 내가 속한 인.오.술 그룹을 기준한 **사.유.축** 그룹은 상위/ **해.묘.미** 는 하위/ **신.자.진**은 충 그룹이 된다는 것을 도표화 한 것 으로, 각, 삼합 그룹의 첫 글자는 언제나 **지살**이 되며, 두 번째는 **장성**/ 마지막, 세 번째 글자는 **화개살**이 됨을 알 수 있습니다.

실 예를 들어 살펴보지요!!!~

갑진 년생, 남/ 신해 년생, 여

시	일	월	년		시	일	월	년	
	丁	癸	辛	여		辛	甲	남
		巳	亥			未	未	辰	

앞 두 사람의 출생 년지의 글자를 기준한 삼합 그룹의 글자
는, 남자가 **신.자.진**, 여자는 **해.묘.미** 그룹으로, 여자가 상위의
그룹에 속합니다.

위, 두 사람은 부부관계입니다.
이 두 사람 간에는 어떠한 관계가 형성될까요.!!!~
앞의 도표에서 **신.자.진** 그룹을 기준한, **해.묘.미**의 그룹은
남자가 속한 신.자.진의 상위 그룹으로 **망신/육해/천살**의 그룹
이 됩니다.
그러니까!!!~
내가 속한 그룹은 항상 **지살/장성/화개살** 그룹이 되고, 상위의
그룹은 **망신/육해/천살** 그룹이 되는 것이며, 하위 그룹은 **겁살/**
년살/반안살이요, 충 그룹은 **역마살/재살/월살**의 그룹이 된다는
것입니다.

여자 입장에서는 남자를 대할 때, 여유가 있고, 이해해주는
태도를 취하게 되겠지만, 남자 입장에서는 여자가 자신보다
상위의 그룹이니 스스로 스트레스를 받거나 짜증스런 상황이
발생되기 쉽다는 것이죠!!!~

대체적으로 **부부 관계 일 때, 여자가 하위의 그룹이면서 남자가 상위의 그룹 일 때, 조화에 별 어려움이 없으나, 그 반대로 남자가 하위의 그룹, 여자가 상위 그룹인 경우라면, 친화, 조화에 어려움**을 갖게 됩니다.

다음의 예를 볼까요.

시	일	월	년		시	일	월	년	
	乙	乙	戊	남		庚	癸	壬	여
	未	卯	戌			午	丑	寅	

위 또한 부부관계입니다.

두 사람은 출생 년 지 기준, **인.오.술**의 동일 그룹입니다.
동일 그룹이면, 두 사람은 유정有情한 관계를 형성하게 됩니다. 서로에 대한, 이해라던가, 사고思考의 공감대를 형성하는 등. . . ,
그러나 두 사람은 이혼하였습니다.
왜???~
무엇 때문일까요!!!~

앞에서 간지 60갑자를 살폈고, 각 순중 별 **공망空亡**의 글자들도 알아보았습니다.

위에서 여자의 일주는 庚午경오로 60갑자에서 갑자 순 중에 속해있으며, 공망의 글자는 **술戌/해亥**가되지요!!!~
그런데, 남자의 출생 년 지가 무술로 **술戌**자가 됩니다.

채워도~ 채워도, 채워지지 않는. . . ,
채운다 하더라도 제대로 채워지지 않는다는 공망의 글자를
출생 년지로 하여 태어났습니다. 이러한 경우에도 배연配緣
은 조화하기 어렵고, 이러한 구조도 이혼의 조건이 됩니다.
여자 쪽에서 이혼을 요구한 상황이 되겠고, 싶지는 않았을
것입니다.!!!~

다음을 보겠습니다.

시	일	월	년		시	일	월	년	
	丙	辛	己	남		庚	癸	壬	여
	戌	未	酉			午	丑	寅	

이 경우는 남자가 <u>사.유.축</u> 그룹이요, 여자는 <u>인.오.술</u>로, 배연의
관계일 때에는 유정有情으로도 볼 수 있습니다.

남자가 하위의 그룹일 때에는 결코, 조화에 어려움이 크나,
여자가 하위의 그룹인 경우라면, 그 해로움은 해소解消될 수
있기 때문이다.
두 사람의 일지를 보면, <u>인.오.술</u>의 동일 그룹이라 서로 조화를
이루는 관계가 됩니다.

다시, 다음의 예를 보겠습니다.

시	일	월	년		시	일	월	년	여
	癸	癸	壬	여		己	甲	庚	1
	亥	丑	子			巳	申	戌	동생

위 두 사람은 동업관계를 문의했던 예입니다.
출생 년 지는 <u>인.오.술</u>과 <u>신.자.진</u> 상충 관계의 그룹입니다.
조화를 이루기 어렵겠죠!!!~
이러한 구조로 동업을 생각하고 있다면, 다시 생각해야 하는
관계입니다.

배연, 대인 조화는 대체적으로 각 인의 출생 년 지를 대조하
게 되지만, 출생 일지, 또한 고려의 대상됩니다.
그런데, 위의 경우는 두 사람의 일지 또한, <u>사.유.축/ 해.묘.미</u>로
상충의 관계를 이룹니다.

년과 일이 동시에 충 관계의 그룹이 되는 것이지요.
이러하면, 다른 방법을 모색摸索, 찾는 것이 현명한 처사處事
가 되겠지요.!!!~

다음을 볼까요.

시	일	월	년	여 3 동생	시	일	월	년	여 2 언니
	癸	甲	壬			癸		己	
	未		子			亥		酉	

위의 두 사람은 이전의 **甲戌 年生**과 자매지간으로, 셋이서
함께 동업을 하는 것은 어떠하겠는가에 대한 추가질문에는
어떻게 조언을 해야 할까요!!!~

1번과 2번의 관계는 <u>1)인.오.술/ 2)사.유.축</u>으로 2번인 언니 분께서
상위의 그룹이나, 1번과 3번의 관계는 <u>1)인.오.술/ 3)신.자.진</u>으로,

상충을 이루고 있으며, 일지일지의 관계를 보면, 2, 3번은 해.묘.미의 동일 그룹을 형성하고 있지만, 1번은 사.유.축 그룹으로 2,3번과 상충관계를 이루고 있지요!!!~

위, 세분의 관계구조가 이렇게 형성되어 있다면, 1번 분께서 상호相互, 중재仲裁의 역할을 잘 하시면서 실제적인 리더의 역은 3번인 **壬子 年 生**이 맞는 형태로 이끌어 나가는 방식을 취取한다면, 조화력을 유지시켜 나갈 수 있겠지요!!!~

2번인 기유 년생을 기준하면, 사.유.축의 **지살/장성살/화개살** 대비, 1번은 인.오.술의 **겁살/년살/반안살**의 하위 그룹이 되며, 3번의 신.자.진은 상위의 **망신살/육해살/천살**의 상위 그룹이 되죠!!!~

좀 더 설명을 드린다면~ ,
나의 상위 그룹은 언제나 **망신살/ 육해살/ 천살** 그룹이 되는 것이요, 하위의 그룹은 **겁살/ 년살/ 반안살** 그룹이 되는 것이며, 충 그룹은 **역마살/ 재살/ 월살**의 그룹이 된다는 것입니다.

지지地支 삼합三合 글자에 의한, 각 그룹별 조화관계는 위와 같은 12신살 법을 활용합니다.

다음에는 이어서 각 인의 본명 사주, 제 2대한을 활용하는 배연配緣, 대인 조화를 살펴보겠습니다.

□남,여 배우자 궁합, 대인조화 보는 법□- 3.

이번에는 본인의 사주, **제 2대한의 글자와 삼합을 이루는 띠 인**과는 길한 조화를 이룬다고 봅니다.

이 방법은 혼인 전, 참고하기에 유용한 술법이 됩니다.

즉, 나의 두 번째 대한의 글자가 **축**자라면, **사〈뱀〉. 유〈닭〉. 띠 인**이 되는 것이고, **신**자면, **자〈쥐〉. 진〈용〉띠 인**이 되는 것이요, **오**자라면, **인〈호랑이〉. 술〈개〉**이 되며, **미**자면, **해 〈돼지〉, 묘〈토끼〉띠 인**이 되는 것입니다.

그러나 첫 대한의 삼합 인자는 참으로 속 썩이고 이혼도 잘 안 되는 골치 아픈 관계가 됩니다.

　·지지 글자의 삼합·; 사.유.축/　신.자.진/　인.오.술/ 해.묘.미

※궁합, 대인조화의 실 예※

다음의 예를 보겠습니다.

시		일		월		년		본명 사주 여자
		乙		壬		癸		
		酉		戌		亥		
庚	己	戊	丁	丙	乙	甲	癸	대한
午	巳	辰	卯	寅	丑	子	亥	
75	65	55	45	35	25	15	05	

사주의 대한을 정하는 법은 알고 계시지요!!!~

잊으셨다면 앞으로 가서서 다시 한 번 살펴보십시오.

본인이 태어난 출생 **年 干**의 글자가 양남여음이면, 사주의 월주를 기준하여 육갑의 글자를 순행하며, 양녀음남인 경우

- 136 -

라면, 월주를 기준하여 육십갑자의 글자의 역으로 진행시키는 방식. . . , 생각!!!~ 나시죠!!!

위 사주는 여자면서 출생 년 간의 글자가 계수의 음간이므로, 육십갑자에서 월주 **壬戌**의 다음글자부터 순행하면 위와 같이 대한의 글자들이 정해지게 되겠지요!!!~

따라서 위 사주 인은 **癸亥부터 육십갑자를 순행**하게 되므로 제 2대한은 갑자가 되겠고, **子** 자의 삼합 글자는 <u>신.자.진</u>이 되니. . . , 이 분의 배연이 포함되는 대對, 타他 길 조화를 이루는 띠 인은 <u>신⟨원숭이⟩/자⟨쥐⟩/진⟨용⟩</u>인 이 되는 것이지요!!!~

12신살 삼합 조합으로는 본인의 하위 그룹이 됩니다.

다음을 계속해서 보시지요!!!~

시		일		월		년		본명 사주 여자
		辛신		戊무		戊무		
		丑축		午오		辰진		
庚경	辛신	壬임	癸계	甲갑	乙을	丙병	丁정	대한
戌술	亥해	子자	丑축	寅인	卯묘	辰진	巳사	
73	63	53	43	33	23	13	03	

이분은 여자로 출생 년 간이 양간이니 월주인 무오를 기준하여 육십갑자를 역 방향으로 진행하면서 대한의 글자들이 정해지겠지요!!!~ 따라서 위와 같이 <u>정사/병진/을묘/갑인/계축</u>의 순으로 역 진행된 것이지요!!!~

제, 2대한은 辰자를 포함하는 삼합이니, 신.자.진의 글자가되며, 12신살 법으로는 본인과 동일 그룹을 조화 인자因子로 삼게 된다는 것입니다.

띠 인으로는 위와 같은 신〈원숭이〉/자〈쥐〉/진〈용〉인이 됩니다.

위 사주 인의 배연에 대해 조금만 더~ 확장시켜볼까요!!!~
자칫!!!~ 궁합!!!~, 배우자 복의 유,무/ 길,흉을 논 할 때, 대체적으로 상대방이 좋다~, 나쁜 것이다. 로 이해하고 계시는 경우가 적지 않은데, 그보다는, 내가 갖고 있는, 그러니까!!!~ 나의 문제이지~, 대인〈상대방〉에게 문제가 있게 되는 것은 아니라는 것입니다.

내 복대로 만나고. . . ,~ 내 복대로 헤어지는. . . ~
이해~ 되시지요!!!~

내 삶의 모양, 방식~ 등은 이미 나에게 주어진 것이요, 그 주어진 대로의 모양, 방식 등에서 그리 벗어나지 않는 삶을 살아가게 된다는 것입니다!!!~

이 사주 인의 일주는 辛丑으로 辛 천간의 글자입니다.
앞!!!~ 십 천간, 각 글자의 함의에서 살펴보셨습니다. 만, 辛金은 어떠한 특징과 작용력을 갖는 글자였나요!!!~

육친 간의 무덕無德/ 분탈忿奪이 따르고, 辛 日柱는 我/ 他를 분별하며 외곬수의 경향이 있는가하면 찾을 수, 이룰 수 없는 것을 추구하는 "꿈꾸는 여자"요, 이 지구상에는 이상적인 배우자가 없다!!!~

사주 구조상, 배연配緣의 어려움이 따르게 된다는 전제조건이 부여附與, 주어진 것입니다.

다음의 예를 더 볼까요.!!!~

시		일		월		년		본명 사주 여자
		癸계		戊무		己기		
		亥해		辰진		酉유		
丙병	乙을	甲갑	癸계	壬임	辛신	庚경	己기	
子자	亥해	戌술	酉유	申신	未미	午오	巳사	대한
76	66	56	46	36	26	16	06	

위~ 사주 인의 제, 2대한은 경오로, <u>인.오.술</u>의 글자들이 조화
를 이루는 관계가 됩니다.
<u>인〈호랑이〉/ 오〈말〉/ 술〈개〉</u> 띠 인들이 되는 것이지요!!!~

본명 사주 구조에서 드러나는 이분의 배우자 덕은 어떠한가
를 살펴볼까요.!!!~
이전 분은 신금 일주였으며, 이 분은 **癸水** 일주가 됩니다.
日干이 癸水!!!~

**壬/ 癸 日柱는 "사랑하기 위해", "사랑받기위해" 태어났지만,
사랑에 우는 사주요, 애정에 굴곡이 따른다.**

배우자, 대인 조화를 떠나~,
사주!!!~
어려울 것~ 없겠다. 싶지 않으세요!!!~
예!!!~
그리 어려울 것 없답니다!!!~

어렵게~~~, 어렵게들~ 해서 그렇지. . . ~

□배우자 궁합, 대인조화 이법異法□

나와 배우자의 일주가 육십갑자 순 중에서 동일한 순 중에 속하는 글자면 천생연분으로 본다는 것입니다.
여기에서 말하는 순 중이란???~

앞에서 제시되었던 육십 갑자표를 보시면, 육십 갑자는 **갑자/갑술/갑신/갑오/갑진/갑인**의 갑 간으로 시작되며, 이렇듯 6개의 순 중이 있게 되는데, 남녀의 일주가 이 6개의 순 중에서, 동일한 순 중에 있는 글자 일 때를 말하는 것입니다.

즉, 육십갑자의 제 1순 중은, **갑자甲子~ 계유癸酉**까지가 되며 **술/해**가 공망됩니다.
제 2순 중은, **갑술甲戌~ 계미癸未**요, **신/유**가 공망.
제 3순 중은, **갑신甲申~ 계사癸巳**요, **오/미**가 공망.
제 4순 중은, **갑오甲午~ 계묘癸卯**요, **진/사**가 공망.
제 5순 중은, **갑진甲辰~ 계축癸丑**이며, **인/묘**가 공망.
제 6순 중이면, **갑인甲寅~ 계해癸亥**요, **자/축**이 공망 되는데, 서로의 일주가 동일한 순 중의 글자에 해당되면 길 조합이 되는 것으로 보는 것이지요!!!~

이외, 동일한 순 중의 글자가 아니라 해도, 두 사람 중, 어느 한 사람의 일주를 기준하여 전, 후로 5위位 이내의 글자에 해당되는 경우에도 길 조합이 됩니다.
즉, 나의 일주가 육십갑자의 제 3순 중, **임진** 일주라고 한다면, 전, 후로 5위 이내의 글자가 되니 전前으로는 **정해/무자/기축/경인/신묘**가 되며, 후위後位로는 **계사/갑오/을미/병신/정유**가 되는 것입니다!!!~

그럼!!!~ 예를 들어 살펴볼까요.!!!~

※궁합, 대인조화의 실 예※

시	일	월	년	남자	시	일	월	년	여자
	丙병	甲갑	癸계			癸계	甲갑	壬임	
	申신	子자	丑축			亥해	辰진	子자	

여자 분의 일주인 계해를 기준하여 전/후의 **五位**는 **무오/기미/ 경신/신유/임술과 갑자/을축/병인/정묘/무진**이 됩니다.

위, 남자의 일주인 병신은 여자 일주를 기준한 전/후 오위 내에 포함되지 않습니다.

12신살 법의 삼합 그룹으로도 남자**〈사.유.축〉**는 여자**〈신.자.진〉** 분의 하위 그룹이 됩니다.
더하여, **여자로 癸亥 일주면, 남/녀 애정상의 문제에 변화가 있기 쉽다!!!~**
이전의 예에서 나왔었지요!!!~

이렇듯~
본명과 운에 의한 간지 22자 간의 **합/형/충/파/해** . . . ., 등에 의한 현상으로 드러나는 현상들 이전에 어떠한 글자들을 갖고 있는가???~

이 글자들은 육친 상으로 어느 별이 되는가!!!~ 등으로도 이미 각 인의 면모面貌나 삶의 모습들을 알 수 있게 됩니다.

다음의 예를 더 보시죠!!!~

시	일	월	년	남자	시	일	월	년	여자
	辛신		甲갑			丁정	癸계		
	未미	未미	辰진			巳사	巳사	亥해	

이 경우는 여자의 일주가 정사요, 남자는 신미가 됩니다.
육십갑자 표에서 정사 일주는 갑인 순巡 중에 속하며, 정사
일주를 기준한 전/후의 오위五位는 **임자/계축/갑인/을묘/병진과, 무
오/기미/경신/신유/임술**이 됩니다.

남자의 신미 일주는 위 전/후 오위 내에 포함되지 못해 길
조합이라 할 수는 없겠습니다!!!~

다음의 예를 더 볼까요!!!~

시	일	월	년	남자	시	일	월	년	여자
	己기		丁정			己기		丁정	
	丑축	子자	酉유			巳사		酉유	

여자 분으로 기사 일주라면 **갑자/을축/병인/정묘/무진과, 경오/신미/
임신/계유/갑술**이 되겠지요!!!~
남자 일주인 기축은 포함되지 않지요!!!~
그렇다면. . .~
출생 년 지에 의한, 12신살 삼합 그룹으로는 동일 그룹이나
일주 五位에 의한 조화에서는 한참을 벗어나 있지요!!!~
한 때, 서로 끌리는바가 있어 혼인을 하여 살고는 있으나~
내실內室에서의 즐거움은 찾기 어렵다. . .~

다음의 예를 볼까요!!!~

시	일	월	년	남자	시	일	월	년	여자
	己기	乙을	癸계			辛신	辛신	丙병	
	丑축	丑축	卯묘			卯묘	卯묘	午오	

여자 사주에서 신묘 일주면, 육십갑자의 갑신 순 중에 포함
되며, 전/후의 五位로는 **병술/정해/무자/기축/경인과 임진/계사/갑오
/을미/병신**이 되지요!!!~

남자의 일주는 기축이니 여자 일주 전, 3위의 글자가 되므로
두 사람은 조화력을 갖게 되겠죠.
하지만, 출생 년지에 의한 12신살 삼합 그룹으로 보면 여자
가 남자보다 상위의 그룹이요, 일주 삼합의 글자로는 **해.묘.미/
사.유.축**의 충 관계를 이룹니다.

좀 더 진행시켜보면~,
앞의 십성 육친 부분에서 살펴보았지만, 여자면서 신금 일주
면, 배우자 덕을 기대하기에는 부족한 구조요, 남편의 별은
화기火氣인 丙병,巳사/ 丁정,午오가 되는데, 본명 사주에서
남편의 별이 년주로 나가있어 나와 멀리 떨어져 있는 상태가
되지요!!! 이 또한 두 사람의 조화력을 손상시키게 됩니다.
게다가 월간의 비견比肩성인 辛金과 丙/辛의 천간 합을 이루
고 있어 남편이 외도外道, 바람을 피게 된다는 조건이 이미
부여되어있기도 합니다.

이쯤 되면,~~~

- 143 -

뭐야~
뭐가 맞는다는 거야???~
하실 수도 있겠습니다.
궁합이 좋으면~, 다~ 좋은 거 아냐???~
나쁘다면, 좋지 않다는 거구!!!~
하실 터인데, ~~~
이러한 방식으로 이해를 하신다면, 반 정도로만 이해하시는 것이 됩니다.

즉, 궁합의 조건에 한, 두 가지가 맞는다고 하여 무조건 다~~~ 좋은 것이 아니요.
부합되지 않는다 하여, 무조건 다~~~ 나쁘다!!!~ 이렇게 생각하시면 안 된다는 것이죠!!!~

부부 궁합은 좋다 해도, 위의 경우에서처럼 바람을 피우는 것은 부부궁합의 길/흉과 별개의 문제로 파악해야 한다는 것입니다.
하지만, 대부분의 경우, 굳이 이러한 전문적 지식을 필요로 하지 않더라도 위에서 제시되고 있는 방법으로 해결이 가능해 집니다.

좀~ 더 볼까요.!!!~

시	일		월	년	남자	시	일		월	년	여자
	辛신	庚경					壬임	己기	丙병		
	未미	申신	戌술				申신	亥해	午오		

위 경우는 여자 분의 일주가 壬申이면서 남자의 일주는 辛未
가 되네요.

辛未/壬申이면, 바로 이웃하는 관계요, 출생 년 지에 의한
12신살 삼합에 의한 관계에서도 동일 그룹의 글자가 됩니다.

부부가 동일한 공망의 글자를 갖으면, 천상의 인연이라고 하
는데, 이러한 경우는 동일 순 중의 글자일 때가 해당되지요.

육십갑자의 동일 순 중이요, 이웃하는 글자를 일주로 삼고
있어, 바로 위의 예, 또한 그러합니다.

또 다른 이법으로는 나와 대인對人의 사주를 **年柱는 年主/
月柱는 月柱/ 日柱는 日柱/ 時柱는 時柱 끼리 對照**하여 형
刑/ 충沖의 성립이 적어야 吉 組合으로 보기도 합니다!!!~

자~

아직까지 몇몇 궁합, 대인 조화법에 대해 알아보았습니다.

만!!!~

위의 조건들에 부합된다하여 일생~ 조화를 이루며 다툼 한 번 없이 행복한 삶을 살아간다는 것은 아닙니다.

서로 다른 독립적 인격체人格體요, 생활환경에서 살아온 남 남이 서로 만나, 배연의 조건에 맞는 부부의 연을 맺어 살아 간다 하여 평생!!!~ 다툼 한 번 없는 좋은 관계로 살아갈 수만은 없을 테니까요!!!~

다만, 위에서 열거된 여러 궁합, 대인 조화의 조건들에 부합 된다면 그렇지 않은 경우보다, 살아가면서 어떠한 어려움들 이 발생될 때, 그 문제를 해소하고 서로를 이해 할 수 있는 요소로 작용된다고 보아야겠지요.

따라서 최고의 궁합은 서로를 존중하고 이해하는 배려심에 있다고 할 것입니다.!!!~

아직까지 살펴본 남,녀 궁합, 대인 조화 법들 이외, 비교적 안정을 이루며 살아 갈 수 있는 구조는 12신살의 동일 조합 이면서, **궁합, 대인조화 이법異法**에서 소개되었던, 일주 기준 전,후 5위位 이내의 글자에 해당되고, **배우자 궁합, 대인조화 보는 법**- 3번의 사주, **제 2대한의 글자와 삼합을 이루는 띠 인**의 조건에 부합되거나 아〈我＝나〉와 상대방의 일주가 서로 六合육합의 글자로 이뤄지는 경우가 됩니다.

위에서 보았던 예를 다시 보겠습니다.

※丙午병오 年년 생※

시		일		월		년		본명 사주 여자
		壬임		己기		丙병		
		申신		亥해		午오		
辛신	壬임	癸계	甲갑	乙을	丙병	丁정	戊무	대한
卯묘	辰진	巳사	午오	未미	申신	酉유	戌술	
71	61	51	41	31	21	11	01	

※戌술 年년 생※

시		일		월		년		본명 사주 남자
		辛신		庚경				
		未미		申신		戌술		
戊무	丁정	丙병	乙을	甲갑	癸계	壬임	辛신	대한
辰진	卯묘	寅인	丑축	子자	亥해	戌술	酉유	
76	66	56	46	36	26	16	06	

이미 앞에서 위, 두 분의 예는 서로의 일주 기준, 상대방의 일주가 一位일위 전후가 되면서 술년 생 남자 분의 제 2대한 이 壬戌임술로 술의 삼합은 **寅인.午오.戌술**이되는데, 여자 분 의 생년지〈띠〉가 오〈말띠〉입니다.

배연의 구조가 이러하면, 서로에 대한 존중, 이해심을 갖게 되어 어려운 상황이 초래된다 해도 현명하게 해소解消시켜 나가게 된다는 것이죠!!!~

거기에 **일**〈토생 금〉/**월**〈금생 수〉/**년** 지〈화생 토〉가 生생의 관계를 이루고 있습니다.

※서로의 일주가 육합을 이루는 경우※

시	일	월	년	여자	시	일	월	년	남자
	壬임					丁정			
	辰진	未미				酉유	子자		

위의 경우, 남자는 丁酉정유 일주요, 여자의 일주는 壬辰임진
으로, 일주 천간은 丁/壬으로 합을 이루며, 지지는 辰/酉 합
하고 있습니다.

시	일	월	년	여자	시	일	월	년	남자
	乙을					庚경			
	亥해					寅인			

위의 예는 乙/庚 合/ 寅/亥合 인 경우가 됩니다.
이렇듯, 일주의 간지가 합하는 경우이외에 지지地支의 글자
로만으로 합을 이루는 경우도 해당됩니다.

시	일	월	년	여자	시	일	월	년	남자
	庚경		辛신			癸계			
	戌술	巳사	丑축			卯묘			

위 예는 일주의 지지가 卯/戌로 合합니다.
이렇듯, 서로의 일주가 간지나, 지지로 합을 이루면서 두 번
째 대한의 삼합 때 인과 배연할 때, 비교적 안정을 이루는
것으로 봅니다.

사주에서 월지月支는 남, 녀 모두 혼인 궁이 되며, 남자는 日支, 여자는 月支가 배우자 궁이 됩니다.

따라서 **月支와 日支/ 日支와 時 간에 刑/沖이 성립되면 혼인이 늦어진다거나 결혼생활에 어려움**이 따르게 됩니다.
그런가하면, 대체적으로 내 사주의 月/日支가 들어오는 대한이나 유년의 글자 간에 刑/沖이 성립된다면, 그 해에는 혼인이 성사되기 어려우며, 비록 혼인이 이뤄진다 하더라도 혼인생활에 어려움이 따르게 됩니다.

남녀의 사주에서 일과 시지가 서로 충하는 관계를 이루고 있다면, **부부가 동거, 자식 별거**의 형식을 취하는 것이 좋습니다.

여자의 사주로, 년지에 정관, 일지에 상관이 드러나 있다면, 모녀母女 동거요, 남편이 외국에 나가 있다거나, 장기 출장 등으로 분거하는 일이 잦을 수 있음을 뜻하기도 하며, 남자 사주로 년지에 정재, 일지에 관성이 자리 잡고 있다면, 부부 관계에 불화不和를 조성造成하는 자식으로, 이러한 경우에도 자식과 분거하는 것이 좋은 조합입니다.

여자 사주에 비겁이 많으면 시가媤家와의 갈등이 초래되기 쉽고, 식상이 많다면, 배우자와 갈등/반목이 따르게 된다는 것이요, 남자 사주로 비겁이 많다면 배우자와, 인성이 많다면 처가妻家와의 갈등이 따르게 된다는 것입니다.

• 혼인은 언제 이뤄지나???~

이제까지 궁합, 대인의 조화를 살펴보았습니다.
그렇다면 혼인은 언제 이뤄질까요???~

즉, 혼인이 성사되는 시기를 말하는 것으로, 이번에는 시기적
으로 언제 혼인 운이 들어오게 되는지에 대해서 살펴 본 후,
출산 시 자녀의 성별을 구별할 수 있는 방법까지 알아보도록
하겠습니다.

대체적으로 혼인이 이뤄지는 시기는 내 사주, 일지의 글자를
육합, 또는 삼합의 글자가 <u>運</u>운〈대한이나 유년〉으로 들어올
때가 됩니다.

앞에서 지지의 삼합과 육합에 대해 다뤄보았습니다. 만, 지지
의 삼합은 <u>신.자.진/사.유.축/인.오.술/해.묘.미</u>가 되며, 육합은
<u>자.축/ 인.해/ 묘.술/ 진.유/ 사.신/ 오.미</u> 합이 됩니다.
하지만, 지지 육합의 경우, <u>자.축</u>과 <u>오.미</u> 합은 배연의 작용력
이 微微미미하며, 들어오는 운에 의해 본명 사주의 월지가
<u>형/충/파/해</u>되는 경우에는 혼인 무산된다거나 그러한 해에는
혼인을 피하는 것이 좋습니다.

위에서 다뤄졌던 사주를 예로 살펴보면 다음과 같은 경우가
되겠습니다.

다음의 예를 보시지요.

시	일	월	년	
	庚경		辛신	여자
	戌술	巳사	丑축	

이 경우, 위에서 설명된 대로 類推유추해 본다면, 혼인이 이뤄지는 운은 언제가 될까요.!!!~

먼저 본명 사주의 월지와 형/충/파/해되는 해는 피해야 하므로 형을 이루는 **인**〈인은 사와 형,해가 됨〉과 **신**〈신은 사와 형/파가 됨〉년/ 충을 이루는 **해**년이 제외되며, 일지 술과 삼합/ 육합을 이루는 해가 되므로, 일지 술과 삼합인 **인/오**와 육합의 글자인 **묘**년이 되겠는데, 인은 월지와 형을 이루는 글자여서 제외시키면, **午오**년과 **卯묘**년이 되는 것이지요.

혼인이 성사되는 해〈유년〉를 육친성으로 볼 때, **식신/정재/정관/정인** 운에 해당된다면, 지인의 소개나 중매일 수 있수 있으며, 비겁의 운이거나 상관/편재/편관/편인 운의 혼인이라면 연애에 의한 자유 婚혼이거나 비정상적인 혼사가 될 수 있는데, 특히 **상관이거나 편관/백호/양인의 해**에 치러지는 혼사는 억압 등, 강제성을 띠는 혼인일 수 있습니다.

다음은 출산 시, 자식의 남/녀 性성을 구별할 수 있는 방법입니다.

·出産〈딸/ 아들 구별법〉·

※ 임신妊娠하는 해가 아닌 출산出産하는 해를 기준합니다.

男命: 사주의 時 干과와 合이 되는 해면 아들.
女命: 사주의 時 支와 合이되는 해면 딸일 확률이 높습니다.
만약, 제왕절개帝王切開를 해야 하는 경우라면 <u>辰時〈오전 7
시~ 9시〉</u>를 擇하는 것이 좋습니다!!!~
대체적으로 건강健康한 아이가 태어나게 됩니다.

《《《참고지식》》》

첫 자식이 **딸이면서 母〈어머니〉와 띠〈생년 지〉가 같거나, 첫
자식이 아들이면서 父〈아버지〉와 띠가 같다면** 부부 배연에
풍파, 파절이 따른다거나 헤어지기 쉽습니다.

·공망空亡으로 보는 外情·

사주의 日 支는 남자의 배우자요, 월지는 여자의 배우자 궁이 되는데, 이때, 日支와 月支가 空亡이면 배우자가 있어도 있는 것 같지 않은 상태가 되므로, 외정外情으로 표출되는 경우가 많아집니다.

또한, 사주의 신 강, 약을 불문하고 관官이 두개 이상 드러나 있다면 外情이 있기 쉬우며, 십성이 중화中和된 사주보다는 과도過度하게 어느 한쪽으로 편중偏重된 사주일 때, 외정을 즐기는 경우가 많고, 남여 불문하고 십성 중, 상관이 旺〈세력의 강한 상태〉하거나, 여자의 사주로 관성이 전무全無〈하나도 없는 경우〉한 상태에서 유년의 운으로 官星이 들어오게 되면, 적극적으로 외정을 벌이게 된다는 것이지요.!!!~

남자라면, 유년 태세太歲로 들어오는 재성財星이 내 사주의 비견/겁재와 합合이 될 때, 外情이 발생되며, 여자 또한, 관성官星이 운으로 들어오면서 사주의 비견/겁재와 합合이 될 때, 은밀隱密한 外情이 따르게 됩니다.

·배우자 복없는 사주〈日柱기준, 男女 共通〉·

戊戌. 丙戌. 癸未. 壬辰 日柱.

위는 12운성으로 묘지墓地인 경우가 되며, 남/여 모두 日支가 편인이면 부부불화, 이혼하기 쉽고, 日과 時가 刑/沖되는 경우 또한 조화가 어려운데, 특히 **재/관**이면 더욱 그러하며, 여자면서 日支가 식신食神/상관傷官이거나, 남자로 日支가 비견/겁재일 때에도 불화, 이혼하기 쉬운 구조構造가 된다.
※日 干/支, 즉, 일주가 간여지동干如地同〈=간지 동일 오행〉인 경우에도 배연配緣은 불리不利해 진다.

□간여지동 일주□ ; 乙卯. 丙午. 辛酉. 壬子.
甲寅. 丁巳. 庚申. 癸亥. 戊辰. 己丑. 戊戌. 己未.

□부부 불화 시 개운법□

1. 夫婦가 서로 24k로 귀 거리나 목걸이〈또는 금 두꺼비나, 금 송아지면 도우 좋습니다〉를 만들어 지니 고 다니는 것입니다.

2. 흰 닭 한 쌍을 사서 안방에 놓아두면, 외도가 없어지고 금슬이 점점 좋아집니다.

□궁합법은 배우자와의 길/흉 관계만을 논하는 것이 아닌, 일상생활을 함에 있어 맺게 되는 대인간의 관계, 즉, 나의 자식은 물론, 직장의 상사/ 동료/ 부하직원과의 관계 등과 더불어 동업 등, 나와 모든 대타관계의 조화를 살피는 기법입니다.

□수고 많으셨습니다!!!~
함께~ 잘!!!~ 동반同伴해 주셨습니다.
짝짝짝~~~ ^ ^ ~~~

궁합, 대인 조화 등을 살피기 위해서는 관련되는 사전지식
들과 길/흉 등을 알아가는 과정, 시간들을 필요로 하지만,
각각의 사안들을 풀어내는 독립적 방법**《《《물론, 전문 상담사라면
통합적 지식들을 필요로 하며 이러한 경우라면 전문가의 도움을 청하게 되겠지
만…》》》**들은 의외로 간단하며, 이렇듯!!!~ 실생활에서 쉽게
활용할 수 있는 지식들은 적지 않습니다.

본래 역 철학이라는 것이 실생활에서 유용하게 활용하기
위한 방편들이요, 더욱 연구 발전시켜 나아가야 할 대상이
므로 사주명법의 통합적 지식을 갖춰야하는 전문 상담사가
아니더라도, 누구나 쉽게 활용할 수 있는 부분들에 대해서
는 일반화, 대중화하여 널리 쓰일 수 있어야한다는 것이
저의 일관一貫된 소신所信이며, 제가 본서를 통해 다루고
있는 부분**〈궁합, 대인조화/ 각 인의 적성, 학과선정 등과
더불어 혼인, 이사 택일 문제 등…〉**들도, 그 활용 방법들만
알게 된다면, 전문가들에게 금전을 지불해가며 도움을 청
하지 않더라도 얼마든지 알 수 있는 문제들이기에 이렇게
그 방법과 활용법들을 공개하는 바입니다.

앞에서, 살펴본 배우자 궁합과 대인 조화를 다루는 방법들
에 대해, **뭐야 아~ 이게, 다야???~** 하실 분도 계시겠는
데!!!~,
그에 답은 "네"~ 그렇습니다.!!!~입니다.

하지만, 철학관에 계시는 전문 상담사 분들이 구사驅使하
는 방법, 또한, 앞에서 다뤄진 방법, 지식들과 별 다르지
않다는 것입니다.

언어의 유희遊戲가 더해지는 것이겠죠.~~~

기존의 왜곡되었던 인식에서. . .
자유로이~
~ 뭐~, 내가!!! 동양 역 철학을 연구할 것도 아니고~,
전문 사주 상담사가 될 것도 아니니~ 하는 부담 없는 홀
가분함으로 여기까지 오셨지만!!!~

어느덧!!!~
독자 분께서는, **배우자 궁합!!!, 동업을 포함하는 대인관계
에서의 조화 등에 관련되어서는 전문가 상담사가 되어계신
다는 것입니다!!!~**

와우!!! ~^ ^~
다시 한 번~ 짝짝짝!!!~~~~입니다.
정말!!!~ 수고 많으셨습니다.

계속해서 이번에는...
자미두수를 통한, 배우자 궁합, 대인조화를 다뤄보려 하며,
이어지는 각 인의 적성!!!, 학과 선정의 문제들 또한, 지금
까지~ 처럼, 편하게!!!~ 해 나아가시면 되겠습니다!!!~

참고적 첨언添言을 한다면, 사주명법을 다루는 전문 상담
사가되기 위한, 공부, 학습법이나 교수敎授〈가르치는〉법 또한,
기존의 왜곡되고 경직硬直된 방법론들에서 자유로워져야
한다는 것입니다.

☆斗數 論 配緣, 對 他 調和 ☆

〈〈〈두수로 논하는 궁합, 대인 조화〉〉〉

두수에서 명법을 논하는 방법들 중, 배우자 궁합, 대인 조화
를 살피는 방편으로는 **"태세太歲 입괘법入卦法"**이 쓰이게
되는데, 이 또한 얼마든지 손쉽게 독립적으로 활용할 수 있
으므로 걱정!!!~, **뚝**!!!~
부담 <u>노No</u>!!!~ 입니다!!!~

편하게~
함께!!!~ 진행시켜 보겠습니다.
자미두수를 아시는 분도 있으시겠지만~,
이건~ 뭐지???~~ 하실 분도 계실 터이니, 간략하게마나
두수에 대한 언급이 있어야 할 듯합니다.

각 인의 명, 운을 논하는 방법들에는 여러 방편들이 있는데, 그중에는 대체적으로 자평명리/ 자미두수/ 기문둔갑/ 구성/ 육임 등이 알려져 있지요.

이들 중에서도 자평명리는 각 인이 태어난 사주 여덟 글자를 운용하는 방식이요, 자미두수는 각 인의 출생 년,월,일,시에 의해 명반命盤 작성되며 **명/형/부처/자녀/재백/질액/천이/노복/관록 /전택/복덕/부모의 12개 궁(=방)**이 주어지고, 각 각의 방에 일정의 법칙에 의해 각각의 별들이 들어가게 되며, 그 별들의 움직임을 살펴 각 인의 명, 운/사건, 사고 등을 읽어내게 됩니다.

일반적으로 자평명리보다는 어려우나 자세한 면이 있다고 알려져 있기도 하지요!!!~
하지만, 전적으로 그러다!!!~ 하기에는???~
오히려 독립적으로 활용될 수 있는 측면이 많아, 오히려 더 쉽고 간단하게 그 방법을 습득習得할 수 있는 것이 두수가 아닌가!!!~ 합니다.

두수를 전개시켜나가다 보면 아시게 되겠으나, 두수를 운용하기 위한 기본적 지식들은 대부분, 자평명리에서 출발된다는 것입니다.
즉, 모든 명법들은 서로, 따로~ 따로 가아나라 유기적으로 연계되어 있다는 것이지요!!!~
자평명리와 두수의 관계뿐만 아니라, 기문/구성. . . 등도~
그 어떤 명법을 취하든!!!~

결국은 방법론에 있는 것, 아닌가???~ 합니다.

사족蛇足〈쓸데없는, 필요하지 않은〉!!!~ 같이 들릴 수도 있겠으나!!!~
다시 한 번 말씀드리는 바는, 그냥!!!~
제가 두수에서 추구하고 있는 **"바로 보고 즉시 답할 수 있는 즉간즉설 학습법"**으로 진행시킬 터이니. . . ,

이제까지처럼~
또 다른 명법命法 지식을 얻게 되는구나~ 하는 식으로 저와 함께, 하시면 되겠다는 것입니다!!!~
새로운 것을 안다는 것은 또 하나의 즐거움이죠!!!~

아하!!!~ 두수에서는 이러, 이러한 녀석들이 이러한 의미〈뜻〉을 갖으면서 이러한 작용들을 하는구나!!!~ 하시면서~
부담 없이!!!~ 궁금증에 대한 기대와 즐거움으로!!!~

그러면~
출~ 발~~~

우선 두수에서는 **자미성**계의 **자미/천기/태양/무곡/천동/염정성**과 **천부성**계의 **천부/태음/탐랑/거문/천상/천량/칠살/파군**이라는 14개의 主星주성,
화록/화권/화과/화기의 四化사화,
천괴/천월/좌보/우필/문곡/문창의 輔佐星보좌성,
그리고 **경양/타라/화성/령성/지겁/지공**의 살성,
이외 雜星잡성으로 불리우는 여 타의 별들이 쓰이게 되는데, 본서에서는 활용목적에 부합되는 주성/사화/보좌/살성까지만 주로 사용하며, 잡성에서는 홍란/천희/함지를 쓰게 됩니다.

이어서 우리가 활용하게 될, 두수~ 명반에 대해 알아보겠습니다.

아래의 그림이 두수에서 쓰이는 자미두수 명반으로 **계묘 년 생 여자** 분의 경우가 됩니다.

한 번 살펴보도록 하지요.!!!~

※자미두수 명반 살펴보기※

□癸卯 年. 女子□

천마. 관록 丁巳	천기 노복 戊午	자미/파군祿 천이 己未	질액 庚申
태양 문곡. 전택 丙辰	癸卯 年 生. 坤命 命主; 巨門 身主; 天同		천부-權 화성. 재백 辛酉
무곡/칠살 좌보.천월 복덕 乙卯			태음 문창.영성 자녀 壬戌
천동/천량 부모 甲寅	천상 경양, 명.신/ 乙丑	거문權 록존. 형제甲子	염정/탐랑忌 필.타.겁.공 부처 癸亥

두수 명반, 또한 인터넷 사이트에서 무료로 제공되는 프로그램을 이용하면 되므로 긴장, 부담!!!~
No~ 입니다.

작성된 명반을 보고, 필요로 하는 부분들을 살펴보면 되는 것이므로~ 노~ 노~ No!!!~ 입니다.

위 그림에서 왼쪽 최 하단을 보시면 **천동/천량. 부모. 갑인**이라고 표기가 되어있습니다. 이런 상태를 **"천동/천량이 부모궁에 들어가 있다"** 라고 말하게 됩니다.

부모 다음, 오른쪽 방향〈시계 반대 방향이 되죠!!!〉으로 진행하면서 명, 신궁이 되고 **천상.경양**이 들어가 있으며, 다음은 형제궁이 되면서 **거문.녹존**이, 다음은 부처궁으로 **염정.탐랑**. 그 다음은 자녀궁 이면서 **태음.문창.영성.** . . .~

이러한 방식으로 **명궁/형제/부처/자녀/재백/질액/천이/노복/관록/전택/복덕/부모의 12개 궁(=방)**과 각각의 방들에 들어가는 별들이 놓이게 되는 것입니다.
그런데!!!~ 위 명반에서 질액궁을 보시면 별이 하나도 없는데, 이러한 경우를 "공궁空宮 되었다."라고 합니다.
이렇듯, 공궁이 되었을 때에는 그 대궁, 즉, 명리에서의 충되는 궁의 별들을 빌려다 쓰게 되는데, 이를 **"차성借星〈별을 빌려다 쓴다는 것입니다〉한다"**고 합니다.

질액궁이 경신**庚申**의 申궁이니 그 충 궁은 인궁으로 부모궁의 갑인**甲寅**궁이 되겠지요!!!~

두수 명반, 각 12개 궁과, 그 궁에 들어가는 별들을 설명하다 보니...~
다소 복잡스럽게 여겨지실 수도 있겠으나, 앞에서 이미 언급되었듯, 실제로는 보고자하는 사람의 **생년, 월/일/시**를 클릭하여 나온 명반을 보고, 내가 보고자 하는 부분을 읽어 내면 되는 것이니!!!~

그 읽어내는 방법들만을 아시면 되는 것이지요!!!~

자미두수는 12개의 방〈명반〉으로 나눠져 있고, 각각의 방에 별들이 들어가 있어, 어찌 보면 자평명리보다 활용하기가 더 편하고 쉬울 수 있습니다.!!!~

여덟 글자들의 상호 작용으로 드러나는 현상들을 읽어내는 자평명리보다, 이미 12개의 일/사건/사고 등. . ., 각각의 사안들이 정해져 있고, **그 정해진 사안〈일/사건/사고. . . .〉을 담고 있는 궁〈명궁부터~ 부모 궁〉이 무슨 궁인가!!!~ 만으로도 해당 사안의 추이를 읽어 낼 수 있기 때문입니다**.

작성된 명반을 보시고 그냥!!!~
어느 궁에 무슨 별이~,
어느 궁에는 어떠한 별들이 들어가 있지~를 살펴, 읽어내기만 하면 되는 것이니~
거기에 더하여 사화의 기본적인 운용법을 활용한다면, 전문적 지식까지도. . .

이 정도의 두수 지식만으로도, 본서에서 목적하는 각 인의 궁합, 대인 조화/ 적성, 학과 등을 알아보는 데에는 별 어려움이 없으니. . . ,

정말!!!~ 간단하고, 쉽지 안 나요!!!~
그럼!!~
이번에는 각각의 궁에 담겨져 있는 궁의宮意를 살펴볼까요.

명주가 누구이든 명궁은, 형제궁은, ~ 부모궁은 다음의 의미
와 작용력을 갖는다는 것입니다.

□ 자미두수 12궁의 함의〈풀은 뜻〉□

·命명 宮;

□ 한 개인의 면모/ 개성/ 성향/ 재화才華의 상이 드러난다.
□ 선천 운세, 명격의 영고성쇠(타고난 인연/ 관록)를 함축.
□ 타고난 정분〈心性〉, 인연/ 관록의 정황/ 뜻밖의 일.
▷ 父母〈相貌〉宮은 타고난 氣質과 관련된다.

·兄弟형제 宮;

□ 아와 형제/ 자매 간, 연분의 정도와 대응관계 즉, 상호간의 길/흉,
부조 등과 더불어 형제/ 자매의 명격/개성/재화의 상이 드러난다.
□ 형제궁은 역마 위이기도 하다.

·夫妻부처 宮;

□ 배우자 명격의 고저/ 개성/ 재화의 상이 드러난다.
□ 아의 타고난 혼인 관/ 배우자의 상/ 조혼인지, 만혼인지 등과 더불어 혼인
생활의 정황이 드러나는 곳이기도 하다.

·子女자녀 宮;

□ 자녀와의 연분과 길, 흉/ 자녀의 이성 인연, 도화의 정황을 논한다.
□ 자녀 명격의 고저/ 개성/ 재화/ 자녀의 유무 등을 논한다.
□ 의외의 재난/ 동업, 합작의 정황 등이 드러난다.

⊡財帛재백 宮;

☐ 타고난 재운과의 연분, 기술(技術)와 더불어 아의 이재, 돈벌이 능력/재물 취득의 길/ 흉 등이 드러난다.

☐ 혼인의 상대 즉, 배우자의 상이 드러나며 결혼 이후 부부 관계의 정황이 드러나는 곳이다.

⊡疾厄질액 宮;

☐ 아의 신체 건강과 체질/ 질병/ 재액/ 뜻밖의 일이 드러난다.

☐ 명주의 내면세계가 투영되며, 기질/ 성깔이 드러난다.

☐ 힘들여 노력하며 몸으로 돈을 벌어들임을 상한다.

⊡遷移천이 宮;

☐ 출외 지에서 사고와 관련되는 정황 등과 더불어 역마 위요, 출외/ 외국/ 이민을 의미한다.

☐ 모든 대인관계에서의 득실, 길흉 등과 아에게 주어지는 기회의 여하/ 복록의 다소 등을 알 수 있다.

▷ 천이 궁은 후천, 즉 노년기의 운세가 드러난다.

⊡奴僕〈交友〉노복 宮;

☐ 노복 궁은 대인관계에서, 주로 아와 아랫사람 간의 정황(좋은 친구인가! 멘한 친구인가!!!)이 드러난다.

☐ 노복 궁은 이성과의 인연/도화 등과 더불어, 동업/합작의 정황도 드러난다.

☐ 대인과의 경쟁 위로, 승진/ 시험에서의 유/ 부리도 드러난다.

▷ 노복궁은 모든 대인관계의 정황이 드러낸다.

⊡官祿〈事業〉관록 宮;

☐ 사업상황 및 환경의 길/흉과 더불어 승진/ 좌천/ 전업/ 실직/ 선거 운 등, 운세의 영고성쇠/ 관운의 길/ 흉이 드러난다.

□학업 운의 정황/ 학업, 시험 성적의 길/ 흉을 드러낸다.

·田宅전택 宮;

□명주의 가문/ 주거환경 및, 식구 구성원들 간의 상호관계와 더불어 조업의
유무, 길,흉의 가운이 드러나며 재물을 저장하는 재고 위이기도 하다.

□타고난 불동산의 유.무/ 다.소/ 조업/ 뜻밖의 일/ 이사/개점 등과 더불어
의외의 재난/ 가정 사/ 도화가 드러나기도 한다.

·福德복덕 宮;

□복덕궁은 복기 궁이요, 명주의 인생관/품성/덕성/기호嗜好/조상의 음덕/
인과응보의 상이 드러난다.

□한 개인의 정신적 향수요, 추상적인 측면이 드러나는가 하면, 낙천적인
가!!! 비관적인가!!! 두뇌는 영민한가!!! 우둔한가!!! 등도 알 수 있다.

▷복덕궁에서는 전생의 인과를 알 수 있으며 재난/사고/자살
등의 상이 드러나는 곳이요,
복덕 궁은 조부모의 궁 위이기도 하다.

·父母〈相貌〉부모 宮;

□부모의 음덕 및, 부친과의 연분이 드러나며 명 주의 두뇌, 지능지수의 정도
등과 더불어 기질/ 성격을 알 수 있다.

□부모 궁에서는 학업, 시험 운 등이 드러나기도 하다.

※두수를 보다 간편하게 취할 수 있는 방법 중, 하나는
각각의 별과 각 궁이 품고 있는 함축된 의미들의 중요성이
참으로 크다는 점을 아셔야 한다는 것입니다.

어려운 것이 중요한 것이다???~
어렵게 배우는 것들이 비급祕笈이다???~

~... 하지만, 현실성을 갖는 비법들은 한결같이, 단순명료
單純明瞭하다는 것입니다.!!!

계속!!!~ 이어가겠습니다.

다음은 각 인의 출생 년 간〈태어난 해의 천간 글자〉에 의한
사화四化성의 운용법을 살펴보겠습니다.

※斗數 十干 四化※

	갑	을	병	정	무	기	경	신	임	계
화록	염	기	동	월	탐	무	양	거	량	파
권	파	량	기	동	월	탐	무	양	자	거
과	무	자	창	기	양	량	부동	곡	부	월
기	양	월	염	거	기	곡	동상	창	무	탐

※위의표기는 각 별들의 앞 자만을 취한 것이며, 아래는 위
의 한문표기가 됩니다!!!~

	甲	乙	丙	丁	戊	己	庚	辛	壬	癸
化綠	廉	機	同	月	貪	武	陽	巨	梁	破
權	破	梁	機	同	月	貪	武	陽	紫	巨
科	武	紫	昌	機	陽	梁	府	曲	府	月
忌	陽	月	廉	巨	機	曲	同	昌	武	貪

위 표를 읽는 방법은!!!~
각 십간의 **화록/권/과/기** 순으로 읽어 내려가는 방식입니다.

갑- 화록-염/권-파/과-무/기-양 **을**- 기.량.자.월 **병**- 동.기.창.염
정- 월.동.기.거 **무**- 탐.월.양.기 **기**- 무.탐.량.곡
경- 양.무.부.동 **신**- 거.양.곡.창 **임**- 량.자.부.무 **계**- 파.거.월.탐이
되는 것이죠.

⊡아래의 표는 천간에 의한 각 별들의 궁위를 나타냅니다.

※두수 보좌/ 살/ 잡성의 배속 궁위※

天干	甲	乙	丙	丁	戊	己	庚	辛	壬	癸
天魁	未	甲	酉	亥	丑	子	丑	寅	卯	巳
天鉞	丑	子	戌	酉	未	申	未	午	巳	卯
文曲	酉	申	午	巳	午	巳	卯	寅	子	亥
文昌	巳	午	申	酉	申	酉	亥	子	寅	卯
擎羊	卯	辰	午	未	午	未	酉	戌	子	丑
祿存	寅	卯	巳	午	巳	午	申	酉	亥	子
陀羅	丑	寅	辰	巳	辰	巳	未	申	戌	亥
運支	子	丑	寅	卯	辰	巳	午	未	申	酉
紅鸞	卯	寅	丑	子	亥	戌	酉	申	未	午
天喜	酉	申	未	午	巳	辰	卯	寅	丑	子
天馬	寅	亥	申	巳	寅	亥	申	巳	寅	亥

☆火星/ 鈴星➤ 出生 年 支 基準 ⊡流年에서도 取한다.

▷寅.午.戌; 丑/ 卯.
▷申.子.辰; 寅/ 戌.
▷巳.酉.丑; 卯/ 戌.
▷亥.卯.未; 酉/ 戌.

표를 보는 방법은, 갑간/ 갑 대한, 유년이면, 두수 명반에서
천괴는 **未**/ 천월은 **丑**/ 무곡은 **酉**/ 문창은 **巳**/ 경양은 **卯**/
녹존은 **寅**/ 타라면 **丑**의 지지**地支**가 된다는 것입니다.

이제!!!~

두수의 **사화, 보좌, 살, 주성**들에 대해 알아볼까요.!!!~

★ 四化星사화성 ★

※化祿화록※

⊡화록은 **옳은 것/ 일반적인 인연/ 연분/ 향수/ 원인/ 발생/ 재록의 상**이요, 복기를 주관하며 **총명/ 재리/ 일, 사안의 순조로움**을 意味한다.

⊡생년의 화록이 육친 궁〈命/兄/夫妻/子女/父母〉에 좌하는 경우라면, 연분을 의미한다.

※化權화권※

⊡화권은 주동적이요, 권세의 장악/ 실권/ 의협심/ 변동, 변천을 의미며, 타인의 간섭을 꺼리고 제멋〈고집〉대로 행하는 성향이 있다.

※여자면서 화권이 명궁에 있다면 독수공방을 의미하기도한다.

※化科화과※

⊡화과는 귀인. 친화한다는 뜻이요, 사람이 청백하고 풍취가 있으며 이해타산적이지 않다.

※화과는 주로 시험에 길하며 묘왕지에 좌했을 때 영향력을 가질 뿐, 함지에서는 무용無用이다.

※化忌화기※

⊡화기는 의무. 부채. 소멸. 어떤 일의 결과, **재물. 현금** 등
을 상징하며 순조롭지 못함. 고생스러움. 불평불만. 장애.
상해. 함정에 빠짐, 연분이 없음 등을 뜻한다.

★輔佐星보좌성★

⊡천괴天魁. 천월天鉞⊡

※윗사람. 귀인. 조력자를 의미하며, 천괴는 양귀로 남자를,
천월은 음귀로 여자를 상징한다.

※괴/월은 연분의 상이어서 도화를 면하기가 어렵다.

⊡좌보左輔. 우필右弼⊡

※보/필은 주성을 보좌하는 별로, 대인관계에서 상호조력의
유. 무를 나타낸다.

즉, <u>명주가 사회생활을 해나가면서 친구/동료 등 주변인들
로부터 도움〈일/ 事業的 側面〉을 얻는지, 아니면 배신背信
〈문서/금전상〉을 당하게 되는지 等과 關聯</u>된다는 것이다.

※보/ 필은 용모가 단정하고 모범적이요, 천재성을 갖지만
살이 들어오면 그 의미는 퇴색된다.

□보/ 필의 화과는 해액/공명을 의미하며 뒤늦은 공부/시험
을 본다거나 전과를 의미하기도 한다.

☆보/ 필은 하는 일/ 사업/ 혼인/ 대인관계 등이 지속되고,
변동이 적으며 안정을 이룰 수 있지만, 창.곡은 변동이 많
고 안정하기 어렵다.

·문곡文曲· 문창文昌·

※곡.창은 학술/문서를 의미하며 특히 문창은 문과계로, 글/
  지혜를, 문곡은 이과계로, 언어/수량를 뜻한다.
  따라서 곡/ 창은 문서. 서류계약⟨特히 文曲⟩, 매매/ 학업.
  시험, 재시험/ 휴학/취업/ 소송,재판/ 약속이행⟨特히 文昌⟩
  의 有. 無 등과 관련된다.

·文曲, 化忌·

※人事 上에서의 口舌/ 是非를 뜻한다.
□문곡 화기는 **보증/ 어음이서/ 유가증권** 등, 문서 상의 문제로 인한
  손실을 뜻하며 고시/승진/사업이나 재운 등에도 불리하다.
※문곡 화기는 자신이 초래하는 착오이나, 문창 화기는 타인
  에 의한 문서착오다.

·文昌, 化忌·

□문창 화기는 문서에 불리함을 의미하며, 학업이 중단된다
  거나 고시에 불리해지는 현상으로 나타난다.
※문창이 함지에 좌하면서 화기면 자신의 재능이나 배운 것
  이 쓸모가 없어진다든지 부주의로 인한 손실, 번거로움이
  초래됨을 의미한다.
※문창이 화기면서 살이 다회하면 감정상의 곤우함이 따름이
  요, 혼사는 성사되기가 어렵다.

·녹존祿存· 천마天馬·

※녹존은 고독의 별이자, 천의 록을 관장하는 부성富星으로
  재고財庫와 재부/재물/복록을, 천마는 이동/승진/차마 등
  을 의미한다.

※천마는 자동차 등의 차량과 이동/변화를 상징하므로 천마가 양羊/타陀를 만나면 "事故"가 된다.

★殺星살성★

⊙경양擎羊. 타라陀羅⊙

※擎羊은 질병/형상刑傷/사고/수술 등 혈광지사요, 피상적으로 드러나며, 돌연성突然性을 갖는다.

※경양이 入 命하면 개성이 강하고 권위를 갖으며, 흉액과 형상을 주한다.

※擎羊의 物象은 날카롭고 긴 金屬類가 된다. 따라서 擎羊이 들어오면 날카로운 物件에 다친다거나 事故가 있게 된다.

※陀羅는 시비/번잡함/지체遲滯/남모르는 고충/좌절 등으로 드러나지 않는 속성이 있고, 경양과 같이 질병/파상/형상과도 관련되며, 고집이 강하고 자신이 하고 싶은 것만을 행하려하는 경향이 있는가 하면, 모사謀事에 능하며 지적인 욕구와 탐구열이 强하게 나타나기도 한다.

※陀羅의 시비/번잡함/원망 등은 현공학/철학〈命理/佛典〉 등을 탐구함으로서 개운할 수 있다

※陀羅가 신/명에 좌하면 심성이 강하고 독한 경향이 있게 되며, 이러한 연유로 화병이 있기도 쉽다.

⊙화성火星· 령성鈴星⊙

※화성은 밖으로 드러나는 흉으로 화재/화상/탕상蕩傷/알콜, 약물중독/질병/교통사고/관재송사/강등,좌천左遷/파면罷免 等이요, 入 命하면 권위를 갖으며, 언행이 자유롭지만 사람이 정직하지 못하며 독하고 교활狡猾하다.

※**령성**의 흉상은 내재적 속성의 정신적 고충으로 정신질환/ 배신사背信事/치정/불륜 등과 관련되며, 령성이 身/命에 좌하면 속전속결이요 몸에 열이 많고, 곱슬머리이기 쉽다.

⊡지겁地劫. 지공地空⊡

⊡겁/공은 정신적, 물질적인 공空/소멸/손실/피해 등의 의미 가 내포된다.

※**지겁**은 명주의 의지와는 무관하게 타인에 의해 탈취 당하 는 것이요, **지공**은 스스로 포기/ 버리는 현상으로, 재물/ 일, 직업을 의미하며, 화.령/ 겁.공은 예술. 문학성/ 예술.문학 적 창작/ 역 철학 等과 연계된다.

✱雜星잡성✱

⊡홍란紅鸞. 천희天喜⊡

⊡**홍란/천희**는 모두, 기쁘고 즐거운 일/도화/예술성과 관련 되며 **노년기에 이르면 사고/ 喪事〈초상初喪〉로**바뀐다.
※**란/희는 桃花와도 관련되기 때문에 昌.曲/化祿.祿存/他 도화성과 만나면 도화성이 증폭增幅**된다.

⊡함지咸池⊡

※**함지** 또한, 도화의 별로 **저급한 호색/정사/음란**과 관련하 며, **주색/사음邪淫/실질적인 육체관계를 의미한다**.

⊡천형天刑. 천요天姚⊡

※**천형**은 업력성業力星이요, 고극孤克/원칙/형상刑傷/ 관재, 송사/ 형벌, 형법/ 의약醫藥/ 승도僧徒/ 역술, 산명술算命 術과, **천요**는 재예才藝/ 도화桃花/ 권모술수權謀術數/ 사기

詐欺 等과 關聯된다.

◦天刑은 엄력성이요, 고독성으로 승도僧導를 간다거나, 의약
과도 관련되므로, **의술을 익히고 활용함으로서 개운할 수**
있는 별이기도 하다.

※**數로는 많음/ 정情으로는 고독孤獨함을, 질병으로는 소아**
마비를 의미한다.

※天刑이 入 身/命하였다면 태어나면서 부모가 힘들어질 수
있으며 부모나 형제가 온전치 못하다거나 고독/형극/질병/
요절할 수 있다.

※天刑이 복덕궁에 좌한다면 생각이 많으며 고독함이다.

◦**天姚**는 도화/풍류/색정/여인과 관련되며 돈 금전으로 사는
도화를 의미한다.

※**卯.酉.戌.亥 地에서 廟旺하며, 丑.未 宮은 陷地가 된다.**

※天姚가 入 身/命하면서 천형/경양을 만나면 요절이요, 殺.
破.狼을 만나면 兇厄之死로 드러난다.

※天妖가 身/命에 있으면서 沐浴의 地라면 용모가 수려秀麗
하나, 음란淫亂을 즐기는 등, 음탕淫蕩해 진다.

※天妖가 身/命하면 女子들에게 인기가 많고, **술/노래**를 잘
하며, 天妖가 巨門을 만나면 치매나 情神異常 症勢가 있을
수 있다.

※다음은 자미두수, 14주성이 품고 있는 의미와 작용력으로,
두수로 알아보려고 하는 각 인의 성격적 특성이나, 적성과
학과 선정에 매우 중요한 정보情報를 제공해줍니다.

부담없이 가볍게 이해하며 넘어가는 방식으로 함께하시면
되겠습니다.

⊡두수斗數 주성主星⊡

☆紫微星자미성☆

⊡紫微星의 特徵⊡

□자미는 帝座, 존귀를 의미하며 기품/권력/리더쉽을 갖춘다.

※제좌의 별이다 보니 지시를 한다거나 자신의 뜻에 따르기를 좋아하며, 자신의 관심사 이외의 것들에는 별 관심을 두지 않다 보니 대인 소통에 어려움이 따르기 쉽고, 대인교류의 폭〈범위〉이 限定的한정적이다.

※자미는 반듯이 보좌 성을 만나야 한다.

⊡一般的 性向⊡:

※기품氣品이 있고 관대寬大하며 명분과 체면을 중시한다.

※사람사귀는 것을 좋아해 대인관계가 넓으며, 그 대상 또한 지위고하와는 무관하여 매우 다양하지만, **매사를 본인위주로 생각/판단하므로, 他人들에게는 利己的으로 비춰질 수** 있다.

※**男女** 모두 **앞에 나서거나 무리위에 군림君臨하려는 경향이 있는가하면, 자신을 타인에게 과시誇示하거나 그들로 부터 떠받들어지는 것을 좋아한다**.

※배우자를 선택함에 있어서는 **돈/권력/학벌**이 아닌, 대인의 외모를 중시하는 경향이 있다.

※**주관/ 의지**가 약하고 귀가 엷다.

※피상적으로는 강해보이지만 내심은 약하며, 시기猜忌/ 질투
嫉妬心이 强하기도 하다.
※일을 行함에 있어서는 **적극성이 없으며 보다, 더 높거나
더 큰 성취를 이루려 하기보다, 그저 좀 더 나은 정도로
만족**하는 경향이 있다.

■坤命■
※온화하고 귀한 품위가 있으며, 냉정하고 이지적인 매력魅力
을 갖는다. 또한 그 배우자로는 자신을 존중하며, __신분/지위__
가 높은 남성을 선택하는 성향이 있다.

⊡天機星의 特徵⊡

☆천기성은 **낙천적/ 임기응변/ 다재다능**을 의미한다.

현학성이요, 선성이며 복수福壽/ 종교인/ 영매와 통한다.

※두뇌회전이 빠르고 임기응변이 뛰어나며 **다재다능/잔재주. 꾀/ 간사함**이 內在된다.

※정신적이요, 재주는 많으나 어느 한 분야에 정통하지는 못하다.

※변화, 移動이동/ 투자, 투기 등과 통하며, 계획을 세워 실천하는 별이요, 관심사가 생기면 오직 그 생각뿐이다.

⊡一般的 性向⊡ :

※**천기성은 총명하고 임기응변에 능하며 일반적이지 않은 색다르고, 새로운 것에 대한 관심이 높다**.

※천기성은 動星으로 두뇌회전이 빠르고, 남들은 생각하지 못할 기발한 아이디어/ 계략, 계책 등에 능하여 연구개발이나 참모/ 중계中繼의 직에 적합하다.

※**天機星은 현공학/종교/역학 등에 관심을 갖으며 연구하기를 좋아한다**.

※**天機는 돈, 금전에 대한 가치개념이 약하고, 금전/ 시간적인 측면의 손실이 많게 된다**.

※피상적으로는 온화하고 냉정해 보이나, 성급한 면이 있으며 **충동적이요, 심정적 갈등/ 변동**이 많다.

※天機星은 정도正道보다는 사도邪道를 취할 수 있는데, 특히
 살성을 만나게 되면 약삭빠르고 간사하며, 사악함으로 변질
 되기 쉽다.

▣坤命▣
※선천적으로 **근심/ 시름이 많고 정서적이요, 환상**이 많다.
※선량하고 동정심이 많으며 儒弱나약하지만, 자기 실속적인
 면이 있다.
※<u>天機星은 男/ 女 모두 愛情이나 婚姻問題에 破絶이 많다.</u>

☆*太陽星*태양성☆

⊡太陽星의 特徵⊡
☐태양성은 귀貴를 대표하며 **사회적 지위/관록/적극적/솔직
담백/군중/관재구설, 소송/역마의 별**이다.

※공명정대하고 박애 주의적이요, 문무를 갖춘다.

※리더쉽이 강하고 관록/사업 운이 좋으며 **화려하고 과장적
인 면**이 있게 된다.

※**자신이 옳다고 믿는 것에 대해서는 타협이나 양보가 없다**.

☐太陽은 남성〈**父/夫/아들**〉의 상징이요, 외모의 표상表象이
며 관록의 별이자 **머리/심장/눈**에 該當된다.

※위를 향해 올라가려는 상향上向 지향적指向的 속성이 강한
별이다.

⊡一般的 性向⊡;
※태양성은 남자다운 기개가 있고, 호탕/솔직담백하며 결단력
을 갖는다.

※낙천적이요 진취적, 적극적이며 활동력을 갖는다.

※독립심이 强하고 열정을 갖으며 남에게 신세를 지거나 타인
으로부터 간섭/ 지시받는 것을 싫어한다.

더불어 **태양은 동업同業에 불리**하다.

※태양은 체면과 명분을 중시하며 성격이 급하고, 속전속결하
기를 좋아한다.

※신념이 강하여 어려운 일이 닥치더라도 쉽게 포기抛棄하지
않으며, 설사 어떤 일에 실패했다 하더라도 후회하지 않는
스타일이다.

※역사나 전통에 관련되는 일이나, 독서/문예/학문연구/고시 등에 흥취와 재능을 갖으며 천분天分으로 표출되기도 한다.

⊡**言語에 直線的인 面이 있어 相對方에게는 비수匕首가 되기도** 한다.

※太陽은 현금이나 동산에 해당되지만 금전운용능력이 부족하며 허영/사치奢侈하는 傾向이 있다.

※太陽星이 명궁에 좌하면 남녀를 불문하고 어린 시절 부친과의 인연이 박하여 한 집에 살면서도 부父를 자주 볼 수 없다거나, 어린 시절 父가 가출 또는 사업에 실패하였거나 사망했다거나, 母가 재가再嫁하는 등으로도 나타난다.

⊡太陽은 龍頭蛇尾 즉, 처음에는 氣勢 등등하며 부지런히 行하지만, 뒤에 가면 게을러지고 일을 제대로 끝맺지 못한다는 것이다.

■坤命■

※坤命으로 太陽이라면 주관이 뚜렷하고 성격이 강한, 장부의 기개를 갖는다.

※사교에 능하며 이성과의 교류는 빈번頻繁해 지지만, 이성과의 애정/혼인문제에는 파절이 따른다.

☆武曲星무곡성☆

⊡武曲星의 特徵⊡

☐武曲은 **주관적/결단력/재부財富/고독성星**이요, **실행實行/ 집행성**이다.

※결단/행동력이 과감하고, **물질/금전 측면은 좋으나, 사람 이 인색吝嗇하고 家族과의 緣이 薄**하다.

※약속이나 規定규정, 定해진 틀을 중시하며, 진행하는 일이 잘 안된다거나 지체되는 경우, 매우 불안해한다.

※**희노애락의 감정이 드러나지 않으며 수도修道, 과숙寡宿/ 고독. 형극성이어서 무곡 坐 命 人은 혼인생활에 어려움 이 따르며 불현듯 이별/사별이 찾아오기도 한다.**

⊡一般的 性向⊡

※자신감/ 과단성이 있으며, 대범하고 도량이 넓다..

※진취적이고 적극적이요 의지력이 있어, 한번 마음을 먹은 것 에 대해서는 끝까지 해내며 어떤 어려움이 있다 해도 결코 포기抛棄하지 않는다.

※武曲은 일에 대한 對處反應이 빠르게 나타나며, **성격이 강 하여 타인에게 굽히려하지 않고 권력을 쥐게 되면 독단** 으로 흐르기 쉽다.

※돈을 목숨처럼 여기며, 돈 버는 方法을 알며, **기회포착에 능하고 돈으로 돈을 벌어들이는데, 특히 한 번에 큰돈 을 벌거나, 투기로 재물을 모은다**.

※마음에 미움/ 원한이 쌓이게 되면 응어리로 남는 등, 풀기 어려운 狀況이 招來하기도 한다.

※武曲은 動星이어서 집안에만 머물러 있지 않으며, 성격/언어
가 거칠고 투쟁적인 면도 있게 된다.

▣坤命▣

※坤命으로 武曲이면 가권을 장악〈男便과 집안을 휘어잡으려는
傾向이 많다〉하므로 **혼인생활이 순탄順坦하지 못하고, 홀
로 될 수 있어 寡宿星이라 표현**하기도 한다.

※자신에 대한 관리가 엄격하며, 보수적인 기질이 있어 지어미
로서의 도리를 중시하는 면이 있다.

※무곡 좌 女命이면서, 身宮으로 **염정/천요/함지** 等이 들어
오면 사람이 淺薄하고, 放蕩해 진다.

☆天同星천동성☆

⊙天同星의 特徵⊙

☆天同星은 **수복壽福/아동/유약柔弱/오술의 별**이요, 성정이 온화하고 생활의 정취와 享受향수, 안정을 추구하지만, **매우 나태懶怠〈게으른〉**하며 피해의식을 갖기도 한다.

※福德, 전화위복의 별이요, 매우 온화/침착하며 **문예/ 예술. 골동품 등에 흥취를 느끼거나 수집하는 것도 좋아한다**.

※천동의 별은 대인 사교의 운은 좋으나 **매우 유약柔弱하고 게으른 면**이 있으며 재력, 권력을 貪탐하기도 한다.

⊙一般的 性向⊙

※頭腦가 聰明하고 技藝의 才能이 있으며 天同이 묘왕廟旺하면 겸손할 줄 알고 용모가 미려美麗한데, 부처궁에서 이러하면 현모양처의 象이나 陷地면 겸손하지 못하고 눈앞의 일만을 생각하며 言行이 서로 다르게 나타난다.

※福星인 天同星은 박학하나, 어느 한 가지에 정통하지 못하며 다재다능하지만 창업력이 결여되고, 계획만 있을 뿐 실천력이 떨어진다.

※壽福星인 天同은 樂天的이요, **形而上學的〈無形的인 것으로, 玄空/哲學/仙道/宗教 等〉**인 것을 追求하며 **정신생활을 중시 重視**한다.

※머리를 많이 써야한다거나, 복잡하고 고생스러운 것을 싫어하며 의뢰심依賴心이 많고, 경쟁심이 없어 발전이 더디다.

■坤命■
※天同星이 坤命이면 온화, 친화하며 美貌를 갖는다.
※**집안을 정리정돈하는 일에는 미숙未熟하지만 배우자에게 순종적이요, 애교愛嬌가 있으며 요리를 잘한다.**
그러나 군것질/먹고 노는 것을 좋아하여 살이 잘 찔 수 있다.

☆廉貞星염정성☆

⊡廉貞星의 特徵⊡

☆廉貞은 공적이요, **양면성/이지理智/사교/간사.교활/도화/ 예술/囚星의 별이요, 목에 힘을 주는 경향**이 있다.

※질서와 권력을 상징하며 성격이 강하고 **결단력/냉철함/권위** 등을 갖지만 여유가 없는 편이다.

※남자는 사업에 길하지만, 여자라면 도화로 표출되다보니 혼인생활에 불리하다.

☐염정은 목표를 위한 신념, 집중력과 통하며, 求道구도의 별 이기도 하다.

※廉貞星의 가장 큰 特徵은 兩面性이 强하다는 것이요, **廉貞 人이 화가 나면, 불같고 毒한 面이 드러난다**.

⊡一般的인 性向⊡

※심성이 선한가 하면 악한 면이 있으며, 인자한 듯하나, 거칠 며 감정으로 치우치는가 하면 이지적이기도 하다.

※예의를 중시하는 것 같으나 무신경하며 직설적으로 말 하는 가하면 변론하기를 좋아하고, 공정과 원칙을 중시하는가 하 면, 사도邪道를 가는 것이 염정이기도하다.

※개성이 특이하고 强하며, 당당하나 **목적을 위해서는 수단 과 방법을 가리지 않으며 살성을 만나게 되면 간교하고 포악해 지는데, 특히 금전이나 재물을 모으는 데 있어서 는 더욱** 그렇다.

※廉貞星은 수성囚星으로, 자신을 어떤 형태로든 얽매는 현상 이 나타나게 되는데, **광의적으로는 사업에 몰두하게 한다 는 뜻을 갖으며 군/경/공무원의 직도 해당**된다. 더욱이 이

수성적 현상은 수감을 의미하여 감옥에 갈 일이 비교적많아
질 수 있다는 것이다.

※廉貞星은 사업욕이 강한데, 특히 공공기관이나 관공서 등과
관련되는 일이라거나, 그런 곳에서 일하기를 좋아한다.
또한 廉貞은 **名利/지위/재물 등을 어느 정도 이룬 후에는,
친인척이나 친구 등과도 관계를 끊어 버리는 양상**을 나타
내는 별이기도 하다.
※廉貞星은 사교에도 능하며 대인관계에서 본분을 지킬 줄 알
고 예의와 원칙을 중시하지만, **목적성을 갖는다**.
그런가하면 對人關係에서 좋지 않았던 일/서운했던 感情 等
은 마음에 담아두고 있다가, 되돌려주는 성향이 강하다.

◨坤命◨
※의욕이 강하고 女장부적 기질을 갖으며, 남자를 우습게 보는
경향이 있다.
※미모는 다소 떨어진다 하해도, **말수가 적고 청백한 기풍/
의식**을 갖는다.

◻**坤命으로 廉貞이면 눈에서 불을 내며 치를 떨면서 화를 낸다.**

☆**天府星 천부성**☆

⊡天府星의 特徵⊡

※天府星은 **보수/안정/의록衣祿/절개節槪의 별이요, 金庫, 財物倉庫재물창고**다.

※천부는 감정과 이성의 조화를 이루는 별이요, 우아/온화하며, 금전관리에 능한가하면 사교력도 갖춘다.

※學習 能力이 뛰어난가 하면, **技藝/ 藝術方面으로도 才能을 發揮하며 大成할 수 있는 潛在力이 內在**한다.

※천부의 별은 자미성에 비해 사교력을 갖추며 대인과의 마찰이나 다툼을 싫어한다.

⊡一般的 性向⊡;

※天府는 衣祿의 별로 一生 의식이 풍족하며 긍정적/ 풍류적이나 **매사에 권력과 이익을 우선하며 자신의 과실과 패배를 인정하지 않는 경향**이 있다.

※天府星의 또 다른 特性은 創業力이 不足하다는 것이요, 새로운 시도試圖나 개창에는 부적하며 현재에서 발전을 이루는 수성守城에 능리하다는 것이다.

※일을 행함에 있어 순서대로 안정되게 진행시켜 나갈 줄 알며 타인과 다투려하지 않는다.

※주위의 **시선視線/ 평판評判** 등에 신경 쓰지 않는 유형이요, 노력에는 결과가 따른다고 여기며 타인의 편익을 탐하거나 속이려하지도 않는다.

□천부성은 자신만의 공간이나 세상을 향유하려는 경향이
있어, 타인들에게는 이기적이요, 괴팍하다는 인상을 주기
도 한다.

■坤命■
※女性다운 후덕함을 지니며 자상仔詳하고 총명한가하면 타인
을 돕기 좋아하고, **좌보/우필**을 만나면, 그 언행에 남성다운
위엄이 있게 된다.
※부귀할 수 있으나, 혼인생활에는 불리하여 사살四殺을 만나
면 배우자나 자식과 화목하기 어렵다.
※같은 가격의 물건을 구입하더라도 그 이상의 값어치가 있어
보이는 것이 천부의 여자다.
※금전적으로는 예민銳敏하게 行하며, 이해타산적이라 해도
타인들에게는 품위가 있어보이는 것이 천부이기도 하다.
⊡여자로 천부라면 집안에서 살림을 하기보다는, 사회생활에
적합하며 자신의 능력을 발휘하게 된다.

⊡太陰星의 特徵⊡

☆太陰은 **완벽/청결/신비/환상,동경憧憬/예술의 별**이다.

※여성적이요 두뇌가 총명하고 온화하며, 태음으로 여자라면 환경적응력이 뛰어난가하면, 근육질의 건장한 남성을 좋아 한다.

※결벽증潔癖症이 심하고 적극성은 부족하나, **학업/혼인/가정 운이 吉하며 심미적 예술성**을 갖는다.

※성정이 예민하고, 타인의 간섭과 지시를 꺼리며 한 번 생각 한 것에 대해서는 누가 뭐라 해도 지신의 뜻대로 행하는 별 이다.

※**男命으로 太陰이면 여성에게 인기가 있으며, 현금을 좋 아하지만, 태음이 身.命하는 경우라면 여자문제가 복잡 해진다.**

⊡一般的 性向⊡

※太陰은 청결을 대표하는 별이어서 겉모습이 깨끗하고 깔끔 하며 집안이 깨끗이 정리정돈이 잘되어 있어야 하며, 환상/ 신비한 세계를 동경하는 경향이 있어, **文學이나 藝術〈作家/ 畵家/陶藝/디자인/設計 等〉**로 살아가기도 한다.

※太陰은 천상 여성으로, 손재주가 많고 세세한 부분까지 신경 을 쓰는 등 자상하지만, **일을 행함에 있어서는 뒤로 미루 기를 좋아한다거나 약속을 잘 지키지 않는 경향**이 있다.

※외향적이고 유약柔弱하여 의뢰심이 강한가하면, 환상/결벽/ 의심/질투심嫉妬心을 갖기도 한다.

※남자로 태음이면 결단력이 부족하고 활동적/ 적극적이지 못
  하며, **일을 함에 있어 질질 끄는가하면, 기생오라비/마마
  보이라는 말**을 듣기 쉽다.

※**坤命**※
※太陰이 命宮이면 품행이 단정하며 온순/선량하다.
※총명하고 재치가 있으나 자기주장을 하지는 않으나 할 말
  은 다하며 살아가는 유형이다.
※도화의 별〈曲,昌/天妖/咸池/大耗 等〉을 만나게 되면 애교
  는 있으나, 혼인생활이 불미해 질수 있다.

☆**貪狼星**탐랑성☆

⊡貪狼星의 特徵⊡

☆貪狼은 <u>점유/탐욕/투기/다재다능/복.화禍/재災/도화의 별</u>
<u>이요, 현금/貨幣를 상징하며 현공학/도학/신선술/역학</u>
<u>等</u>에 興趣하며, 탐랑은 한 마디로 <u>유희,도화/ 욕심,욕망/</u>
<u>집착</u>의 별이다.

※내 주장만을 내세우는 경향이 있는가 하면 상업적 수완手腕
이 뛰어나고, 이해타산적이다.

☐貪狼은 **대인/이성/혼인에 문제가 따르며 살성이 가해지면**
건명은 좀 도둑이요, 곤명은 밀애密愛한다.

⊡一般的 性向⊡;

※貪狼은 다재다예하며 복福도 화禍도 된다.

※**두뇌회전이 빠르고 학습능력이 뛰어난가** 하면, **시비를 가리**
고, 투기/도박/먹고 마시는 등의 유흥을 좋아하며 신선술/
<u>예술적 심미深味</u>를 갖기도 한다.

※貪狼은 대인관계에 있어 **처세/사교력이 좋으나, 모략/계교**
가 많고, 이기적인 면이 강하며 과장,허풍이 많다.

☐무엇을 행하든 그것은 자신의 이익, 이기심을 충족시키기 위
함에서 비롯된다.

※항상 나에게 득이 되어야 한다거나, 타인보다 우월해야 한다
는 심리적 스트레스/고통이 내재한다.

- 190 -

■坤命■

※坤命으로 탐랑이면 **기호**〈嗜好-취미, 즉 어떤 사물을 즐기고 좋아함〉에 **빠지기 쉬워 풍류를 즐기며, 宗敎/信仰에 빠지게 되거나 신비한 것에 흥취**하게 된다.

※貪狼은 질투가 심하고 음란하며 **廉貞이 가해지면 이성의 접근이 쉬워진다.**

※貪狼이 **羊.陀/咸池/天妖/紅鸞** 等을 만나면 男/女 愛情事에 破絶이 많아지고, **煞이 加해진다면 淫奔을 자행하게** 되지만 **貪狼이 空亡地에 좌하는** 경우라면, 오히려 단정 **端整**해진다.

☆巨門星거문성☆

□巨文星　特徵□

※巨門은 마찰,충돌/희생/고생의 별이요, 일이 돌연 꼬이거나 돌이킬 수 없는 상태가 되어 버리기도 한다.

☆**시비구설/간섭/관찰,연구,탐구심/분석/평가/평론/외국의 별이요, 구변생재口辯生財의 별**이다.

※巨門의 별은 성격이 세밀하고 연구심이 강하나, 매우 신경질적이기도 하다.

※거문의 별은 언변에 능하나, 말이 많고 타인들로부터 오해를 사기도 한다.

□一般的　性向□

※巨門은 입口을 상징하는 별이요 언어가 바르고 조리가 있으며 구변과 설득력을 갖지만, **언어에 거칠고 직설적인 면이 있어 대인에 심정적인 상처를 남길 수 도** 있다. 그렇지만

※巨門은 두뇌회전이 빠르고 경쟁력 또한 뛰어나지만, 타인에 지는 것을 싫어하며 반역성을 갖기도 하는데, 이러한 성향으로 인해, **힘들고 苦痛스런 時期를 보내기도** 한다.

※巨門은 외국을 뜻하기도 하여, **외국인 회사나 외국과 관련되는 업에 유리하며 일정기간 외국에서 살게 되거나 외국인과 결혼하는 것** 等으로도 나타날 수 있다.

※巨門은 對人關係에서 **유언비어/구설/시비 등으로, 오해를 받거나 억울함을 당하기도 쉽지만, 이를 해명解明하기가 어렵다**.

※거문이 천기성을 만나면 시비/의심의 단점을 증폭시키게 되지만, 문창,문곡이나 좌보,우필의 별은 이러한 단점을 해소시키게 된다.

■坤命■

※坤命으로 巨門이면 매우 마땅치 않은데, 守 命하면서 비록 묘왕지라해도 불리하여 애정사에 파절이 따르며 성패의 기복起伏이 많다.

※함지면 상부극자喪夫剋子요 편방〈偏邦;**첩살이**〉으로 논하고 기혼자이거나 혼인에 실패한 사람과 인연하기 쉽다.

※坤命의 巨門은 대인들과 어울리려 하지 않는 傾向이 있다.

☆天相星 천상성 ☆

·天相星의 特徵·

※천상은 안정을 추구하며 정해진 틀, 규범대로 행해야 한다는 별이므로, 이러한 정해진 형식에서 벗어나는 행위들에 대해서는 용납하기가 어려워진다.

☆天相星은 **의식/ 생활의 정취, 향수/ 타인구제/ 고독/ 도장의별**이요, 蔭德의 별이나, **고유의 색깔〈個性〉이 없다**.

※천상은 선견지명이 있으며 거의 모든 面〈衣/食/財/官祿 等〉에서 福을 받는 福星이다. 그러나 유약柔弱하며 활동적이지 못하다.

·一般的 性向·

※天相은 衣食의 별로, **생활의 안정과 사회적 지위를 높이며 정신적 향수를 추구**한다.

※먹고 마시는 것을 즐기는 미식가요, 직업적인 측면 또한, **의류/음식/복지사업 등 衣.食.住와 관련되는 일, 사업에 적합**하며 天相은 일생 한 가지 일에 종사하는 경우가 많다.

※天相은 일을 行함에 있어 책임감 있게 최선을 다하나 개성이 약하고 모험을 싫어하여, **창업을 한다거나 사업주보다는 참모의 직에 적합**하다.

※天相은 신기한 것에 대한 호기심이 많으며 의협심을 드러내는가하면, 동정심 때문에 원칙을 잃기도 한다.

■坤命■

·坤命으로 天相은 근검절약하며, 총명하고 도덕적이요, 남자
보다도 정의로운 면을 갖으며 길성을 만나면 귀부인의 명
으로 논한다.

※天相의 동정심이나 베품은 자칫 상대방으로부터, 애정적인
측면으로 받아드려질 수 있어 도화문제를 발생시킬 수도
있다.

※天相이 桃花星을 만나게 되면 애정의 파절이 따르게 되며
재혼/첩妾/재취再娶가 되기도 한다.

□桃花星□

曲,昌/ 咸池/ 天妖/ 大耗/ 紅鸞/ 天喜/ 沐浴/ 貞,貪.

☆**天梁星**천량성☆

⊡天梁星의 特徵⊡

※天梁은 <u>음덕蔭德/청고淸高/감찰/의약/혜안慧眼/노인성老人星이요, 사고, 상상/ 학술/ 기획/ 원칙/ 법제法制/ 변론/ 탄핵/종교/약물/형극刑克/고독</u> 등과 통한다.

※天梁은 **부모, 노인성으로 부모/ 윗사람/ 직장의 상사/ 선배** 등을 의미하기도 한다.

⊡一般的 性向⊡

※天梁은 스스로 청고함을 지키고, 명예/원칙을 중시하며 공명정대함을 追求한다.

※**물질/권위/구재求財/사업이나 장사 등을 중시하지 않기 때문에 공직이나 종교/철학/신선술/현공학 등에 적합하며 특히 불교와 연관**된다.

※天性的으로 固執이 세고, 결단력을 갖으며 자신의 입장이나 원칙을 고수하다보니 대인관계가 경직硬直되기도 한다.

※天梁은 **종교/의약성**으로, 天梁이 命,身/ 官/ 福德宮에 坐하면 불교신앙이 깊으며 **철학. 종교철학. 의학. 현공학 등을 연구하는 것이 적합**해 진다.

⊡宗敎星⊡; 天機/ 天同/ 天梁.

※**필요성을 느끼지 못한다거나, 자신이 추구하는 바와 다른 것들에 대해서는 등한시**하는 경향이 짙다.

※坤命※

※坤命으로 天梁이면 다소 활달하고 포용력을 갖으며, 남성
적인 성향이 있어 리더의 역활을 해내기도 한다.

※命/身으로 天梁과 巨門이 분거되면 혼인생활이 불미해지며
天梁이 함지陷地에 좌하거나 부처 궁으로 살이 들어오면
생리사별이요, 살성이 가해지면 혈육 육친과 反目반목한다.

☆七殺星 칠살성 ☆

·七殺星의 特徵·

※정의감을 갖으며, 솔직/담백하고, 한 번 마음먹은 것에 대해서는 끝까지 가는 별이다.

☆七殺星은 **독립/용맹/리더쉽/장군/성급/변화, 고독의 별이요, 권위/독단독행/모험/좌절,망설임/변동** 등과 통한다.

※"하면 된다."는 주의요, 적당이가 안 되는 별이기도 하다.

※性格이 매우 급하고 예민하며 냉정하다.

※七殺은 女子들이 좋아하는 스타일이며 **감투욕이 있어 동네 통반장이라도 을 하는** 경우도 많다.

□一般的 性向□

※七殺星은 독립심/의지력이 강해 무엇이든 스스로 해결하려 하고, 어려움에 처하더라도 克復해내며 리더쉽을 갖는다.

※七殺은 고독함이 내재하며 유동성이 증폭되다보니 **외유外遊를 좋아하고 이사移徙도 일 년에 수십 번 하는 等,** 변화/변동이 많은데 이는 사업에서도 같다.

※七殺은 성격이 급하고 끈기가 부족하며, 신중하지 못한 면이 있는가 하면, **앞으로만 突進해 나가다 보니, 뒤를 배려, 생각하지 못한다거나 강한 고독감에 휩싸이기도** 한다.

■坤命■

※坤命으로 七殺이면 남성의 기개을 가지며 여장부의 기질을
갖는다.

※칠살이 묘왕하면서 길성을 만나면 남편을 발전시키고, 그
자식이 출세하나 **합지면서 살을 만나면 형극이 심해지며**
夫/子女와 이별하거나 하천한 인생이 되기도한다.

☆破軍星 파군성 ☆

⊡破軍星 特徵⊡

☆破軍은 **창조/ 개혁,변혁/ 모험/ 변화,변동/ 고독의 별이요, 선봉/노록분파/파절波節/관재송사** 등과 연관된다.

※고집/자존심이 과강하고, 감정기복이 심하며 창업에는 능하나 지켜내지는 못하는 경향이 있다.

※**부처/자녀/노복을 의미하며 손모성損耗星으로, 혼인생활에는 불미不美함**이 따른다.

⊡一般的 性向⊡

※破軍은 **주관/결단/행동,활동력이 강**하고, 체력이 좋으며 언행은 선동적煽動的, 직선적이다.

※성격이 급하고 투기/모험심이 강하며 새로운 것에 대한 욕구가 강하다보니 **변화/개혁을 좋아한다**.

※破軍은 자신감/분발력이 있어 고난/역경도 두려워하지 않으며 실패가 따른다 하더라도, 굴복屈伏한다거나 포기抛棄하지 않으며, **한시도 가만 있지를 못하고 일을 만들어 내는 등으로, 변화/ 변동이 따르게 된다**.

※破軍은 모성耗星으로 함지에 좌하면, 가족이나 주변 인들과 화합하기가 어렵고, 고난이 심해지는데, 소모/파괴/신체형상 등으로 나타나며 **묘왕지면 특수 분야의 전문적인 기술이 발휘**된다.

※破軍은 호방하나 위엄이 없으며, 원칙을 존중하지는 않는다.

※破軍은 정직한 듯 보이지만, 간사하고 교활狡猾, 사악하며, 감정의 기복이 심해 호 불호가 급변한다.

※破軍은 **주관/독단이 강해 대인관계에서 화합이 어렵고, 타협할 줄 모르는가 하면, 경쟁에서는 이겨야하며 투기/ 도박을 좋아한다**.

■坤命■

※坤命으로 破軍이면 **외모를 중시하며 여장부의 기개**를 갖는다.

※사치/허영심을 갖으며 신경질적이고 함부로 행하는 경향이 있는가하면, **남자와 다투기를 좋아하나 반면, 남자로부터 호위護衛받기를 좋아하는 등, 여왕벌과 같은 속성을 갖는다**.

※坤命으로 **破軍이 수명하면 혼인생활에 파절이 따를 수 있으며, 함지陷地의 파군이라면 형극이 심하고 淫蕩漂迫 음탕표박으로 드러난다**.

이제까지~

"紫微斗數자미두수"라는 명법에 대해 알아보셨습니다.

어떠셨나요.!!!~

뭐~ 각각의 별들에 대해~~~ 일일이 외울 필요도 없을 것 같고~~~,

두수 명반에 드러난 대로, 해당되는 별에 대한 설명을 보면 되는 것이니~~~

이 또한, 방법상의 문제일 것 같아 보이지 않으세요!!!~

어찌 보면, 당연히 낯설 수밖에 없을 터이나 각 인의 명과 운을 논하는 여러 방법 중, 또 다른 방편의 하나라고 이해하시면 되겠으며, 이 자미두수라는 또, 다른 명법으로 배우자 궁합, 대인 조화와 적성, 학과선정 등을 알아 보기위한 두수의 사전지식들을 공부한 것이다. 라고 보면 되겠습니다.

새로운~ 무엇이라는~~~

자미두수라는~~~

부담을 버리시고, 가볍게 그냥!!!~

쭈~ 욱!!!~ 함께 진행시켜 보도록 하지요!!!~

다음으로 이어지는 두수 궁합법이나, 적성/ 학과를 선정하는 문제들도. . .

자!!!~

함께!!!~ 가~ 보실까요.!!!~

다음은, 두수로 알 수 있는 부부 궁합, 대인 조화 판별判別법인 "태세太歲 입괘入卦"법입니다.

·두수로 논하는 궁합, 대인조화·

☆斗數 太歲 入卦訣☆

·太歲 入卦法은 나我와 배우자配緣〈宮合〉뿐만 아니라, 광의廣義〈넓은 의미〉의 인연因緣법로, 我와 대인對人의 상호관계〈男,女 愛情/同業/職員과 事業主 間 等〉를 조명照明해 볼 수 있는 관법觀法이됩니다.

※표출법表出法※

□자신〈나我〉의 두수 명반에서, 대인의 출생 년 지에 해당되는 궁위를 대인〈배우자나, 상대방〉의 태세 입괘궁으로 정하며, 출생 년 간 궁의 사화四化와, 대인對人의 출생 년에 의依한 녹존祿存 및 경양擎羊,타라陀羅 / 천괴天魁,천월天鉞의 정황情況 등을 살펴 논하는 방법입니다.

더불어 부부의 연〈配緣〉을 論하는 境遇라면 紅鸞, 天喜, 咸池 等을 본인〈나〉의 대한大限/ 유년流年에 대비對比하여 그 추이推移를 판단判斷하게 됩니다.

☆生年 祿록/權권/科과에 依의한 조화☆

·배우자의 生年 록/권/과가 我의 명궁, 삼방으로, 아의 生年 록/권/과가 배우자 명궁의 삼방으로 多 會〈많이 들러올 때〉할 수록 길한 배연配緣이 됩니다.

※두수 명반을 열어 보았을 때, 위의 조건에 부합附合〈맞는〉되는가???~ 로 판단하면 되는 것이니. . . ,

내!!!~ 원~ 참!!!~
어처구니없을 정도로 간단하지요!!!~

두수의 원리를 따져가며, 명반을 작성해야하는 것도 아니
고...
프로그램이나 무료 명반보기에서 보고자하는 이의 출생 **년.
월. 일. 시**를 넣어 클릭만하면 되는 것이니. . . , !!!~

네!!!~ 그렇습니다.
괜한 허풍을 줄기차게 늘어놓았던 것이 아니지요!!!~
이렇듯!!!~
사주명법을 다루는 전문 상담사가 아니라하더라도 내가 알
고자하는 부분들에 대해, 이렇듯 독립적 지식만으로도 얼
마든지 해결할 수 있는 부분이 있다는 것입니다.
이해~ 되시죠!!!~

생각에 조금만 자유로움을 부여하시고~
방법을 조금만 달리하면!!!~
그 과정과, 결과의 차이는!!!~
참으로 다를 수 있다는 것 입니다!!!~

자~ 그럼!!!~
예를 들어, 두수~ 태세 입괘법을 운용해보겠습니다.
이러한 방법으로도 궁합, 대인조화를 살펴볼 수 있구나!!!~
하는 식으로. . . ~~~ 부담 없이~

다음의 예를 보시지요.!!!~

※癸卯 年 生〈여자〉의 명반※

	천기 노복　戊午	자미/파군祿 천이　己未	
천월.천마. 　　관록 丁巳			천형. 　　질액 庚申
태양 문곡. 　　전택 丙辰	癸卯 年 生. 坤命		천부－權 화성. 　　재백 辛酉
무곡/칠살 좌보.천월 　　복덕 乙卯			태음 문창.영성 　　자녀 壬戌
천동/천량 　　부모 甲寅	천상 경양. 　命·身宮 乙丑	거문權 록존. 　　형제 甲子	염정/탐랑忌 우필.타.겁.공. 　　부처 癸亥

위 명주의 배우자는 戊戌 年 生입니다.

배우자가 戊戌年 生이므로, 위 명반에서 술궁인 자녀 궁이 배우자의 태세 입괘궁이 되며, 戊 干에 의한 사화, 록/권/과/기 는 탐랑/태음/우필/천기가 되죠!!!~

위 여자 분의 명반 명궁의 삼합과 대충 궁으로 배우자 천간 에 의한, 록/권/과성이 들어올 때를 좋게 보는데, 이 경우에는 록/권/과성 중, 들어오는 별이 하나도 없습니다.

태세 입괘궁은 위 명주의 본명 자녀 궁이면서 무 간에 의한 녹존祿存 및 경양擎羊,타라陀羅/ 천괴天魁,천월天鉞의 별은 어느 궁으로 들어가는가를 살펴야 하는데, 앞쪽에서 제시된 두수 보좌/살/잡성의 배속 궁위표를 보시면, 무 간의 녹존은 사/ 경양 은 오/ 타라는 진궁이 되며, 천괴는 축/ 천월은 미궁이 되지요.

따라서 녹존과 천괴/ 천월의 별이 본 명주의 명궁으로 들어
오고 있습니다.
비록 배우자 출생 년 간에 의한 사화의 별은 명궁으로 들어
오지 못했으나, 녹존과 괴/월의 별이 들어오고 있어 배연의
조화가 좋다고 할 수는 없으나, 그렇다고 흉하다고만 할 수
도 없겠지요!!!~

그런데, 이분의 부처궁을 보시면, **염정/ 탐랑, 화기/ 우필/ 타라/
지겁, 지공**의 별이 들어와 있습니다.
하여, 이분은 살아가면서 배연을 손상시키는 상황들이 전개
된다는 전제조건이 본래적本來的으로 이미 부여되어 있다는
것이지요!!!~

아시겠지요!!!~
두수로 궁합, 대인조화를 살피는 방법에 대해. . . ~
여전히~ 어려울 것이 없지요!!!~

다음의 예를 더 보지요!!!~

·다음은 **癸亥 年 生**〈여자〉의 명반입니다!!!.

천동 문곡·천월·천마. 재백 丁巳	무곡 / 천부 자녀 戊午	태양 / 태음-科 부처 己未	탐랑-忌 형제 庚申
파군-祿 질액 丙辰	癸亥 年 生. 坤命		천기/거문-權 문창. 명궁 辛酉
천괴. 천이乙卯			자미/천상 화성·지겁. 부모 壬戌
염정 우필·천월 녹복 甲寅	경양·절공·순공 관록 乙丑	칠살 좌보·지겁·천공·녹존 전택 甲子	천량 타라·령성. 신/복덕 癸亥

□ 대조 명주는 **己未 年/ 癸亥 年 生입니다.**

기미년이니 위 명반에서 기년생의 태세 입괘궁은 미궁이 되겠고, 기 천간에 의한 사화는 **무곡/탐랑/천량/문곡**이 되며, 녹존과 경양, 타라/ 천괴, 천월의 별은 **녹존이 오/ 경양은 미/ 타라는 사/ 천괴는 자, 천월은 신궁**이 됩니다.

이들의 별이, 위 명반 명궁의 삼합과 대충 궁으로 들어오는가???~를 살펴보면 되겠죠!!!~

기 천간에 의한 **록.권.과**는 들어오지 않으면서 화기의 별인 문곡성이 丁巳, 재백궁으로 들어가며,1 타라 또한, 재백궁으로 들어가고 있습니다.
결코 조화력을 갖는다 할 수 없지요!!!~

좀 더~ 확장시켜보면. . . ,~

- 207 -

위, **계해 년생, 명반의 부처 궁이 기미 년생의 태세 입괘 궁이어서 기미년 생에게 끌림의 현상을 느낄 수 있는** 구조 가 됩니다.

두수의 각 궁에 자리하고 있는 별들은 그 궁의 모양새, 즉, **피상적/내면적 정황〈일/용모/사건/정체성 등〉**을 드러내 보여주고 있는 것이라 이해하시면 되겠고, 우리는 해당 목적 궁에서 보여주는 모양새들을 그대로 읽어내면 되는 것입니다.

이어서 다음은 같은 계해 년생 남자입니다.

⊡癸亥 年 生〈여자〉의 명반⊡

천동 문곡·천월·천마. 재백 丁巳	무곡/ 천부 자녀 戊午	태양/ 태음-科 부처 己未	탐랑-忌 형제 庚申
파군-祿 질액 丙辰	癸亥 年 生. 坤命		천기/거문-權 문창. 명궁 辛酉
천괴. 천이 乙卯			자미/천상 화성.지공. 부모 壬戌
염정 우필·천월 노복 甲寅	경양·절공·순공 관록 乙丑	칠살 좌보.지공.천공.녹존 전택 甲子	천량 타라. 령성. 신/복덕 癸亥

□대조 명주- 癸亥 年〈남자〉生.

계해 년생이니, 위 명반에서 亥궁인 **신/ 복덕궁**이 태세 입괘 궁이 되겠고, 천간 계에 의한 **록.권.과.기는 파군/거문/태음/탐랑**이 되며, 계 간에 의한 _祿存녹존_은 자/ _擎羊경양_은 축/ _陀羅타라_는 해 궁이 되며, _天魁천괴_는 사/ _天鉞천월_은 묘궁이 되지요!!!~

사화 중, 화권성인 거문의 별이 위 명반의 명궁에 앉아 있으며, 경양이 축궁/ 천괴와 천월이 본 명주의 천이와 재백궁에 들어와 있어 대체적으로 계해 년생 여자와 조화력을 갖추는 구조라 할 수 있습니다.

▫다음은 **壬寅 年** 生〈여자〉의 명반입니다!!!.

거문. 천월·천마. 복덕 丁巳	염정. 천상 전택 戊午	천량. 관록 己未	칠살. 화성 노복 庚申
탐랑. 좌보 부모 丙辰	壬寅 年 生. 坤命		천동 령성 천이 辛酉
태음. 문곡·천괴 명궁 乙卯			무곡. 우필·지겁. 질액 壬戌
자미·천부 형제 甲寅	천기. 경양. 신/부처 乙丑	파군. 녹존·지공 자녀 甲子	태양. 문창·타라 재백 癸亥

□**壬寅 年** 生〈여자〉. 대조, **戊戌/ 己酉 年**〈남자〉명반.

먼저 무술 년 생이면, 壬戌의 질액궁이 무술 년 생의 태세 입괘궁이 되며, 무 간에 의한 사화는 <u>탐랑〈화록〉/태음〈권〉/우필〈과〉/ 천기〈기〉</u>가 되겠고, 역시 戊 干에 의한 <u>녹존은 사/ 경양는 오/ 타라는 진이요, 천괴는 축/ 천월은 미궁</u>이 됩니다.

명궁에 화권/ 己未의 관록궁에는 천월이 들어가, 어느 정도 배연의 조화를 이룬다고 할 수 있습니다.

그런데, 무 간에 의한 화기가 乙丑의 부처/신궁으로 들어가는 상황이라 부부의 조화를 깨뜨리는 작용력을 드러내게 되지요!!!~

거기에 태세 입괘궁이 壬寅 年 生의 질액궁이면서 지겁이 있어, 배연을 손상시키는데 있어 한 몫 거들고 있습니다.
다음으로 己酉 년 생이면, 유궁이 기유년 생의 태세 입괘궁이 되고, 기 간에 의한 사화는 무곡(록)/탐랑(권)/천량(과)/문곡(화기)가 되며, 녹존은 오/ 경양은 미/ 타라는 사/ 천괴는 자/ 천월은 신궁이 됩니다.

관록궁에 화과와 경양/ 명궁에 화기가 들어가다 보니 己酉 년 생 또한, 壬寅 년 생, 여자와는 조화를 이루기가 어려운 상황이 됩니다.

좀 더~ 해석을 확장시켜보겠습니다.

이러한 흉조들이 언제 현실적으로 그 작용력을 드러내는가??? 하는 것인데, 무년 생이나, 유년 생의 태세 입괘궁과 임인 년생의 부처궁으로, 임인 년생의 대한이나, 유년 천간에 의한 양,타/겁,공/화,령 등의 살성과 화권 등이 들어 올 때, 조화력은 깨지기 쉬워진다는 것입니다.

다소~
어렵게 여겨지실 수도 있겠습니다. 만~ ,
잘~ 진행시켜 보시면, 이 또한!!!~
어려울 것!!!~ 없습니다.

계속해서 다른 예를 살펴보겠습니다.

·辛亥 年 生〈여자〉의 명반/ 대조 명주는 甲辰 年 生·

염정·탐랑 형제 癸巳	거문· 우필 신/명 甲午	천상· 부모 乙未	천동·천량 좌보·타라 복덕 丙申
태음 문곡 부처 壬辰	辛亥 年 生. 坤命		무곡·칠살 녹존·화성 전택 丁酉
천부 자녀 辛卯			태양· 문창·경양·령성 관록 戊戌
재백 庚寅	자미·파군 질액 辛丑	천기 천공 천이 庚子	지겁·지공 노복 己亥

계해 년 생, 여자의 명반에서 갑진 년 생, 남자의 태세 입괘
궁은 壬辰의 부처궁이 되며, 삼합과 대충 궁으로 **양·타/ 령성,
천공**의 별이 들어오고 있습니다.

좋을 수 없겠지요!!!~

甲辰 년생의 갑 간에 의한 사화의 정황을 살펴보면, 사화 중,
화기성이 戊戌의 관록궁으로 들어가 이 또한, 배연의 조화를
손상시킵니다.

甲 干에 의한 녹존과 경양, 타라/ 천괴, 천월의 별 중에는,
녹존성이 庚寅의 재백궁으로 들어가지만, 그 작용력은 무력
無力한 상황입니다.

· 다음은 **丙午 年** 生의 명반입니다!!!.

천상 우필·녹존·화성. 복덕 癸巳	천량 문창·경양. 전택 甲午	염정·칠살 령성·지공·천공. 관록 乙未	문곡·천마. 노복 丙申
거문 태보 부모 壬辰	丙午 年 生. 坤命		좌보·천월·홍란. 천이 丁酉
자/탐 지겁·천월 命宮 辛卯			천동 질액 戊戌
천기·태음 형제 庚寅	천부 부처 辛丑	태양 자녀 庚子	무/파 천괴·천곡. 身/재백 己亥

□ **대조 명주는 甲辰 年 生입니다.**

甲辰 년 생이면, 병오 년 생, 여자 명반에서 임진의 부모 궁이 갑진 년 생의 태세 입괘궁이 되며, 갑 간에 의한 **록.권.과.기** 중, 화록의 염정이 乙未의 관록/ 화권과 화과의 파군과 무곡이 己亥 신/ 재백궁으로 들어가, 배연의 조화력을 갖춥니다.

더불어 갑 간에 의한 녹존/경양,타라/천괴,천월을 보면, 경양이 신묘로 병오 년, 여자의 명궁으로 들어가고, 타라는 부처궁으로 들어갑니다.

신축, 부처궁의 삼합과 대충 궁으로도 화성,령성/지공,천공의 별이 들어오고 있지요!!!~

갑 간에 의한 록.권.과성이 갑오 년 여자의 명궁 삼합궁으로 들어오고 있어 친화적 조화력을 갖춘다 할 수 있으나, 본명에서의 구조가 저러하니, 길/흉이 공존한다고 해야 하겠고,

언제 그 흉의가 드러날 것인가????~ 의 문제는 운運 간干
에 의한 변화를 살펴야 하겠지요!!!~

이미~ 말씀드렸듯,
부부 궁합〈配緣배연〉과 대인 조화는 가족 간의 이해도, 즉,
서로에게 주어진 관계 설정도를 객관적으로 알 수 있으며,
동업, 합작 등의 길,흉/성,패를 알 수 있는 도구, 방편이 된다
는 것입니다.

·命명, 夫妻부처 상호 교차법·

다음에 이어지는 남녀 궁합, 대인 조화 법은 아직까지 살펴
본, 태세 입괘 궁으로 알 수 있는 배연, 대인조화보다, 더 쉽
고, 간단하게 볼 수 있는 방법을 제시해드리고자 하여 부기
附記하는 것으로, **내, 명궁의 별이 상대방의 부처 궁으로
들어가 있는가??? 로 판단하는 것**입니다.

즉, 나〈我〉와 상대방의 명궁과 부처 궁에 들어와 있는 별들
로 대인의 조화를 살피는 것이지요!!!~

나의 명궁의 별이 대인의 부처 궁으로 들어가고, 나의 부처
궁의 별은 대인의 명궁으로 들어가는가???~를 살피는 방법
입니다.

다음에 제시되는 예를 같이 살펴보실까요.!!!~

·궁합, 대인조화 실 예·

·癸亥 年 生〈여자〉명반·

천동 문곡·천월·천마. 재백 丁巳	무곡/ 천부 자녀 戊午	태양/ 태음-科 부처 己未	탐랑-忌 형제 庚申
파군-祿 질액 丙辰	癸亥 年 生. 坤命		천기/거문-權 문창. 명궁 辛酉
천괴. 천이 乙卯			자미/천상 화성·지공. 부모 壬戌
염정 우필·천월 노복 甲寅	경양·절공·순공 관록 乙丑	칠살 좌보.지공·천공·녹존 전택 甲子	천량 타라.령성. 신/복덕 癸亥

·己未 年 生〈남자〉 명반·

우필.타라.천마. 신/재백 己巳	천기. 녹존 자녀 庚午	자미/파군 경양.화성 부처 辛未	천월.령성.천공 형제 壬申
태양 질액 戊辰	己未 年 生. 乾命		천부 좌보.지겁 명궁 癸酉
무곡.칠살 천괴. 천이 丁卯			태음 부모 甲戌
천동.천량 문곡 녹복 丙寅	천상 지공 관록 丁丑	거문 문창.천괴 전택 丙子	염정.탐랑 복덕 乙亥

이미, 앞에서 두 사람은 조화력을 갖지 못한다는 사실이 드러났기 때문에, 위의 명반에서도 확인할 수 있듯!!!~
명궁과 부처궁의 별이 상대방의 명궁과 부처궁으로 들어가 있지 않습니다.

좀 더~ 쉽게 말씀드린다면~

계해 년생 여자의 命宮에 있는 천기/거문의 별이, 기미년 생 남자의 夫妻궁으로 들어간다거나, 계해 년생 夫妻궁에 앉아 있는 태양/태음이 기미 년생의 命宮으로 들어가는 경우라면, 두 사람은 서로 친화적 조화력 갖는다!!! 고 판단하는 방법입니다.

남자, 기미 년생의 命宮에 있는 천부의 별이 계해 년 여자, 의 夫妻궁으로 들어간다거나, 夫妻궁의 자미/파군성이 계해 년생의 命宮으로 들어가는 경우가 되는 것이지요.

또한, 여자, 계해 년생의 부처 궁에 **태양/ 태음-화과**의 별이
들어와 있다는 것은 어떠한 의미일까요!!!~

이는 다름이 아닌, 태양, 태음의 속성을 갖는 남자를 배우자
로 삼게 된다는 의미가 되는 것으로, 두수는 이미, 앞에서도
말씀을 드렸듯, 이러한 방식을 취하여 각각의 해당 궁위와
그 정황들을 읽어내면 되는 것입니다!!!~

두수斗數!!!~

어렵다고만, 여겨지시나요.!!!~
뭐~ 이거!!!~ 그렇지 만은 않은 것 같기도 한데, ~~~
라는 생각이 들지 않으시나요.!!!~

다음은 같은 **계해 년생(남자)**의 명반을 대조해 볼까요.!!!~

·癸亥 年 生〈여자〉 명반.

천동 문곡.천월.천마. 재백 丁巳	무곡/ 천부 자녀 戊午	태양/ 태음-科 부처 己未	탐랑-忌 형제 庚申
파군-祿 질액 丙辰	癸亥 年 生. 坤命		천기/거문-權 문창. 명궁 辛酉
천괴. 천이 乙卯			자미/천상 화성.지공. 부모 壬戌
염정 우필.천월 녹복 甲寅	경양.절공.순공 관록 乙丑	칠살 좌보.지공.천공.녹존 전택 甲子	천량 타라.령성. 신/복덕 癸亥

☐癸亥 年 生〈남자〉명반.

천기 천월·천마. 녹복 丁巳	자미 천이 戊午	질액 己未	파군 화성 재백 庚申
칠살 관록 丙辰	癸亥 年 生. 乾命		령성 자녀 辛酉
태양·천량 문곡·천괴. 전택 乙卯			염정·천부 지공 부처 壬戌
무곡·천상 복덕 甲寅	천동·거문 좌보·우필·경양 부모 乙丑	탐랑 녹존·지공 명궁 甲子	태음 문창·타라 형제 癸亥

명/ 부처궁 좌, 별들의 상호 교차 입궁법으로 보는, 계해 년 생 끼리의 상호 조화력에는 별다른 친화성이 드러나지 않습 니다.

여기서 **재백의 파군과 천이의 자미**의 상황에 대해 附言부언해 본 다면, 일생을 살아가면서 금전/재물을 채우기가 어렵고, 대對 타他 관계에서는 내가 그들을 대함에 있어 어려움이 따르게 된다는 것입니다.

천이 궁에 존성인 자미가 자리하고 있다는 것은 단적으로 나 〈我〉보다 그들〈**내가 대하게되는 주변인, 對人대인**〉이 더 잘 났다는 것이 되기 때문입니다.
그렇다보니 내가 그들을 대할 때에는 머리를 숙여야 한다거 나, 그들의 지시에 따라야 하는 등의 어려움이 따르게 된다 는 것이지요!!!~

계속해서~

이미 앞에서 두수 태세 입괘 법으로 살펴보았던 壬寅 年생 여자 분의 경우를, 명궁과 부처 궁에 앉아있는 별들의 상호 교차 방법으로 다시 한 번 살펴보도록 하겠습니다.

·壬寅 年 生〈여자〉·

거문. 천월.천마. 복덕 丁巳	염정. 천상 전택 戊午	천량. 관록 己未	칠살. 화성 노복 庚申
탐랑. 좌보 부모 丙辰	壬寅 年 生. 坤命		천동. 령성 천이 辛酉
태음. 문곡.천괴 명궁 乙卯			무곡. 좌보.지겁. 질액 壬戌
자미.천부 형제 甲寅	천기. 경양. 신/부처 乙丑	파군. 녹존.지공 자녀 甲子	태양. 문창.타라 재백 癸亥

□戊戌 年〈남자〉 명반.

천상. 녹존. 전택 丁巳	천량 경양 관록 戊午	염정.칠살 천월 노복 己未	 천이 庚申
거문. 우필.문곡.타라 복덕 丙辰	戊戌 年 生. 乾命		 질액 辛酉
자미.탐랑 령성 부모 乙卯			천동. 우필.문창. 재백 壬戌
천기.태음 명/신궁 甲寅	천부. 천괴.화성 형제 乙丑	태양. 부처 甲子	무곡.파군 지겁.지공.천공 자녀 癸亥

나의 명궁에 앉아 있는 별은, 상대방의 부처궁, 나의 부처궁에 들어와 있는 별은 상대의 명궁으로 들어갈 때, 조화력을 갖는다고 보는 것인데~,

壬寅 년생, 여자 분의 부처 궁에 앉아있는 천기가 戊戌 년생, 명궁으로 들어가 어느 정도의 친화력은 갖는다고 볼 수 있습니다.
그러나 천기의 별은 동성動星, 즉, 유동성流動性을 갖는 별이라 배연에 안정을 구求하기에는 어려움이 따른다는, 전제적前提的 조건이 부여되어 있습니다.

사주명법을 운용함에 있어, 가장 난감難堪하고, 애매曖昧한 경우들이 위와 같은 상황들일 텐데, 어떤 조건들은 부합시켜 판단 할 때, 무엇을 우선적으로 취하여 적용시켜야 하는지~, 길/흉의 정황이 공존할 때에는 또, 어떻게 읽어내야 옳은 것인지???~ 등의 문제일 것입니다.

그러나 문제될 것이 없습니다.
무엇보다 본명이 우선이요, 길흉이 혼재混在하는 경우에는 그대로 판단하면 된다는 것이죠!!!~
길사도 있고, 흉한 일도 있다!!!~
우리네 세상살이가 길한 일/ 좋은 나날들만 있는 것은 아니듯~~~ 길/흉은 공존共存하지요!!!~

나머지는 연구 탐색하며, 先學선학들의 경험적 지식들에서 도움을 얻는 것이겠지요.

사주명법이라는 것이~ 별 다른 것이 아니라는 것입니다.

우리의 생활과 같이하며, 당면當面하게 되는 일/사건 들에
대해 좀 더~ 객관적 판단과, 조언적 역할을 해내는 유용한
방편이 되어준다는 것이지요!!!~

다음은 **壬寅 년 생, 여자**와 **己酉 년 생 남자**의 조화력입니다.

·壬寅 年 生〈여자〉.

거문. 천월.천마. 복덕 丁巳	염정. 천상 전택 戊午	천량. 관록 己未	칠살. 화성 노복 庚申
탐랑. 좌보 부모 丙辰	壬寅 年 生. 坤命		천동. 령성 천이 辛酉
태음. 문곡.천괴 명궁 乙卯			무곡. 좌보.지겁. 질액 壬戌
자미.천부 형제 甲寅	천기. 경양 신/부처 乙丑	파군. 녹존.지공 자녀 甲子	태양. 문창.타라 재백 癸亥

□己酉 年 生〈남자〉 명반.

천부 타라. 형제 己巳	천동.태음 녹존.우필 명/신궁 庚午	무곡.탐랑 경양 부모 辛未	태양.거문 좌보.천괴 복덕 壬申
문곡 부처 戊辰	己酉 年 生. 乾命		천상 전택 癸酉
염정.파군 화성 자녀 丁卯			천기.천량 문창.령성 관록 甲戌
재백 丙寅	질액 丁丑	천괴 천이 丙子	자미.칠살 지겁.지공 노복 乙亥

이 경우에도, 친화적 조화력을 갖는다고 판단하기에는 무리가 있죠!!!~

인생사!!!~, 인연이라는 것이, 참으로 쉬운 것이 아닌 모양입니다!!!~

자미두수에 대해서도,
이제~ 어느 정도 감感은 잡히시지요!!!~

각인의 **생년.월.일.시**에 의해 주어진, 명반을 보고 읽어내기만 하면 되는 것이니. . .~ 어려울 것이 없지요!!!~

따라서 **바로 보고 즉시 말해줄 수 있는 "자미두수 즉간즉설"**
은 **"현실적 효용성을 충족시킬 수 있는 실용적 기법"**인 것입니다!!!~

자!!!~~~

두수에 의한, 배연 궁합, 대인 조화력 등은 이정도로 하고,
다음은 자평명리와 자미두수로 알 수 있는 **적성, 학과선정과 직업, 사업적 분야**에 대해 살펴보고자 합니다.

□**자평과 두수로 보는 전공학과와 직업분야**□

이번에는 두수와 자평의 12신살을 활용하여 알 수 있는 전공학과와 직업분야입니다.

이 또한~ 간단하니~~~
걱정~ 노우~, 불필요한 긴장, 노!!!~입니다.
보시면 바로 아실 수 있기 때문입니다.

그러면, 두수~ 14주성이 품고 있는 적성과 직업적 **象意상의**
〈상징성, 의미, 뜻〉부터 알아보겠습니다.

□두수, 14주성에 의한 적성, 학과. 직업□

☆紫微(己.土)의 適性, 職業/ 事業分野☆

※자미는 **귀중품/화려한 분야의 일, 직종**에 적합하다.

·適性·
※고위직 공무원/ 기업가/ 학자/ 정치가 등.

·專攻學科·
※文科※
† 정치외교/ 경영/ 법학/ 언론방송학/ 호텔경영학과.

※理科※
† 생물/ 생명공학/ 유전자학/ 의대.

※藝/ 體能※
† 귀금속학과/ 의류, 헤어디자인/ 연극, 영화학과.

·職業 分野·
※공직/국가 공무원을 의미하며, 잘 짜여진 조직이거나 지위
 가 높은 경우일수록 그 역량이 발휘된다.
※공무원, 조직관리가 잘된 곳에서의 핵심적인 경영관리나 인사,
 기획 분야.
 고위 관리, 임원/ 교사, 교수/ 법조계/ 방송, 언론/ 정치/
 예술계.

☆天機(乙.木)의 適性, 職業/ 事業分野 ☆

□天機는 동성動星이요 역마성으로, 바퀴와 관련되는 일로, 自動車/汽車나 자동차, 기차의 부품상/ <u>선반旋盤〈각종 金屬 素材를 회전 운동을 시켜서 갈거나 파내거나 도려내는 공작 기계.〉</u>업 등과 더불어 자금회전이 빠른 업종에 적합〈<u>商業/수산물 시장/야채 시장/ 都賣商 等</u>〉하며 직업변화가 심하다.

⊡適性⊡
※학문/ 문학,문예/ 교육/ 종교/ 예술/ 기예 분야.

⊡專攻學科⊡
※文科※
† <u>비서학/ 철학,미학과/ 종교,신학/ 신문방송학/ 역사학/ 국문학.</u>

※理科※
† <u>컴퓨터/ 건축,설계/ 齒大/ 자동차학/ 가정학/ 요리,조리학.</u>

※藝/ 體能※
† <u>디자인관련 모든 학과/ 이벤트학과.</u>

⊡職業 分野⊡
※기획/분석/임기응변 등이 활용되는 직종이거나, 일이 지속 적이지 않고 변화가 따르는 분야에 적합하다.
□기획, 연구원, 비평가/ 기자, 작가/ 전문 강사/ 디자인 이벤트업체/ 광고기획, 카피라이터/ 프로그래머/ 메니져/ 요리사/ 기계/ 운송 관련업/ 참모/ 비서.

☆太陽(丙.火)의 適性, 職業/ 事業分野 ☆

※太陽은 광명, 박애를 의미하는 별로써, 언어행위로 자신을 드러내거나 나서는 것을 좋아하는가하면, **名 또한 중시하므로 타인을 대신하여 행하는 변호사/ 외교관 등에 적합하며 전기 등 에너지와 관련되는 일/사업에도 유리**하다.
⊡전기/에너지 等과 관련되는 일, 사업이나 또는 법률/ 교사 等.

⊡適性⊡
※主로 밖으로 표출되는 직종에 적합하며, 사업/정치/학문 등의 분야와 연계된다.

⊡專攻學科⊡
※文科※
† 법.정치외교/ 무역/ 신문방송학과/ 문학/ 사회복지학/ 광고.
외국어학과/ 사관학교.
※理科※
† 환경관련학/ 의대,수의대/ 방사선과/ 전기,전자학/ 안경학과.
※藝/ 體能※
† 연극영화학.

⊡職業 分野⊡
※무엇보다 공익이 우선되어야하는 직종/분야에 적합하다.
※방송, 언론/ 공무원/ 외교, 변호/ 의사/ 환경단체.
유통. 운수. 무역/ 보험사/ 택배업/ 에너지 사업/ 미디어/
통신/ 광고 관련업.

☆武曲(申.金)의 適性, 職業/ 事業分野 ☆

□武曲은 財星으로 금융업/재무/회계분야/사업/상업〈장사〉
등에 유리하지만, 武曲 化忌가 된다면 그렇지 않다.

⊡適性⊡
※기술/ 제조/ 금전,금융/ 사업 등의 분야에 적합하다.

⊡專攻學科⊡
※文科※
† 금융, 경제, 무역/ 사관학교, 경찰대.

※理科※
† 세무대/ 기계,금속/ 치齒,의대/ 수의학,간호학/ 철도대.

※藝/ 體能※
† 성악,기악과/ 무용/ 체육.

⊡職業 分野⊡
※금전 관리/ 증권, 보험 등, 금융업/ 무역, 외화관리.
기계, 금속/ 군, 경/ 경호, 경비업체/ 鐵鋼철강산업.

☆天同(壬.水)의 適性, 職業/ 事業分野 ☆

※천동 守命 人은 주동적이지 못하여 채근採根〈독촉〉해야 한다거나 어쩔 수 없어야나 행하는 경향이 있다 보니, 큰 조직이나 사업, 또는 책임이 주어지는 일에는 맞지 않는다. 따라서 **天同은 교사〈학교, 보육원〉/ 공직公職/ 백화점 내 의복/ 장식, 감상 품이나, 매점/ 간이식당/ 스넥코너/ 커피전문점 等에 適合**하다.

·適性·

※**학문, 실용문학이나 예술/의약/기술 등, 대중을 상대하는 서비스**계통이 무난하다.

·專攻學科·

※文科※

† 사범,교육대/ 외국어,사회복지,심리학/ 호텔경영/ 법,경영학.

※理科※

† 식품영양,가정,아동복지학/ 한의대/ 의,약대/수의학.

※藝/ 體能※

† 제과,제빵/ 인테리어,의류디자인/ 서예/성악과.

·職業 分野·

※**천동은 노력에 비해 그 결과가 좋게 나타나며, 면허를 활용하는 업종/ 일에 적합**하다.

□디자인, 인테리어/ 악세사리점, 미용/ 의류대리점/ 놀이방/ 유치원/ 음식, 음료/ 간호사/ 애완용 동물 shop.

☆廉貞(丁.火/乙.木/戊.土)의 適性, 職業/事業分野☆

□廉貞은 어떤 일/職種이든 **大體的으로 內勤職에 適合**하다.
※業種으로는 **가전, 전자제품/ 컴퓨터/인쇄기 등, 정밀기기 관련업이나 일, 판매, 또는 간호사/ 도살업/ 군軍, 경警**과 도 관련된다.

⊡適性⊡
※권력을 행하는 관리직으로, **군.경.법 계통/사업가/정치가** 등에 적합하다.

⊡專攻學科⊡
※文科※
† 외교/ 심리,신문방송,언론/ 경영/ 법학/ 경찰대.

※理科※
† 임상병리학/ 의대/ 간호학/ 식품가공/ 전기,전자학과.

※藝/ 體能※
† 미술,디자인학/ 연극영화, 사진학과.

⊡職業 分野⊡
※성취욕은 강하지만, 사업/일을 크게 벌이는 것은 흉하다.
□기획, 관리/ 군, 경, 교도관〈矯導官〉/ 항공사/ IT/ 디자인, 설계/ 보석감정/ 식품가공업/ 도매업/ 미용실/ 유흥업. 정부, 관공서와 연계되는 일, 사업.

☆天府(戊.土)의 適性, 職業/ 事業分野 ☆

※천부성은 재록財祿의 창고로 월급〈給與〉을 의미한다.
※天府는 土星이어서 업종으로는 농〈송이버섯 등 특용작물〉,
목축업〈소/말/닭/염소〉 등과도 관련된다.

·適性·
※문학/교육/종교/예술/의학 등의 지식서비스 계통에 적합.

·專攻學科·
※文科※
† 부동산학/ 경제, 경영학/ 교대, 사범대/ 종교학.

※理科※
† 세무대/ 토목공학/ 의대.

※藝/ 體能※
† 기악, 성악과.

·職業 分野·
※공무원/ 대기업의 세무, 재무/ 증권사/ 교사/ 부동산업.

☆太陰(癸.水)의 適性, 職業/ 事業分野☆

※일/월은 역마성이어서 **렌탈〈임대업〉**업과 관련된다.

　즉, **건물/자동차/관광버스/택시/트레일러** 등과 더불어 **선원/어부** 등
과도 통한다.

□여성 청결제/화장품 等, 美的인 것들과 관련되는 소모품으로 여성의류/
양말/ 침구류/ 속옷/ 침대 커버/ 음식점/ 요식업 등에 적합.

·適性·
※**정신적인 측면**의 분야나, **학문. 교육/종교/예술/세무** 등
에 적합하다.

·專攻學科·
※文科※
† 문학전공/언론방송학/심리학/부동산학/ 사범,교육대.

※理科※
† 건축학과/ 수산, 해양학과.

※藝/ 體能※
† 문예창작/ 도예,디자인, 미대.

·職業 分野·
※예술/창작성이 요구되는 직종이나, 일에 適合하다.
□작가/ 디자이너/ 인테리어/ 도예/ 건축/ 여행, 교통업.
　부동산업/ 여자를 상대로 하는 일, 사업/ 교육/ 미용업/
위생 용품점.

☆貪狼(甲.木/癸.水)의 適性, 職業/ 事業分野 ☆

□貪狼은 甲木이자 癸水의 별로 조화調和/도화桃花의 별이
다. 따라서 초등교 교사 등이 于先이요, 원료나 재료/목재/
제지업, 연극/영화 등 연예계/악사樂師〈악기를 다루거나 가르치
는〉/ 바둑 等과도 관련된다.

⊡適性⊡
⊡상업/사업 등과 관련되며하며 知的인 分野에는 不利하다.

⊡專攻學科⊡
※文科※
† 언론방송/ 심리학과/ 종교학/ 경영학/ 호텔경영학과.

※理科※
† 생물학/ 생명공학/ 농업/ 건축학.

※藝/ 體能※
† 음대/ 미대/ 디자인학.

⊡職業 分野⊡
※기획, 광고, 판촉, 영업/ 이벤트 업/ 유흥.
  가구/ 럭셔리 용품〈명품, 보석, 수입 차 등〉/ 음식업.

☆巨門(癸.水/己.土/辛.金)의 適性, 職業/ 事業分野 ☆

□巨文은 **교육계 등, 언변/ 말솜씨를 활용하는 일/ 사업**과 관계되고, **출판/인쇄/의료**에도 可하며 거문은 도박賭博의 별이기도 하여 무엇을 걸고 하는〈**도박/ 밀수 등...**〉일과도 관련한다.

·適性·
※자신의 특수한 재능을 발휘할 수 있는 직종, 분야에 유리하며 **문학/사법/ 의약 업** 등과도 관련된다.

·專攻學科·
※文科※
† 법학/ 교육, 사범대, 신문방송학과/ 통계학과.

※理科※
† 건축, 컴퓨터공학/ 의대/ 식품가공학.

※藝/ 體能※
† 연극, 영화/ 성악과.

·職業 分野·
※어느 한 분야를 파고드는 성향을 갖으며 구변과 분석력이 뛰어나다.
□변호사/ 외교/ 평론가/ 교육, 학술연구 분야/ 의약/ 역학. 중개/ 경매인/ 광고업/ 아나운서 등, 언론/ 방송/ 기자. 상담사/ 정치. 불법적인 일, 사업과 관련.

☆天相(壬.水)의 適性, 職業/ 事業分野 ☆

⊡天相은 **관리官吏/ 의식衣食의 별**이다.

乾命으로 天相이면 공직이요, 坤命이면 기성복을 가공하는
일 등이요, **고급 음식점/뷔페/의류/映像** 等과도 關聯된다.

⊡適性⊡
※**학문/정치/경제/종교/서비스 등의 전 분야**에서 유리.

⊡專攻學科⊡
※文科※
† 사회복지/ 세무/ 법학/ 행정/ 경영/ 심리학과.
※理科※
† 식품/ 요리관련학과/ 의류학.
※藝/ 體能※
† 디자인/ 연극영화학.

⊡職業⊡
※세무/ 법무/ 공무원/ 은행,증권/ 부동산중계인/ 연예인/ 사회자.

⊡事業 分野⊡
※창업이 쉽지 않고, **개인 사업보다는 직장생활이 더 유리**
하다.
□백화점 프랜차이즈〈사용권, 독점 판매권〉/ 의류 대리점.
부동산/ 식당 등 서비스업/ 의식주와 관련되는 일, 사업.

☆天梁(戊.土)의 適性, 職業/ 事業分野☆

□天梁星은 대부분 정부기구의 공무원과 관련되며 **국가기관의 고위직/ 고급 간부 等과** 더불어, 유흥업종/연에, 기획사 등의 관리직 등과도 관련된다.

⊡適性⊡
※교육/ 의학/ 종교/ 법/ 정치/ 사업 等에 適合하다.

※專攻學科※
※文科※
† 법학/경영/ 정치외교/사범대/사회복지/종교/심리/사관학교/ 경찰대.

※理科※
† 의대/ 한의대/ 약대.

※藝/ 體能※
† 미대.

⊡職業 分野⊡
※법률.변호/ 감독/ 공무원/ 의약, 한의학/ 보험업종이 適合하다.
□법/ 의약/ 교육 분야/ 컨설턴트/ 사회복지사/ 종교, 역술/ 보험업/ 중개업.

☆七殺(丁.火/辛.金)의 適性, 職業/ 事業分野 ☆

□七殺은 肅殺星으로 **군/경직**에 適合하며 **금속, 선박업船舶業/무케도 열차/금속으로 만들어진 기기, 기구/ 살상력을 갖춘 기기나 물건/ 부두埠頭의 선박** 등과도 관련된다.

·適性·
※특수분야에 적합하며 **모험가/군/정치가** 등과도 관련된다.

·專攻學科·
※文科※
경찰대/ 사관학교/ 법학/ 금융/ 경영학과.

※理科※
기계, 금속/ 건축/ 치 의대.

※藝/ 體能※
체육/ 미대, 조형학과.

·職業 分野·
※權力慾이 强하고 한번 마음먹은 것은 끝까지 해내려고 하며, 힘든 일 일수록 有利해 진다.
※기계, 금속/건축/ 조각/ 치과, 외과의/ 풍수/ 장의업.
□위의 직종+ 군,경,사법 분야의 감사업무/ 미용업/ 정육점.

☆破軍(壬.水/辛.金)의 適性, 職業/ 事業分野 ☆

※파군은 **먼저 부수고 건설하는 일/고물상/잡화점/시장/ 등과 관련되며 원양어업/ 원양어선/건물의 지하** 등과도 통한다.

⊡適性⊡
※**기술/ 제조/ 문학,문필/ 예술, 예능/ 사업** 등이 무난하다.

⊡專攻學科⊡
※文科※
† 사관학교, 경찰대/ 정치학/ 외교〈外交〉/ 외국어학과/ 미대.

※理科※
† 해군사관학교, 해양대/ 컴퓨터 공학/ 유전자공학.

※藝/體能※
† 체육학과.

⊡職業 分野⊡
※군, 경, 경호업/ 외교/ 교수/ 카운셀러/ 예술분야.
 광고/ 여행업/ 건설/ 해양, 수산/ 통관 관련업/ 벤처사업.
 운동선수, 체육인.

아직까지 두수로 알 수 있는 전공 학과와 직업 분야에 대해 알아보았습니다.

사실, 사주명법으로 학과나 직업 분야를 읽어 낸다는 것은 그리 간단하지 않은 문제로, 각 인의 학과나, 직업적 분야를 알기위해서는 사주를 전체적으로 조망眺望해야하는 전문적 지식을 필요로 하는 부분이기 때문입니다. 하지만, 12신살법과 두수의 독립적 방법으로도 어렵지 않게 풀어낼 수 있게 됩니다.

자!!!~ 그럼~ 시작해 볼까요.!!!~

아래의 예시들 중에는 위에서 궁합, 대인 조화에서 제시되었던 사주를 포함하고 있음을 말씀드리며, 자평의 12신살과 그 다음, 자미의 순으로 진행시켜가며 살펴보겠습니다.

다음의 예시를 보시죠.!!!~

·자평과 두수로 보는 학과 직업 실 예·

·乙亥 년생의 학과, 직업분야/ 12신살·

시		일		월		년		본명 사주 여자
		丁정		辛신		乙을		
		酉유		巳사		亥해		
己기	戊무	丁정	丙병	乙을	甲갑	癸계	壬임	
丑축	子자	亥해	戌술	酉유	申신	未미	午오	대한
80	70	60	50	40	30	20	10	

자평명리의 12신살로 학과나 직업적 분야를 파악하는 방법은 각 인의 출생 년 지〈띠〉를 기준한, 망신의 인자를 우선하며

사주 **년/월/일/시지**의 글자가 12신살의 어느 글자에 해당되는 별인가로 판단하게 되는데, 특히 **십성육친 상, 관성이거나 식상, 재성인 경우라면 더욱 그러하다**는 것입니다.

뭐야~~~
겨우 이게 다야!!!~ 이렇게 본단 말이야~~~ 하실 수도 있겠으나???~
그렇습니다. 입니다!!!~

물론, 보다 정밀하게 판단하기위해서는 사주에 드러나 있는 구조적인 정황과 더불어 대한의 작용력도 고려하게 되며, 12신살 뿐만 아니라 여타餘他 방법도 고려하게 되지만, 위와 같은 방식으로도 알 수 있다는 것입니다.

어떠한 문제이든~
알고자하는 문제를 풀어내고, 알 수 있는 방법은 한 가지 만은 아니라는 것이지요!!!~

위 예의 경우, 해〈돼지 띠〉를 기준한 **월의 巳는 역마, 일의 酉는 재살**이 됩니다.
따라서 巳, 역마는 의료, 의약/예술/연구/교직/방송/종교 등과 재살은 문화/평론/광고 등과 관련되겠으며, 월과 일이 사.유.축의 동일 패도이기 때문에 한 가지 업종에 종사하며 살아가게 된다는 의미도 갖게 됩니다.

본 명주는 예술 대, 미대를 졸업하였는데, 미대가 되는 것은 사주에서 월지의 巳와 일간, 丁의 작용력도 한 몫 하게 됩니다!!!~

다음은 두수로 적성, 전공학과와 직업을 알아보겠습니다.

두수에서 적성, 학과는 주로, 명궁과 질액궁, 복덕궁의 별을 참고하며, 직업분야는 재백궁 간의 **화기〉록〉권〉과**의 순으로 취하되, 그, **화기〉록〉권〉과**의 별이 **명/재백/관록/전택/질액** 궁으로 들어 갈 때, 그 해당 궁에 앉아있는 별로 판단하게 됩니다.

각, 궁의 천간 사화를 운용하는 방법은 알고 계시죠!!!~
아래 명반에서는 정해가 명궁이므로, 명궁의 천간은 다시 丁 정이 되는 것이고, 丁 干에 의한 사화는 **월/동/기/거**가 되니, **화록-태음/ 화권-천동/ 화과-천기/ 화기-거문**이 되는 것입니다.

한 번 십 간에 의한 사화성을 제시해 보면 다음과 같습니다.

<u>※十干 四化※</u>

	갑	을	병	정	무	기	경	신	임	계
화록	염	기	동	월	탐	무	양	거	량	파
권	파	량	기	동	월	탐	무	양	자	거
과	무	자	창	기	양	량	부동	곡	부	월
기	양	월	염	거	기	곡	동상	창	무	탐

위 표를 읽는 방법은!!!~
각 십간의 **화록/권/과/기**의 순으로 읽어 내려가는 방식입니다.
⊡갑- <u>염.파.무.양</u>　　⊡을- <u>기.량.자.월</u>
⊡병- <u>동.기.창.염</u>　　⊡정- <u>월.동.기.거</u>
⊡무- <u>탐.월.양.기</u>　　⊡기- <u>무.탐.량.곡</u>

▣경- **양.무.부.동**　▣신- **거.양.곡.창**
▣임- **량.자.부.무**　▣계- **파.거.월.탐**이되는 것이죠.

참고로 두수에서 직업은 각 인의 명반, 관록 궁이나 명주 성
의 별로 판단하게 되지만, 위에서 제시한 방법이 보다 현실
적 효용성을 갖습니다.

아래의 예를 보시죠!!!~

▣乙亥 년생의 학과, 직업분야/ 자미두수▣

태음-忌 지겁.지공.천마. 천이 辛巳	탐랑 질액 壬午	천동.거문 좌보.우필. 재백 癸未	무곡/천상 자녀 甲申
염정/천부 문창.경양.령성. 노복 庚辰	乙亥 年 生. 坤命		태양/천량-權 부처 乙酉
화성.녹존. 관록 己卯			칠살 문곡. 형제 丙戌
파군 타라.천월 전택 戊寅	삼태.팔좌. 복덕 己丑	자미-科 천괴.천월.천공 부모 戊子	천기-祿 명/신 丁亥

위는 앞서 12신살로 보는 직업에서 보았던, 인물과 동일한
사주로, 丁亥의 명궁은 천기/ 壬午의 질액 궁은 탐랑/ 己丑
의 복덕은 무 주성입니다.
앞, 두수, 14주성에 의한 적성,학과/ 직업분야에서 천기/탐랑
과 재백 궁에서 借星차성〈빌려온〉한, 천동.거문을 보면, 천기
의 적성은 주로, **문학/예술/종교/교육** 계통이요, 천동의 별 또한,

실용성을 갖는 **문학/예술/학문/의약/기술**이 되고, 거문은 자신만의
특별한 재능이 발휘되는 분야로, **문학/의약/사법** 등과 관련되
며, 탐랑은 **한의사/ 음악, 미술 등 예술/ 목재, 가구** 등이 됩니다.

잘~ 보시면, 주로 문학/예술 분야로 드러나죠!!!~
따라서 학과를 선정함에 있어서도 이러한 분야를 고려해야
한다는 것입니다.

각 별마다, 앞에서 제시된바 있는 구체적 전공 학과를 보시
면, 천기로 文科문과를 가고자 한다면, **비서학/ 철학, 미학과/ 종교,**
신학/ 신문방송학/역사학/ 국문학.

이과理科인 경우라면, **컴퓨터/ 건축,설계/ 齒大/ 자동차학과/ 가정학/**
요리학과.

예藝/ 체능體能 계열로 가고 싶다면, **디자인관련 모든 학과/ 이벤트학**
과. 등이 된다는 것입니다.

다음으로, 직업은 재백궁 간의 **화기〉록〉권〉**과의 별로 판단하
므로, 재백의 癸계간에 의한 **록-파군/권-거문/과-태음/기-탐랑**
중, 탐랑을 우선적으로 취하게 되죠!!!~

탐랑이면, **기획, 광고, 판촉, 영업/ 이벤트업/ 유흥업.** 등으로, 되어있지
요. 그러니까, 광고 기획사나, 이벤트 업종과 관련되는 일이
나 사업을 전개시키게 된다는 것인데, 위 인은 명궁의 별이
천기이기 때문에 사업 보다는 직장 생활을 전개시키되, 프레
렌서freelancer의 유형으로 나타나게 될 것임을 미루어 짐작

할 수 있게 됩니다.
이렇게 되면, 전공학과와 직업적 분야가 연결되는 경우가 됩니다.

알 수 있으시겠죠!!!~
해당되는 별을 찾아 읽어내면 되는 것이니. . . . , ~

위 명주命主는 디자인을 전공하였습니다.

다음의 예시를 더 보죠!!!~

⊡술 년생의 학과, 직업분야/ 12신살⊡

시		일		월		년		본명 사주 여자
		己기		甲갑				
		巳사		申신		戌술		
丙병	丁정	戊무	己기	庚경	辛신	壬임	癸계	
子자	丑축	寅인	卯묘	辰진	巳사	午오	未미	대한
73	63	53	43	33	23	13	03	

이 분은 생년지가 인.오.술 그룹이면서 월은 申으로, 역마/
일은 巳로, 망신살이 됩니다.

역마는 **정보통신/변동/이동/운반/해외출입** 등의 의미와 더불어 감성적
이요, 공상적인 면이 있어 **예술이나, 연구/발명/교육/종교** 등과도 통
하게 됩니다.

망신은 말에서 느껴지듯, 주색이나 애정사 등에서 구설, 관재를 일으키기 쉽다는 의미를 갖지만, 자신의 능력을 발휘하여 사회적 번영, 성취를 이루게 된다는 뜻도 함께 함축含蓄하느데, 주로, **문예/학술/정치/운동** 등에서 그러합니다.

좀~ 더 보시면~~~,
이 분이 상담을 오셨던 것은 2014, 甲午 년이었으니 시기적으로 보면, 일주日柱의 시기가 되며, 그 이전은 월주의 시점인 甲申의 구간이 되는데, 갑은 십성 육친 상, 관성이 되고, 월의 지지는 역마의 글자면서 상관의 별이 되지요.

십성 육친의 성립 원리는 알고 계시지요!!!~
모른다 해도 관계없습니다!!!~ 다시 가서 살펴보면 되는 것이니. . . 위 명주가 살아가기 위해 돈 벌이 수단으로 삼고 있는 직업〈관성〉이 역마의 구간에 자리하고 있으면서 갑甲의 글자다!!!~

어떠한 해석이 가능해 지겠습니까???~
앞으로 가셔서 갑의 글자가 갖는 상의, 의미를 살펴보시면 새로운 시작/창출, 갑 일주면 다~ 털어먹은 이후의 자수성가~, 직업적으로는 교육/건축/장식 등으로 되어있지요!!!~

갑 일주라고 되어 있으나, 굳이 갑 일주 일 때에만 그러한 것이 아니고, 갑의 글자면 그러하다~ 로 이해하셔야 합니다. 갑 일주면 언제고 그러할 수 있는 것으로, 년/월/시에 있다면 그 시기에. . . ~
이런 식으로 말이지요!!!~

따라서 월주의 기간이 되는 23~ 42세의 시기에는 직업적
변화가 많았다. 여자로 관이면 이성, 즉 남자도 되므로 남자
문제에도 굴곡屈曲이 적지 않았다~ 가 되는 것이지요!!!~

참!!!~ 쉽지요!!!~
사주라는 게~ 어려울 것이라고 만, 여겨졌었는데. . . , ~

이 명주는 앞서 보셨듯이, 교육업 분야에 계시는 분입니다.

·술 년생의 학과, 직업분야/ 자미두수·

파군/무곡-權 문창·홍염 복덕 辛巳	태양-祿 화성·지공· 전택 壬午	천부 천월/타라·천요· 관록 癸未	천기/태음-科 천마·녹존/령성 노복 甲申
천동 우필/지겁·천허· 부모 庚辰	戌 年 生. 坤命		자미/탐랑 문곡/경양· 천이 乙酉
천형· 命宮 己卯			거문 좌보· 질액 丙戌
형제 戊寅	염정·칠살 천괴·삼태·팔좌·파졸 身/부처己丑	천량 봉각·해신 자녀 戊子	천상 천희·태보/천공· 재백 丁亥

위 명주의 두수 명반으로, 명궁이 무 주성主星에 천형입니다.
앞에서 보셨습니다. 만, 天刑의 별은 업력성이면서, 고독성으
로 승도僧導를 간다거나, 학문/의약/의술의 길을 가는 별인
가하면, 天刑이 入 身/命〈신궁이나 명궁에 있는 경우〉하고
있다면 본인이 태어나면서 부모가 힘들어진다거나, 부모나
형제가 온전하지 못하다거나, 고독/형극/질병/요절할 수 있는 별
입니다.

한 마디로, 명궁의 천형은 수행/오술/의.약/학문, 교육 쪽이
된다는 것인데, 본궁이 비었으니 질액, 복덕궁의 순으로 참고
하게 되며, 직업분야는 재백 궁간의 사화가 어디로 들어가는
가로 판단하게 되는데, 위 예는 질액궁이 거문성이면서 재백
궁간의 화기 또한, 질액의 거문이 화기가 됩니다.
거문이면, **구변口辯**〈말솜씨로, **외교/변호/비평/보험/영업 등**〉
이 활용되거나 **교육/출판/의료/밀수/도박** 분야가 되지요.

교육 업에 종사하고 있습니다.

다음의 예를 보겠습니다.

⊡己未 년생의 학과, 직업분야/ 12신살⊡

시		일		월		년		본명 사주 남자
		戊무				己기		
		子자		未미		未미		
癸계	甲갑	乙을	丙병	丁정	戊무	己기	庚경	
亥해	子자	丑축	寅인	卯묘	辰진	巳사	午오	대한
74	64	54	44	34	24	14	04	

위 명주는 亥 년생으로, 해.묘.미 그룹이면서 사주 월지 未는
화개/ 일지의 子는 년살이 됩니다.

화개살이면, 정리정돈/괘도수정/복귀/포장 등과 더불어 재회再會/재혼/
가출, 귀가/학업의 중단/휴학, 복학 등, 반복反復의 의미가 함축含蓄되
는가 하면, 문장/학문/교육/종교/철학/예술 분야에서도 능력을 보이는
별입니다.

일 지의 子, 년살은 일명 도화살로, **"능력 발휘"**의 별입니다.
자신의 재주, 끼, 능력을 한껏!!!~ 발휘하여 성취成就, 발전
發展을 이루는. ., . ~~~

직업적으로는 물론!!!~ 전문직 분야가 되며, 문화 콘텐츠
사업이나, 미용/화장품/보석/가구/의류/요식업/연예/방송·신문 등과 스포츠 분야
가 됩니다.

위 명주命主는 카페를 운영 중이며, 현재, 삼십대 후반으로
월주의 시기를 살아가는 구간이 됩니다.

년 지도 未, 월지도 未 . . . ,~
십성 육친으로는 비겁比劫의 별이면서 未土~

앞, 12地支 상의象意에서 未를 보시면, 사회적 성취, 번영을
이루기 위한, 답답함, 지루함을 감내堪耐해야한다.

참으로 답답한 세월을 살아오고 있는 것이죠!!!~
아직 때가 아닌 고로~~~
여자가 아닌, 남자이기 때문에 더욱 그러한 것입니다.

역 철학은 음陰/ 양陽으로부터 출발되기 때문입니다.
여자면, 양기, 남자라면, 음기의 글자나 운에 성취, 발전을
이룰 수 있는 기운이 조성造成되기 때문이지요.!!!~

▫己未 년생의 학과, 직업분야/ 자미두수▫

우필·타라·천마. 신/재백 己巳	천기. 녹존 자녀 庚午	자미/파군 경양·화성 부처 辛未	천월·령성·천공 형제 壬申
태양 질액 戊辰	己未 年 生. 乾命		천부 좌보.지겁 명궁 癸酉
무곡·칠살 천괴. 천이 丁卯			태음 부모 甲戌
천동·천량 문곡 노복 丙寅	천상 지공 관록 丁丑	거문 문창·천괴 전택 丙子	염정·탐랑 복덕 乙亥

앞에서 보셨던 명주로, 명궁에 천부/ 질액궁에 태양/ 복덕궁
에 염정과 탐랑이 들어가 있으며, 직업적 측면을 알 수 있는
재백궁의 천간은 己기로, **록-무곡/권-탐랑/과-천량/기-문곡이 명/
재백/관록/전택/질액궁**으로 들어가는가를 살펴 판단하게 됩니다.

위의 방식에 준하여 진행시켜보면, 명궁의 천부와 복덕궁의
염정/탐랑을 취하게 되지요!!!~

천부는 **개창開創〈어떤 일을 새로 시작하는〉의 별이 아닌 수성
成城〈지켜내고, 관리하는〉의 별**이므로, 일단, 주도적으로 사업
을 전개하거나 사업을 운영하기보다, 조직체에 속하여 급여
생활로 살아가야 한다는 전제조건이 부여된 별로, **문학〈글,
그림 등을 포함〉/교육/예술/의약 등과 지식 서비스** 계통과
연계됩니다.

염정성은 권력형의 군/경/법 계통이나, 정치/사업/의약/전기, 전자/예술〈디자인,연극영화,사진 등〉/신문, 방송 등과 연계되고, 탐랑은 염정과 유사하며 예술적 성향과 선도/기공/한의업과 관련됩니다.

앞에서 살펴보았듯~ 이 분은 카페를 운영하고 계시나, 그리 잘~ 되고 있지는 않다고 합니다.

자!!!~ 이리되면, 또~~~
의문시 되면서~ 무엇을 전공해야 한다는 것이고, 도대체 직업적으로는 뭐가 맞는다는 거냐???~~~
하실 수 있을 것입니다.

이러한 물음과 문제는 역易!!!~
사주명법을 공부, 학습하시면서 두루, 맞닥뜨리게 되는 문제들이 되는데~~~ ,

그 문제해결법에 대해서는 여러 번 말씀드린바 있을 터이나, 무조건 기본 원칙에 따르면 된다는 것입니다.
그러니까 위의 경우~~~ ,

일단!!!~
위에서 제시된 학과나 직업적 분야는 모두 가능하다는 것이고, 벌써부터~ 감을 잡고 계시는 분들도 있으시겠지만, 그 범위를 축소시키고자 한다면, 정해진 순서에 준하면 된다는 것이죠!!!~

우선, 명궁이 그 첫 번째가 되고, 그 다음으로 질액궁→ 재백
→ 관록→ 전택궁의 순이 되며, 두수 명반, 각 12궁에 들어
가 있는 별의 바로 아래쪽을 보시면, **廟묘/旺왕/平평/閑한/
陷함** 등의 글자가 있을 터인데, 이 들 또한, **廟묘→ 旺왕→
平평→ 閑한→ 陷함** 등의 순으로 별이 **힘〈力〉**을 갖는다는
표시이므로 이들을 참고하여 판단하면 된다는 것입니다.

원칙과 순서에 준하여, 차근~ 차근~~~

다음의 예를 더 보시지요!!!~

·壬寅 년생의 학과, 직업분야/ 12신살·

시		일		월		년		본명 사주 여자
		庚경		癸계		壬임		
		午오		丑축		寅인		
乙을	丙병	丁정	戊무	己기	庚경	辛신	壬임	대한
巳사	午오	未미	申신	酉유	戌술	亥해	子자	
77	67	57	47	37	27	17	07	

壬寅 년생이면, <u>인.오.술</u> 그룹이 되며, 월지의 丑은 천살/ 일지
의 午는 장성살이 되지요!!!~

천살은 기본적으로 인간의 의지로는 극복할 수 없는 재난~
극복하기 어려운 상황에 처함을 의미하며, 반면, 신분 상승을
시도試圖하는 시기가 되기도 하지요!!!~

그런가하면, 여자로, 천살의 운이면 이혼을 생각하는 운이기도 합니다.

직업적으로는 양육養育이나, 보육保育/육영사업/요양원/교육, 상담 등과 더불어 화훼/애완동물 등과도 관련됩니다.

丑字의 작용력은 어떠한가요.!!!~
소처럼, 묵묵히~ 열심히 살아가지만, 그 보상補償은 약하다.

장성살은 바쁜 삶을 살아가게 됨을 의미하며, 출장/원행遠行이 있게 되거나 의식주나 주거에 변동이 따르게 됨을 의미하는 별이 됩니다.

여자로 이 운이나 글자의 구간에서는, 가정경제를 위해 생활전선으로 나가야 하는 현상이 있게 되지요!!!~

장성은 직업적으로 군, 경, 법 계통과 연관되며, 참모/감사/이, 미용/재단裁斷 등과도 통하게 됩니다.

이 분은 보험업과 교육업에 종사하고 계십니다.

⊡壬寅 년생의 학과, 직업분야/ 자미두수⊡

거문. 천월.천마. 복덕 丁巳	염정. 천상 전택 戊午	천량. 관록 己未	칠살. 화성 노복 庚申
탐랑. 좌보 부모 丙辰	壬寅 年 生. 坤命		천동. 령성 천이 辛酉
태음. 문곡.천괴 명궁 乙卯			무곡. 좌보.지겁. 질액 壬戌
자미.천부 형제 甲寅	천기. 경양. 신/부처 乙丑	파군. 녹존.지공 자녀 甲子	태양. 문창.타라 재백 癸亥

명궁이 태음과 문곡이요, 질액은 무곡, 복덕은 거문이면서,
재백궁 간인 癸계간에 의한 사화는 **록-파군/ 권-거문/ 과-태음/
화기-탐랑**입니다.

재백궁 간의 사화를 적용시키는 수순手順은 알고 계시죠!!!
**명/질액/재백/관록/전택 궁으로 들어가는 화기를 우선하며
록/권/과를 적용**한다.~~~

위의 방식에 준하면, 명궁의 태음과 복덕의 거문을 취하게
되겠지요!!!~

그렇다면, **태음의 학문,교육/종교/예술 등과, 거문의 교육/
출판/언변〈외교,변호,비평,보험 등〉/의료** 등과 관련되죠.~

이분은 앞에서 보셨듯이~ 다년간 보험업계의 일을 하시다,
교육 업 쪽의 일을 하고 있습니다.

이제~ ,
어느 정도 감感이 잡히시지요!!!~

사주는 여덟 글자로 본다는데~~~ , 이건 뭐~ . . . ,
뭐~ 이리 복잡해 보이나~~~
이런 식으로, 긴장, 부담감을 스스로 自招자초 하실 필요가
없습니다.

나타나 있는 대로~~~
보여 지는 대로~~~ , 그대로, 보고, 판단하면 되는 것이니
까요!!!~

더욱이나 이미~~~
12개의 방으로 나눠져 있고, 각각의 방에 들어가 있는 별들
은 그 각각의 방에 해당되는 성향적 특징~~~ ,
정황 등을 말해주고 있는 것이니~~~ . . . ,
더~ 쉽고, 편하게 볼 수 있는 것이지요!!!~

지레 짐작으로, 어~~~ 어렵겠는데 가 아닌!!!~
어~~~ ,
요건, 또, 뭐야!!!~
요거, 요거~ 재미있겠는데~~~ , 로, 접근해 보시라는 것
입니다.

계속해서보겠습니다.

⊡己酉 년생의 학과, 직업분야/ 12신살⊡

시		일		월		년		본명 사주 남자
		丙병		辛신		己기		
		戌술		未미		酉유		
癸계	甲갑	乙을	丙병	丁정	戊무	己기	庚경	대한
亥해	子자	丑축	寅인	卯묘	辰진	巳사	午오	
71	61	51	41	31	21	11	01	

유년 생이면, 사유축 그룹이 되며, 월의 未는 월살/ 일지의
戌은 반안살이 되지요!!!~

월살은 생각지도 못했던, 혜택!!!~, 부가附加 이익입니다.
때가 도래到來되었음을 뜻하는 별이기도 하지요!!!~
하지만, 미미라는 글자이다 보니~ 시원스러움은 없겠죠!!!

직업적으로는 **군,경/의료/금융/무역/종교/공무원** 등과 관련됩니다.

반안살은 학위/자격증 등과 더불어 조상의 음덕을 의미하며
명예/출세/번영의 성분이기도 합니다.

직업적으로는 **보육/교육/상담/종교/철학/출판,편집/건축/보석세공** 등과 관련
되는 별입니다.

이 분은 현재, 체육관을 운영하면서 교육업을 하고 있습니다.
아래는 이 분의 직업적 분야를 두수로 알아본 것입니다.

⊡己酉 년생의 학과, 직업분야/ 자미두수⊡

천부 타라. 형제 己巳	천동·태음 녹존·우필 명/신궁 庚午	무곡·탐랑 경양 부모 辛未	태양·거문 좌보·천괴 복덕 壬申
문곡 부처 戊辰	己酉 年 生. 乾命		천상 전택 癸酉
염정·파군 화성 자녀 丁卯			천기·천량 문창·령성 관록 甲戌
재백 丙寅	질액 丁丑	천괴 천이 丙子	자미·칠살 지겁·지공 노복 乙亥

동일한 방식으로 위 명반을 보시면, 명궁에 천동,태음이 앉아
있으면서 질액궁은 주성이 없는 공궁空宮이요, 복덕궁에는
태양.거문이 들어가 있으며, 재백 궁의 병간에 의한 **화록-천동/
권-천기/ 과-문창/ 기-염정**이 됩니다.

결국, 적성과 직업적 분야를 把握파악하기 위해서는 명궁과,
질액/ 복덕궁과 거기에 전택 궁, 천간 사화성의 推移추이를
참고한다.~~~

이 방식에 준하여 살펴보면, 이 분은 복덕의 거문과 관록궁
의 천기/천량의 별들이 영향력을 갖게 되므로, **거문의 교육/
출판/언변〈외교,변호,비평,보험 등〉/의료와 천기의 문학/
학문/기예 분야와, 천량의 교육/의학/법/종교/정치** 등과
관련되겠죠!!!~

위에서 보셨듯이~, 현재 학생들을 상대로 과외지도를 하고
있습니다.

다음은 甲辰 年 生의 예입니다.

<u>⊡甲辰 년생의 학과, 직업분야/ 12신살⊡</u>

시		일		월		년		본명 사주 남자
		辛신		辛신		甲갑		
		未미		未미		辰진		
辛신	庚경	己기	戊무	丁정	丙병	乙을	甲갑	대한
丑축	子자	亥해	戌술	酉유	申신	未미	午오	
76	66	56	46	36	26	16	06	

년주가 甲辰이므로, 신.자.진 그룹이 되며, 월과 일의 未는
천살이 되지요!!!~

천살은 이미, 앞서서 나왔었지요.
아직은 때가 아니다!!!~
극복하기 어려운 재난!!!~ 하지만, 신분의 상승을 꿈꾸며
최대한으로 능력을 발휘하고자 하는 별이요, 그러한 구간의
시기가 된다!!!~

천살의 직업은 양육/교육/상담/화훼 등이 되지만, 위 명주는
현재 한국전력에 몸담고 있습니다.

이렇듯~ 때로 드물게, 실제의 상황과 다르게 드러나는 경우
가 있게 됩니다.

하지만, 전전으로 빗나가는 것이 아니고, 조직 내에서 천살의
속성을 띠는 업무를 맞게 된다는 것이 됩니다.
어찌되었든, 그 속성을 벗어나지 않는다는 것이지요.

이해하시겠지요!!!~

·甲辰 년생의 학과, 직업분야/ 자미두수·

천부. 우필·문창 전택 己巳	천동·태음 지공 관록 庚午	무곡·탐랑 녹복 辛未	태양·거문 천이 壬申
지겁 복덕 戊辰	甲辰 年 生. 坤命		천상 좌보·문곡 질액 癸酉
염정·파군 경양·령성 부모 丁卯			천기·천량 재백 甲戌
천마·녹존 명궁 丙寅	천괴·타라 형제 丁丑	부처 丙子	자미·칠살 자녀 乙亥

동일한 방식에 의해 적성이나 학과, 직업적 분야를 살펴보고
있으므로, 이제 익숙해 지셨을 듯도 싶습니다. 만, 계속하여
진행시켜 보겠습니다.

두수로 보는 한 개인의 적성이나 학과는 명궁과 질액/복덕을
주로하며, 직업은, 재백 궁 간에 의한 화록/권/과/기의 사화
성을 활용한다고 하였습니다.
이러한 방식을 위 사주에 적용시켜보면, 명궁과 복덕 궁은
무 주성으로 공궁이니 질액궁의 천상을 취하게 되는데, 이
천상의 별은 함지陷地로 쓸모가 없어 명궁의 대충 궁인 천이

의 태양과 거문으로 **공직/외교/변호/전기,** 에너지 등과 **교육/언변/출판/**
의료 등이 되지요.

위, 인은 12신살에서 보셨듯~ 원자력 공학 과를 나와 정부
산하기관인 에너지 관련업체에 다니고 있습니다.

재백 궁 간인 갑 간에 의한 **화록- 염정/ 권-파군/ 과-무곡/ 화기-**
태양으로 직업 또한, 태양을 취하게 되지요!!!~

다음은 丁酉 年 生의 예입니다.

⊡丁酉 년생, 학과, 직업 분야/ 12신살⊡

시		일		월		년		본명 사주 남자
		丁정		壬임		丁정		
		丑축		子자		酉유		
甲갑	乙을	丙병	丁정	戊무	己기	庚경	辛신	
辰진	巳사	午오	未미	申신	酉유	戌술	亥해	대한
78	68	58	48	38	28	18	08	

이 경우는 생년 지가 酉〈닭 띠〉이므로, 사유축 그룹이 되는
것이요, 월의 子는 육해/ 일의 丑은 화개살이 되지요!!!~

육해살은 인간으로서는 감히 넘볼 수 없는 영역이요, 신앙의
별이며, 저승사자요!!!~,
생사여탈生死與奪을 의미하는 별이기도 합니다.
그런가하면, 소위 빽 줄이요, 지름길과도 통通하지요!!!~

직업적으로는 어떠할까요.!!!~
주로 정신적 측면으로 기울며, 전문 기술적인 분야의 학술/
사상/예술/의료/기획/설계/종교/철학 등과 관련됩니다.

화개살은 이미 앞서 보셨듯~
문화/예술(연예, 영화, 연극, 미술 등)/종교/철학 등과 관련되는 별이지요.

위 명주는 방송 분야에 계시는 분입니다.

아래는 두수로 보는 적성, 직업입니다.

◦丁酉 년생, 학과, 직업 분야/ 자미두수◦

천상 타라. 파졸. 전택 乙巳	천량 녹존·홍란·음살·년해 관록 丙午	염정·칠살 경양·천형·천사.과숙 노복 丁未	령성. 천이 戊申
거문 태보 복덕 甲辰	丁酉 年 生. 乾命		天鉞·지겁. 질액 己酉
자미.탐랑 천허.절공 부모 癸卯			천동 천공.천월 身宮/재백 庚戌
천기.태음 좌보.문곡. 命宮 壬寅	천부 화성.지공 형제 癸丑	태양 우필.문창. 부처 壬子	무곡.파파 천마. 자녀 辛亥

이 분은 어떨까요.!!!~
명궁에는 천기, 태음이 앉아있으며, 질액궁은 공궁이요, 복덕
궁은 거문입니다.
따라서 천기의 학문, 문학, 예술/기예/자동차와 거문의 교육/
신문방송 등과 복덕에서 빌려온 자미의 귀금속학/정치외교/

연극, 영화/신문방송 등을 취하게 되며, 재백궁 간에 의한 화
기는 천동은 실용 문학, 예술/의약/기술 등과 더불어 대중성
을 갖는 별이 되는데, 이 분은 방송국에 몸담고 있다가 교수
의 직을 살아가고 있는 경우가 됩니다.

다음은 戌年 生의 예를 보시겠습니다.!!!~

□戌 년생, 학과, 직업 분야/ 12신살□

시		일		월		년		본명 사주 여자
		辛신						
		未미		申신		戌술		
戊무	丁정	丙병	乙을	甲갑	癸계	壬임	辛신	대한
辰진	卯묘	寅인	丑축	子자	亥해	戌술	酉유	
78	68	58	48	38	28	18	08	

술년 생이면, 인.오.술 그룹이요, 월의 申은 역마/ 일의 未는
반안살이 됩니다.

역마는 앞서 보셨듯이 의료/연구/교육/예술/방송/구류술사
등과 관련되며, 반안살은 자격/학위/조상의 음덕과 통하며,
실속의 인자因子요, 보육/교육/연구/상담/철학 등과 관련합
니다.

위 명주는 철학관을 운영하고 있는 분입니다.

다음은, 이 분의 직업적 분야를 두수로 살펴보겠습니다.

·戌 년생, 학과, 직업 분야/ 자미두수·

자미.칠살 녹존.천공.지겁 전택 丁巳	경양 관록 戊午	천월.화성 노복 己未	천마 천이 庚申
천기.천량 우필.문창.타라 복덕 丙辰	戌 年 生. 坤命		염정.파군 령성 질액 辛酉
천상 부모 乙卯			좌보.문곡 재백 壬戌
태양.거문. 신/명 甲寅	무곡.탐랑 천괴 형제 乙丑	천동.태음 녹존.지공 부처 甲子	천상 천공 자녀 癸亥

두수에서는 명궁의 태양과 거문, 복덕의 천기, 천량의 별이 세력〈힘〉을 갖추고 있으며 직업적 분야를 드러내는 재백 궁 간〈壬戌로 임간이 됩니다.〉에 의한 사화 중, **화록인 천량이 다시 복덕 궁이 되고, 화권성인 자미는 전택 궁**으로 들어 가 있습니다.

따라서 이 분은 위에서도 살펴보았듯~

주로 구변口辯을 활용하거나 학문/교육/종교/법률/의약/오술五術/현공학 등과 관련되는데, 현재 철학관을 운영하고 있는 분입니다.

아시겠지요!!!~ 이해되시지요!!!~

그런데, 이쯤에서 생기는 의문疑問이 있으실 터이니!!!~

연/월/일지에 의한 신살이 다르게 드러나는 경우라면, 직업이 바뀐다는 것인가???~~~

하는 것이지요!!!~

"예"!!!~ 맞습니다.

- 260 -

일생~, 한 가지 일로 살아가시는 분들이 있는가 하면, 그렇
지 않고, 직업 측면으로 변화와 굴곡을 겪으면서 살아가는
분들도 적지 않습니다.

사주에서 12신살이 다르게 나타났다는 것은 이러한 현상들을
드러내 주는 것으로 이해하시면 되겠습니다!!!~

직업이 바뀐다는 것은 동일 업종에서의 자리이동이나, 부서
변동을 포함하며, 직업의 변동, 변화를 알 수 있는 것은 이외
에도, 사주 본명의 글자 간에 성립되어 있는 형/충에 의한다
거나, 운으로 들어오는 글자의 영향력에 의하는 경우 등이
있게 됩니다. 이러한 문제들은 전문지식으로 해결해 나갈 수
있는 부분들이 되겠지요.

물론, 각 개인의 명과 운을 알 수 있는 사주 명법의 기법들
중, 독립적으로 활용할 수 있는 부분들에 한정되지만. . .
아직까지 쭈~ 욱~ 살펴온 내용들은 굳이 외어야 한다거나
시간을 割愛할애해 가며 학습을 해야 할 필요도 없습니다.
다만, 알고 싶은 사안〈문제〉들이 있다면, 해당되는 부분들을
찾아 그냥 보면 알 수 있도록 한, 방식을 취하고 있기 때문
입니다.

수고하셨습니다.!!!~

짝짝짝~~~

지금껏!!!~
자평의 12신살과 자미두수로 보는 각인의 전공학과와 직업 분야에 대해 알아보았습니다.
부언을 한다면 전공학과와 직업문제에서~, 전공학과보다는 직업적 측면을 주 고려대상으로 삼으시라는 것입니다.

삶은 현실이요, 직업 분야는 각 인들이 경제행위의 주체로 삼는 대상이 되기 때문입니다.
다시 말씀드린다면, 내가 끌리는 것!!!~ 하고 싶은 것들과 대학을 졸업하고 사회로 나아가, 먹고사는 문제를 해결해야 하는 수단인 직업과는 乖離괴리가 있을 수 있어 학과위주의 선택은 살아가면서 삶의 변화, 屈曲굴곡이 있게 되는 요인으로 작용되기가 쉽기 때문이지요!!!~

물론, 예외적 삶을 살아가거나 조상이나, 부모덕으로 세상 어려움 없이 살아가는 경우도 있겠지만, 대체적으로 직업적인 변화, 굴곡을 경험하면서 살아가게 되는데, 내가 하고 싶은 것을 위주로 하는 전공보다는, 나의 삶의 수단이 될, 직업적 분야를 위로한 학과 선택일 때, 삶의 起伏기복을 어느 정도나마 해소, 緩和완화 시킬 수 있기 때문입니다.

다음은 무엇을 행하고자 할 때, 언제 되고, 안되는지!!!~
언제???~ 福복되는 운이 트이는지???~~~
등과 더불어 운을 좋게 하는 개운법 등이 다뤄집니다.

□메모□

⦁某事 成,否/ 勝,敗/ 發福⦁

※모사 성,부/ 승,패/ 발복※

자~~~ ,

이제, 다루게 될, 모사 성,부/ 승,패/ 발복은 運勢가 좋을 것
인가???~ 나쁠 것인가???~

무엇을 하고자 할 때, 그것이 잘 될 것인가???~ 안 될 것인
가???~ 등과 더불어 무슨 일을 하든, 그 어떤 일이든~

쉽게 알 수 있는 방법을 소개하려는 것입니다.

하지만, 이 또한, 아주 간단하여 정말로 쉽게 활용할 수 있을
것입니다.

⊡ ※모사 성,부/ 승,패/ 발복의 시기※ ⊡

그, 방법은 **본인의 출생 년 지〈띠〉를 계절의 인자로 전환하여 동일한 계절에 속屬하는 대한과 유년, 또는 출생 년과 동일한 월月이 유리하다는 것**입니다.

즉, 申.酉.戌年 生이면 申.酉.戌/ 亥.子.丑.年 生이면 亥.子.丑/ 寅.卯.辰年 生이면 寅.卯.辰/ 巳.午.未年 生이면 巳.午.未 大運에 有利해 진다는 것이지요!!!～.

또한, 이는 매년의 신수身數나 月 運에서도 또한 같아, 午月에 무엇을 행하려고 한다면 巳.午.未 그룹의 출생 년이 유리하며, 그 대충對沖의 그룹인 亥.子.丑 年 生들은 패敗〈안 된다, 불리하다〉하기 쉽다는 것입니다!!!～.

> *직장은 언제쯤 얻을 수 있는지～*
> *직장을 옮기고 싶은데...*
> *이사는 언제 될지～*
> *집을 매매하려고 하는데～*
> *혼인은 언제...～*

가능할까!!!～

등의 문제들도 또한, **출생 년〈띠〉과 동일하거나 사주 대한 운運의 글자나 그 전前〈月支의 글자가 된다〉글자에 해당하는 월에 이뤄지는 것으로 보며 본인의 사주에도 해당하는 글자가 드러나 있을 때, 그 효용성을 실감實感**하게 된다는 것입니다.!!!～

따라서 申月에 무엇을 行하려고 한다면 申年 生과 申 大運을 行하고 있는 사람들이 有利한 것이며 언제쯤!!!~ 이뤄질 것인가의 문제 또한, 申年 生이라면 申.酉.戌/ 亥.子.丑 年/月이 될 것이요, 사주 내에 申.酉.戌/ 亥.子.丑의 글자가 한, 두 개는 드러나 있어야 하는 것이며 大限의 始運이 子라면 그 一位 前인 亥 年/月에도 이룰 수 있다는 것이 됩니다.

해.자.축 년/월도 유리해 지는 것은 **신.유.술**은 金氣요, **해.자.축**은 水氣로 금기에 의해 생生을 받는 관계이기 때문입니다.

▷ ※이사방위※ ◁

이사를 할 때, 가장 일반적이고 광범위하게 활용되는 방위는 나의 출생 년 지 기준 반안살攀鞍煞 방위입니다.

그러니까, **신.자.진 년생의 그룹이면 축丑 방위가 되며, 사.유.축 년생이면 술戌 방위요, 인.오.술 년생이면 미未 방위, 해.묘.미 년생의 그룹이라면 진辰 방위**가 되죠!!!~

이, 이사방위는 명법 중의 하나인 구성九星의 구궁九宮 방소方所법에 의한 것으로 **축 방이면 동북東北 方이 되고, 술 방위면 서북西北方/ 미 방위면 서남西南方이요, 진 방위면 동남東南方**이 됩니다.

즉, 반안살 방은 모든 것을 새롭게 시작하는 방위이요, 재운財運이 발복되는 방위이기 때문에 生年 支 기준 반안살 方이으로 이사하라는 것이지요!!!~

반안살 방은 노후대책을 위한 금전, 경제활동의 방향 또한 반안살 方이며 취업이나 승진. 사업 처로도 길 方이 됩니다.

물론~ 이 반안살 방은 조상祖上의 음덕蔭德이 서려있는 곳이기도 합니다.

좀 더 진행시켜 보겠습니다.

운運에 의한 **주거 양태樣態**를 말씀드리려하는 것으로, 현재 내가 양陽의 대한을 행하고 있다면, 도심지나. 높은 곳. 높은 집〈아파트, 고층 아파트〉에 살아야 발복에 도움이 되고, 음陰 대한을 행하고 있다면, 외곽지역이나, 낮은 지대. 낮은 집에 주거居住해야 발복에 유리有利합니다.

여기서 陽 대한이면 목木/화火의 기운인 **寅.卯.辰/ 巳.午.未**의 시기가 되며, 陰 대한이면, 금金/수水의 기운으로 **申.酉.戌/ 亥.子.丑** 운의 시기時期가 됩니다.

그런가하면, **출입문의 방위는 본인 소유의 가택인 경우면, 地煞이나 驛馬煞 方, 임대貰入者인 경우라면 災煞 方으로 나있는 출입의 집**이 좋습니다.

□·※취업※·□

就業이 언제 가능한가???~ 하는 것은 본인의 생년 지支, 즉 띠에 해당하는 年/月과 그 前年의 年/月이 되는바, 戌年 生이면 戌年 戌月과 더불어 酉年 酉月에 되겠지요!!!~.

하는 일, 사업이 잘 안 되고 부진 할 때에는 본인의 생년지
즉, 띠를 기준한 장성살과 육해살의 방향을 활용하게 됩니다.
이때, 장성살 방으로 출입문이나 창문 등이 있다면 이들은
閉鎖폐쇄해야 하며, 출입문이나 창문 등은 육해살 방향이 되
어야 한다는 것입니다.

다시 말하자면, 일/ 사업이 부진한 이유는 본인의 띠를 기준
한 육해살 방이 폐쇄되어있으면서 장성살 방향은 개방되어
있었기 때문이니 이를 돌려놓아야 사업이 번성하며, 흑자로
돌아설 수 있다는 것입니다.!!!~
잠을 잘 때에는 반안살 방향으로 머리를 두며, 금고의 위치
또한 반안살 방향에 두는 것이 좋습니다.

삼합 생년 지별 장성살과 육해살 방위는 다음과 같습니다.

※삼합 생년 지별 장성/ 육해살 방※

삼합 생년 지	장성살 방위〈폐쇄〉	육해살 방위〈개방〉
신. 자. 진	자, 北方북방.	묘, 東方동방.
사. 유. 축	유, 西方서방.	자, 北方북방.
인. 오. 술	오, 南方남방.	유, 西方서방.
해. 묘. 미	묘, 東方동방.	오, 南方남방.

이 부분은 학생들의 학교성적을 높일 수 있는 방법으로 **자신의 띠를 기준한 천살 방향으로 책상을 놓으면 된다는 것**으로 책상에 앉은 상태에서 천살방향을 바라보는 상태를 말하는 것입니다.

그러니까, 반안살 방향을 등지고 앉는 것이 되겠지요!!!~

이리하면, 공부에 집중할 수 있고, 성적이 오르게 된다는 것입니다.

※삼합 생년 지별 장성/ 육해살 방※

삼합 생년 지	반안살 방위〈등쪽〉	천살 방위〈앞쪽〉
신. 자. 진	축, 東北 방.	미, 西南 방.
사. 유. 축	술, 西北 방.	진, 東南 방.
인. 오. 술	미, 西南 방.	축, 東北 방.
해. 묘. 미	진, 東南 방.	술, 西北 방.

위, 천살과 반안살 방향은 **혼인이 안 되는 미혼의 남/녀가 혼인 운을 열고자 할 때**에도, 활용되는 방법입니다.

즉, 여자라면, 잠을 잘 때, 천살방향으로 머리를 두고, 발은 반안살 방향으로 누워 자며, 남자라면, 반안살 방향으로 머리를 두고, 발은 천살 방향으로 두고 잠을 자게 되면 혼인 운이 열리게 된다는 것이지요!!!~

이러한 방식으로 취침을 하시면 10개월 이내에 혼인 운이 들어오게 된다는 것입니다.

▷ ※유아乳兒 출산※ ◁

원하는 딸이나, 아들을 얻기 위한 방법으로 입태入胎 시기의 부부 잠자리 방향으로 가능하다는 것으로, 만약, 딸을 원한다면 **男子〈男便〉을 기준하여 天煞 方, 아들을 원한다면 攀鞍 煞으로 머리를 두고 관계를 해야 한다는 것**입니다.

침실의 방문 또한 攀鞍煞 방이어야 하고 將星煞 方으로 놓여 있다면 아이가 우둔愚鈍할 수 있습니다.

·□· ※금전 차용, 환수※ ·□·

금전金錢을 차용借用하고자 한다면 자신의 띠 기준, 12신살의 月煞 人에게 부탁하면 가능할 것입니다.
또한, 辰生〈용 띠〉人에게 빌리려고 한다면 卯月이나 辰月이 유리하며 亥年 生이라면 戌/亥月에 가능하다는 것이지요.
또한, 금전을 차용하고자 할 때, 그 대상이 동기간이면 비겁일에, 후배나 아랫사람이라면 식상의 年/月/日이 유리하며, 잘 아는 윗사람인 경우라면 인수 일이 됩니다.

육친관계는 앞에서 다뤘으니 알고 계시지요!!!~
생각이 안 나신다면 앞으로 가셔서 확인해 보시면 되겠죠!!!

※돈~ 언제 받을 수 있나!!!~

아무런 담보擔保물도 없이 빌려준 돈이 있는데 들어올 날자가 되도 들어오지 않는 경우, 亥/卯/未 日에 찾아가면 받을 수 있으며 법적으로 해결해야할 상황이라면 寅/午/戌 日을 택해하는 것이 유리하고, 오래된 채권債券을 행사하는 경우라면 申/子/辰 日을 택擇하십시요!!!~

⊡※융자融資 성부成否※⊡

금융기관⟨은행⟩에서 대출이나 융자를 받으려 하신다면, 무슨 은행인가는 무관하며 거주지 가택을 기준하여 어느 방향에 은행이 있는 가로 판단하는 것인데, 巳月에 받으려 하신다면, **巳月에는 東南 方의 은행에서 巳月이나 午月의 巳, 午日에 가능하며, 다음 달인 午月이라면 正南方의 銀行에서 午月의 巳/ 午日에 가능하는 것**이지요!!!~
그러니까, **은행에서의 융자融資/ 대출貸出은 본인의 띠나 어느 은행인가는 전혀 문제되지 않으며 해당 은행의 방향과 일치하는 月/ 日에 가능하고 유리하다**는 것입니다.

⊡※매매賣買 성사成事※⊡

매매賣買 성사는 가택⟨집⟩이나 점포, 사무실 등에 적용시키는 것으로, 그 방법은 다음과 같습니다.
즉, ~ 辰 方位의 물건物件이면 辰年, 辰月에.
亥 方位의 物件이면 亥年, 亥月.
申 方位의 物件이면 申年, 申月에 賣買나 他 用事가 이뤄진다는 것이지요!!!~.

⊡ ※ 가출 인의 귀가歸家/ 출국出國 ※ ⊡

가내家內, 가출한 이가 있었을 때, 그가 돌아오는 것은 당사자⟨가출 인⟩의 出生 年 支⟨때⟩와 그 一位 前의 年/月/日에 귀가하게 된다는 것입니다.

즉, 亥年 生이 가출했다면 戌과 亥의 年/月/日이 되는 것이요, 巳年 生이였다면 辰과 巳의 年/月/日이 되는 것이죠!!!
또한, 출국이나 여행 등은 出生 年과 동일한 해에 가능한 것으로 보는 바, 戌年 生이면 戌의 年/月/日에, 寅年 生이라면 寅의 年/月/日 等이 되는 것입니다.

좀 더 확장시켜~,
戌年 生으로 辰年에 여행이나 출국을 하려한다면, 沖의 작용력이 드러나면서 좋을 것이 없겠지요.

▷ ※ 치료방위 ※ ◁

집안에 환자가 발생하여 약藥을 사거나 구求해야 한다거나 치료를 받아야 할 때로, 당사자 즉, 환자의 出生年⟨때⟩ 基準 六害煞이나 災煞 방위에 있는 약국이나 병원을 택하여 치료를 하라는 것입니다.

※택방擇方 시 특히 주의해야 할 것은 제사祭祀나 이사, 증축增築, 개축改築인 경우, 天煞 方은 절대絶對로 금禁해야 한다는 것입니다.

·※의복衣服 색상 활용※·

이 의복 색상을 활용하는 방법은 주로, 시험이나 면접, 대인 영업 시 적용할 수 있는 방법입니다.

즉, 시험이나 면접의 **당일을 기준한 삼합 인자의 미래그룹에 해당되는 색상의 옷을 착용하는 것**으로, 당일의 일진이 **午**오 일이라면 **인.오.술**〈火氣〉 그룹의 붉은색이 되며, 미래 인자인 **해.묘.미**〈木氣〉 그룹의 색상은 청색이 되며, 당일 기준, 어제 의 인자는 **사.유.축**〈金氣〉으로 흰색이 되는 것이요, 당일의 沖충일은 **신.자.진**〈水氣〉 인자로 검정색이 되겠지요.

따라서 청색의 옷이나 청색 계열의 옷을 입고 시험을 본다거 나, 면접에 임하게 되면 좋은 결과를 얻을 수 있게 된다는 것입니다.

다음에는 개운 법을 다뤄보겠습니다.

이 개운법 또한, 손쉽게 활용할 수 있는 방법들이므로, 보다 유익하고 즐거운 생활이 될 수 있도록, 실생활에 적용하여 보시기를 권해드리는 바입니다.

☆開運 法☆- 1.

☆생활生活 풍수風水 디자인☆

■사무실/ 점포 등의 출입문■

<u>사무실/상가/점포</u>의 출입문은 각 인의 출생년 지를 기준하여
12신살의 길 방위를 택하면 되지만, 동북이나 서북방은 피하
는 것이 좋다.

더불어 일반적인 가옥인 경우, 가옥의 중앙부에는 방을 두지
말아야 한다는 것이요, 가내의 모든 방문과 외부의 출입문인
현관이 서로 마주보는 구조는 가족 간의 화목을 깨뜨리며,
가족 구성원들의 운기를 쇠퇴시키므로 兇하는 것이다.

■가택의 출입문〈외부 현관〉■

출입문은 가족이 들고 나는 입/ 출구의 역할 뿐 만아니라,
家宅과 가족 구성원의 건강과 행복, 성공을 부르는 <u>氣運〈흐</u>
<u>름〉</u>의 통로가 되므로, 항상 청결해야하고 가장이 집에 없다
하더라도 늘 남편의 신발을 놓아두도록 한다.

출입문을 통한 좋은 기운을 불러들이려면, 무엇보다 현관이
淸潔해야하며, 청아한 소리를 내는 풍경이나 종을 단다거나
싱싱한 화초와 화분을 놓아두거나 소품으로 인테리어를 하는
것도 좋은 方法이 된다.
그러나 조화造花는 별 도움이 되지 않는다.
위치적로는 동쪽이나 남쪽이 무난하다.

현관이 서쪽이면 어항이나 <u>정수기/생수통</u> 등 水氣의 물품을 비치하는 것은 兇하고, 노란색 계열의 붙박이로 된 신발장이 좋으며 신발장위에 철재나 은색의 장식물을 놓아두는 것이 좋다.

북쪽이라면, 오렌지나 분홍색 계열의 소품이나 인테리어가 좋다.
더불어 현관이나 실내의 모든 문의 틀이 맞지 않거나 뒤틀려 있는 등으로 여닫을 때마다 삐걱거리는 소리를 내고 있다면 바로 고쳐 흉이兇氣의 발생을 방지防止해야 한다.

약 40평 이상의 주택이나 아파트로 현관이 너무 넓다면 중문을 두어 氣의 흐름을 조절해 주어야 할 필요가 있으며 현관과 거실은 동일한 색상으로 처리하는 것이 좋고, 중형이상인 경우는 연두색〈초록색〉 계열의 색상이 좋다.

※거울은 밖에서 볼 때, 좌측 벽면에 달면 금전 운이 상승하며 우측이면 교제와 출세운이 그러하나, 전신이 비치는 큰 거울은 피해야한다.

■주방廚房■

우선 주방은 흰색계열이 좋으며, 조명은 형광등 보다 백열등을 택하도록 한다.
흰색이 아닌 경우, 밝고 연한 색상이라면 무난하겠으나 검은 색은 피해야 한다.

식탁은 둥근 모양보다 직사각형이어야 하고, 오렌지색이나 분홍색 계열이 좋으며, 쌀통은 동쪽에 두어야 하고 냉장고와 전자레인지는 흰색이나 흰색의 테두리 선이 들어있는 것이 좋다.

둥근 원형은 현재로 만족한다는 의미가 내재하기 때문이며, 목재의 식탁은 천이나 유리를 깔지 않은 그대로를 사용하도록 한다.

요즈음의 아파트는 대체적으로 주방이 북쪽으로 배치되는 경우가 많은데, 이는 풍수적으로 좋지 않은 구조다.

이를 中和하기 위한 방법으로는 영산홍〈진달래과의 상록관목〉이나 카네이션을 화병에 가득 담아 북쪽 방향의 창문에 놓아두는 것이다.

특히 냉장고와 전자렌지, 가스렌지 등은 서로 이웃하여 배열한다거나 냉장고 위에 올려놓아서는 안되고, 주방의 식기 등은 항상 청결하게 정리되고 밝아야 하며 칼 등은 수납함에 넣어 두는 것이 좋다.

더불어 냉장고 안도 깔끔하게 정리가 잘되어 있어야 하고, 냉장고문에 너무 많은 메모지를 어수선하게 붙여놓는 것은 금전 운을 쇠퇴시키는 작용을 하므로 삼가도록 한다.

■거실居室■

거실은 가족 구성이 모이는 장소이면서 손님과 談笑하는 장소로 중요한 의미를 갖는다.

따라서 五行의 조화와 중심을 의미하는 칼라인 황토색이나 갈색/ 아이보리 색상으로 처리하는 좋은데, 만약 우울증이 있거나 잔질에 자주 걸린다면, 흰색이 좋다.

또한, 거실은 무엇보다 채광과 통풍이 잘되어야하는데, 사정상 그렇지 못한 경우라면, 향기가 좋은 꽃들을 비치하거나 정물/ 산 등의 그림을 걸어둔다거나 부분 조명을 하는 것도 도움이 된다.
특히 드라이플라워〈造花〉는 死氣를 生成시키므로 어떠한 경우이든 禁한다.

거실의 동쪽에는 텔레비전 등, 전자제품을 배치하는 것이 좋으나 정황상 그렇지 못한 상황이라면, 화분을 놓아두도록 한다.
거실의 서쪽에는 중후한 느낌의 엔틱한 가구가 좋으며, 서쪽 방향에 창문이 있다면 블라인드나 커튼은 연두색이나 회색/ 청색으로 처리해야하고, 창문의 반 정도는 가려놓는 것이 좋다.

남쪽 방향의 거실이면, 녹색〈연두색〉이나 청색 계열의 색상으로 하되, 붉은 색의 포인트가 들어가 있는 브라인드나 커튼이 좋다.
흔히 거실에는 쇼파가 놓이게 되는데, 이 쇼파의 위치는 현관과 대각선을 이루도록 배치하는 것이 가장 이상적이며, 크기는 너무 過하지 않아야 한다.

대부분의 쇼파는 단색인 경우가 많은데, 풍수적으로 단색의 쇼파는 별 의미가 없다.
따라서 이러한 경우에는 쿠션으로 포인트를 주게 되는데, 화려한 무늬와 색상의 제품을 선택하는 것이 좋다.

※거실이 가택의 동쪽 방향에 위치하고 있다면, 황토색이나
베이지 색상의 쇼파를 놓아야 하며, 모빌〈움직이는 공예품 등〉이
나 풍경을 달아 놓으면, 활기가 좋아진다.
※거실은 너무 過한 가구나 조형물로 답답함을 주어서는 않
되고, 되도록 심플한 상태가 좋으며 더욱이 튀어나온 뻐꾸
기 시계라거나 박제된 동물의 머리 등을 거실에 비치하는
것은 좋지 않다.
※쌍으로 이뤄진 소품 중, 그 하나를 분실하였다면 남은 하
나도 처분하는 것이 좋은데, 이는 어느 경우이든 같으며
특히 침실에 이러한 소품을 놓아두는 것은 금물이다.

※金庫나 통장/현금/귀금속 등은 거실이나 침실의 북쪽 방향
에 두도록 하라!!!
※금전 운을 상승시키고 재물을 모으고 싶다면, 거실의 동남
방에는 붉은 색, 서쪽 방위에는 노란색 계열의 소품이나
장식물을 비치하라!!!
특히 황금색으로. . .

▣침실寢室▣
침실은 무엇보다 채광이 잘되어야 하며, 침대의 머리 부분은
북쪽 방향의 창가로 향해야 하되, 창문에 너무 가까운 것은
좋지 않다.
벽면은 밝고 따뜻한 계열의 벽지가 좋으며, 가급적이면 평화
롭고 여유로운 풍경화 이외에는 여백으로 놓아두도록 한다.
특히 자녀나 부모님의 사진을 걸어두는 禁 한다.
침실에는 오직 부부사진만이 가하며, 부모나 자식의 사진은
거실에 비치하도록 한다.

채광은 잘되어야하나 너무 밝은 것보다, 다소 어두운 상태가
좋으며 창문은 너무 크지 않아야한다.
창문이 크다면 커튼으로 반쯤은 가려 놓도록 한다.
이때 거실이나 침실에서든, 너무 두꺼운 커튼은 좋지 않으며
더불어 어느 경우이든 기하학적이거나 사선 무늬라던가 너무
화려한 침대 커버와 커튼은 금한다.

※침실의 창문은 가구나 他 소품에 의해 가려지게 해서는 않
되는데, 부부의 금실을 깨는 기운이 조성되기 때문이다.
부부지간에 오행의 색상이 다를 경우, 가장에게 필요한 색
상으로 輔한다.
※침실에서는 두침 방이 중요한데, 이때 각 人에 맞는 두침
방위가 있게 되지만, 대체적으로 침대의 머리는 창가 쪽으
로 하되, 출입문과 대각선을 이루는 곳으로 定하는 것이
무난하다.
여의치 못하다면, 창가와 침대를 나란하도록 하되 창과 침
대 사이는 띄우고, 작은 협탁이나 스텐드를 놓도록 한다.
따라서 침실에는 장롱과 화장대/ 서랍장 등과 더불어 경우
에 의한, 협탁/ 스텐드 이외의 가구나 소품은 비치하지 않
는 것이 좋으며 서랍장이나 장롱위에 물건을 쌓아 놓는 것
은 피한다.
특히 거울은 침실이나 거실에서 모두 兇하다.
그러나 석류를 놓아둔다거나, 석류 그림이나 오렌지 색상
의 꽃으로 장식하는 것은 임신에 도움이 된다.
※텔레비전 등, 모든 **전기/ 전자 제품** 등은 거실에 비치하며
특히 거실이나 침실/ 자녀 방의 벽면에 불필요한, 만은 못
자국은 兇하므로 벽면의 소품은 최소화 하는 것이 좋다.

※침대의 커버는 취향을 반영하되 지나치게 고급스럽다거나 화려한 무늬나 그림은 피해야 하며, 침대의 머리 방향으로 피해야 할 곳이 있으니, 침실의 **출입 문/주방/화장실** 쪽 등이요, 북쪽 방위도 좋지 않다.

熟眠을 위해서라면, 청색 계열의 도자기나 머그컵을 머리 맡에 놓아 둔거나, 침대나 베게 커버를 청색으로 바꾸는 것도 좋은 방법이다.

※침대의 안쪽은 남편의 자리다.

家權〈경제적 생활권〉을 아내가 갖고 있다면, 출입문과 대각선 상으로 놓인 침대의 안쪽은 아내의 자리가 된다.

※출외 後 돌아와 옷을 갈아입을 때, 겉옷은 흔히 침실의 세워진 옷걸이에 걸어두게 되는데, 이는 좋지 않으며 스텐드 옷걸이는 침실이 아닌, 거실의 한 모퉁이에 비치한다.

단 외출복을 장롱에 넣어 보관하는 것은 무난하다.

※침실이나 거실의 창가가 잡동사니들로 어지럽혀져 있다면, 이를 치워라!!!

금전 운이 쇠퇴한다.

■父母님의 침실■

부모님과 함께 생활하는 경우, 부모님은 가택의 서쪽 방에 있는 방을 쓰시게 하는 좋다.

서족의 방은 심신이 안정되고 행복한 삶을 살 수 있는 방위가 되기 때문이다.

■가구家具/ 소품小品/ 조명照明■

家宅의 室內照明은 室內에 생기生氣를 造成하는 작용을 하게 된다.

실내는 침실을 제외한 모든 공간은 밝은 조명을 사용하는 것이 좋은데, 特히 현관은 더욱 그러하다.

더불어 주거 공간에서 튀어나오거나 안쪽으로 함몰된 부분이 있다면 그 곳에는 화분을 놓아 흉기兇氣의 생성生成을 소멸消滅시켜야 한다.

화분을 놓을 수 없는 상황이라면, 크지 않은 풍경화의 그림 액자를 걸어놓는다거나 모빌/ 풍경 등을 달아놓고 지나칠 때마다 소리를 울려주는 것이 좋다.

다용도실이나 창고 베란다의 모서리나 기둥 등에는 잡다한 물건들을 쌓아두기가 쉬운데, 이러한 형태는 흉기가 생성되는 원인이 되므로 가족의 화목과 건강을 해칠 수 있다.

따라서 이러한 경우에도, 보조 조명을 달아둔다거나 화분을 놓아 기운을 조절해 주어야 한다.

특히 수험생의 방 옆에 베란다가 있거나 창고, 다용도실이 있다면 더욱더 잡다하게 물건을 쌓아놓는 것은 피해야 한다.

또한, 새로운 가구를 들였다면 반드시 대청소를 하여 가내의 전체적인 기의 흐름을 安定시켜야 하며, 사용하지 않는 빈방이 있다면 가급적 매일 청소를 하도록 하고 낮 동안에는 문을 자주 열어 기의 순환이 이뤄지도록 해야 한다.

책상의 위치 또한 중요한데, 책상은 방문과 등지게 배치되어서는 않되며, 대체적으로 北方이나 東南方을 향하여 놓는 것이 좋으나 개인 별 길 방을 택하는 것이 좋겠다.

더불어 책상이 철재이거나 책장이 붙어 있는 제품은 피해야
한다.

※거실 벽에 비치하게 되는 소품 중, 인물화나 추상화 등은
　생기生氣를 조성하지 못하므로 별 의미가 없다.
　따라서 그림이나 액자를 벽에 걸고자 한다면, 어느 방위도
　좋은 꽃 그림이나 정물화/ 가족사진도 좋은데, 가족사진은
　현관에서 보아 정면 쪽이 되도록 한다.
※가내에 수족관을 설치하는 것은, 풍수상 별로 좋지 않다.
　만약 수족관을 설치하고자 한다면, 거실의 남방이나 남동
　방에 자리하도록 한다.
※식탁의 조명기구는 단순하고 심플한 것으로 하되, 고급스
　러운 것이 좋으며, 은은한 분위기가 연출되도록 한다.
※가구 중, 대리석이나 유리로된 테이블을 쓸 때에는 메트나
　커버를 씌워 사용해야 하는데, 이들은 강한 음기를 생성시
　키기 때문이다.
※가내에 비치된 관엽식물이나 꽃들은 항상 生氣가 있어야
　하므로 시든 상태를 방치해 두는 것은 금해야 하며, 그 높
　이는 약 1~ 1.8m이상인 것도 좋지 않다.
※家內에서 결함이 있거나 불필요한 공간에는 식물을 놓아두
　는 것이 좋은데, 이때에는 주로 산세베리아나 관음죽 등이
　좋으며 벽면의 공간에는 지나치지 않는 한도에서 풍경화
　등의 소품이나 가족사진을 걸어 놓도록 한다.
거실이든 침실이든 모든 벽면은 여백의 미가 중요하다.
※노란색은 금전 운을 상승시키는 색상이다.
　따라서 **황금색의 메트는 부동산 가격이 오르게 하는 효과**
　를 볼 수 있다.

▣化粧室▣

화장실은 벽면이나 바닥 모두, 엷은 아이보리나 흰색이 좋으며, 항상 습기가 제거된 쾌적한 상태를 유지하도록 해야 한다.

특히 화장실을 갈색이나 검은 색으로 처리하는 것은 禁한다. 화장실의 소도구들은 한쪽에 가지런히 정리하되, 되도록 보이지 않게 보관하도록 한다.

〈〈〈参考 補助資料〉〉〉

·숙면을 위한 잠자리·

해가 지는 방향인 서쪽으로 머리를 두면 숙면을 이루게 되는데, 서쪽은 休息의 방위이기 때문이다.
또한, 청색 계열의 도자기나 머그컵을 머리맡에 놓아두거나, 침대나 베게의 커버를 청색으로 바꾸는 것도 좋은 방법이다.

·성적이 부진하고, 정서적으로 불안 할 때·

자녀가 정서적으로 불안하고 성적이 부진하다면, 아이가 사용하는방이 보일러실이나 창고로 이용하는 공간의 옆에 있기 때문일 수 가 있다. 따라서 이러한 위치는 피하고 본인에게 맞는 책상과 취침 방위를 택하도록 해야 하며, 여의치 않다면 보일러실이나 창고의 입구에 조명기구나 풍경을 달아 흥기를 중화시킨다.

·불면증·

잠을 못 이루는 불면증에 시달리고 있다면, 북방으로 머리를 두고 다리는 남쪽으로 향하여 눕고 잔다!!!

·어린이/ 노인· :

서쪽 방에 창문이 있다면, 진한 회색이나 청색의 커튼을 쳐놓고 청소나 환기 이외에는 항상 닫아 놓는 것이 좋으며, 서쪽의 침실에, 두침 또한 서쪽 방이 좋다.

침실의 실내, 즉 벽면은 회색이나 베이지, 연한 옐로우 색조가 좋으며, 일상생활에서의 속옷은 흰색이나 연한 청색 계열이 좋다.

그러나 一般的인 호흡기계 질환이 있을 때에는 두침 방을 동쪽으로 하고, 침구류나 잠옷은 분홍색 계열의 색상이나 자주색이 좋으며, 그 동쪽의 벽면은 푸른색으로 처리하거나 푸른색의 풍경화를 걸어 놓는 것도 도움이 된다.

※빈혈· 심장허약· 허약체질 일 때※

빈혈이 있거나, 심장이 약하다거나, 허약체질이라거나, 생리통이 심한 여성들인 경우, 침실은 가옥의 남방이어야 하고 가구나 침구류는 화려한 톤이 좋은데, 장미 빛이나 분홍 계열의 색조가 도움이 된다.

·갱년기 장애·

여성에게 있어 서쪽이나 남쪽의 침실은 兇方이요, 갱년기 장애의 원이 될 수 있으므로, 갱년기 장애 증세가 있다면 동쪽이나 북쪽의 침실이 좋으며, 가구나 벽지 등은 청색이나 회색 또는 검은 색으로 처리되어야 한다.

·신경통·

관절 부위의 신경통으로 고통이 수반된다면, 현관 주변의 과
도한 집기류를 치워 청결히 하고, 수면은 머리를 동쪽이나
북방으로 두는 것이 도움이 된다.

·위장 질환·

위장 질환이 있다면, 집안의 중심선으로 과도한 집기류 등이
놓여 있거나 밝지 못한 경우에 나타나기 쉬운데, 특히 벽면
에 너무 큰 그림으로 장식하는 것 또한 좋지 않다.
따라서 가옥의 중심부의 공간은 최대한 가구나 집기류의 비
치를 피해야 하며, 밝고 부드러운 톤으로 처리되어야 한다.

·고혈압·

고혈압 증세가 있다면, 침실을 남서쪽이나 북서쪽으로 바꿔
주는 것이 좋은데, 여의치 않다면 두침頭枕시의 방향을 서쪽
이나 북서쪽으로 하고, 벽지나 커튼, 가구류 등의 색조는 흰
색이나 베이지 색상이 좋다.

■성형成形과 일상日常■

성형 수술을 할 때에는 몇 가지 고려해야 할 사항이 있으니 이를 참고하는 것이 좋겠다.

特히 성형부위 중, 눈에 칼을 대는 것은 可及的 禁하는 것이 좋으며, 다음은 出生 年 別 禁해야 하는 수술 時期다.

·수술의 適/ 否·

※子년 生, 쥐 띠로 12月.　　　　※丑년 生, 소 띠로 5月.

※寅년 生, 호랑이 띠로 1月.　　※卯년 生, 토끼 띠로 4月.

※辰년 生, 용 띠로 10月.　　　　※巳년 生, 뱀 띠로 5月.

※午년 生, 말 띠로 2月.　　　　 ※未년 生, 양 띠로 1月.

※申년 生, 원숭이 띠로 3月.　　※酉년 生, 닭 띠로 8月.

※戌년 生, 개 띠로 6月.　　　　 ※亥년 生, 돼지 띠로 5月.

·코 성형·

눈에 비해 코는 다소 여유로워, 콧대가 너무 낮은 경우라면 3~ 40대에 약간 올려주는 것은 좋은데 出生 年 別 手術에 좋은 時期는 다음과 같다.

※寅. 午. 戌年 生; 11月.

※巳. 酉. 丑年 生; 2月.

※申. 子. 辰年 生; 5月.

※亥. 卯. 未年 生; 8月.

☆ 띠 別 飮食 宮合과 길지吉地 ☆

《《《子, 쥐 띠》》》

·건강 음식·

해산물, 해조류.

오행 金 氣運의 **닭/ 개고기, 보신탕/ 삼계탕이나 치킨요리, 오리구이/
흰 살생선**.

·吉地·

東/西/南/北 方 어디든, 시장/ 곡물창고/ 물가/ 산 주변.

《《《丑, 소 띠》》》

·건강음식·

참치/삼치/오징어류와 더불어 **육류/버섯류**가 좋다.

이외, **닭발/ 돼지 족발이나 우족/ 상어지느러미** 등이다.

·吉地·

東南 方이요, 물가(청계천. 여의도/ 부산/ 인천/ 여수 等)는 특히 吃.

《《《寅, 호랑이 띠》》》

·건강음식·

감자/ 고추/ 인삼/ 시금치/ 콩나물/ 건어물 등과 더불어 해산물로,
명태/ 아귀/ 대구탕.

·吉地·

西方의 지대가 높고 조용한, 능이 있는 곳/ 江北 쪽.

《《《卯, 토끼 띠》》》

⊡건강음식⊡

양파/ 상추/ 죽순/ 더덕/ 닭/ 새우 등과 더불어 <u>산채 비빔 밥이나</u>
<u>시래기 된장국</u>이 좋다.

⊡吉地⊡

東·西·南·北을 막론하고, 草地/약간의 등성이가 진 곳, 물가는 兇 重.

《《《辰, 용 띠》》》

⊡건강음식⊡

콩/ 호박/ 도라지/ 굴/ 꽃게/ 골뱅이/ 샐러드 등과 생선/ 해산물 등

⊡吉地⊡

높은 곳/ 산,산 악/ 물가지역이 吉하다. 봉천동, 청평, 한강로 등.

《《《巳, 뱀 띠》》》

⊡건강음식⊡

곡물/ 과일/ 모과차/ 감잎차/ 해산물, 새우/ 오징어/ 재첩/ 삼치 등
과 <u>버섯류</u>가 좋다.

⊡吉地⊡

東南/ 南東 方으로 온화한 지역.

《《《午, 말 띠》》》

⊡건강음식⊡

무/ 육류 내장/ 사골/ 홍합/ 해삼/ 쇠고기/ 달걀 등과 <u>쌈</u>이나 <u>만두</u>
등이 좋다.

·吉地·

물가/ 亥·子·丑/ 寅·卯 方/ .... 장위동 등.

<<<未, 양 띠>>>

·건강음식·

굵은 파 등, **채소류/ 인삼/ 토란/ 조기/ 오리/ 장어/ 매운 음식**이

나, **소고기** 등이 좋다.

·吉地·

산악/ 능이 있거나, 도봉산 등산로 입구 지역. 물가는 凶.

<<<申, 원숭이 띠>>>

·건강음식·

콩, 콩나물로 만든 모든 음식/ 순두부찌개/ 우거지 된장조림/ 고등어/ 꽁치/

참치 등과 비빔밥/ 샐러드 등이 좋다.

·吉地·

南 方/ 체육시설/ 놀이공원/ 군부대 주변지역.

辰/ 巳/ 午/ 未 月生이 吉.

<<<酉, 닭 띠>>>

·건강음식·

우엉/ 김/ 멸치/ 버섯/ 영양밥/ 전골류(버섯전골, 김치전골)등이 좋다.

·吉地·

辰· 巳· 午· 未의 東南 方/ 물가는 凶하다.

〈〈〈戌, 개 띠〉〉〉

·건강음식·

오이/ 호두/ 잣/ 두부/ 대구/ 젓갈/ 쇠고기/ 새우/ 게/ 바다가재 등
이 좋다.

·吉地·

東北 ‐ 南方 中, 寅/卯/巳/午 方이 吉하다.

〈〈〈亥, 돼지 띠〉〉〉

·건강음식·

미역, 다시마 등의 해조류/ 버섯류 등과 메밀국수/ 설렁탕/감자탕 등이
좋다.

·吉地·

東/西/南/北 方 모두 無關하며, 물가가 吉 方이다.

·짝~, 짝~, 짝!!!~
수고 많으셨습니다!!!~

잘!!!~
동행하여 주심에 감사의 말씀을 드립니다.

"수고하셨습니다."

※다음은 이사移徙를 한다거나, 혼인 등, 각 종의 택일을 함
에 있어 쉽게 취 할 수 있는 택일법입니다.
설명을 드리는 대로, 行행하여 取취하시면 되겠습니다.

·移徙方位, 移徙, 婚姻 等, 擇日 法·

·이사방위, 이사, 혼인 등, 택일 법·

·移徙方位·

·三煞方·; 申.子.辰 年; 巳〈南東〉. 午〈南〉. 未〈西南〉.
　　　　　巳.酉.丑 年; 寅〈東北〉. 卯〈東〉. 辰〈南東〉.
　　　　　寅.午.戌 年; 亥〈北西〉. 子〈北〉. 丑〈東北〉.
　　　　　亥.卯.未 年; 申〈南西〉. 酉〈西〉. 戌〈北西〉 方.

·大將軍 方·; 亥.子.丑 年; 酉〈西南〉.
　　　　　　寅.卯.辰 年; 子〈北〉.
　　　　　　巳.午.未 年; 卯〈東〉.
　　　　　　申.酉.戌 年; 午〈南〉 方.

※三煞方은 장사葬事 當日, 망인亡人의 영정影幀을 놓아서는
안 되는 方位요, 大將軍 方은 수조修造〈무엇을 수리하거나
새로 짓는〉나 동토動土〈흙을 파 해치는〉를 금禁하는 方位
로 移徙의 吉凶과는 無關하다.

·天煞 方·

申. 子. 辰 年〈年 生〉; 未〈西南〉
巳. 酉. 丑 年〈年 生〉; 辰〈南東〉
寅. 午. 戌 年〈年 生〉; 丑〈東北〉
亥. 卯. 未 年〈年 生〉; 戌〈北西〉 方.

·※平生 移徙 兇 方〈= 天煞方과 同一〉※·

申. 子. 辰 年〈年 生〉; 未. 申〈西南〉.
巳. 酉. 丑 年〈年 生〉; 辰. 巳〈南東〉.
寅. 午. 戌 年〈年 生〉; 丑. 寅〈東北〉.
亥. 卯. 未 年〈年 生〉; 戌. 亥〈北西〉 方.

·太白 煞·; ※陰曆 日을 基準한다※.

太白 煞은 當日 移徙나 出行을 禁하는 方位로, 該當 方位에서는 損財數가 따른다는 흔히 損 있는 날이라 指稱되는 方位를 말한다.

1. 11. 21; 卯〈東〉.
2. 12. 22; 辰. 巳〈南東〉.
3. 13. 23; 午〈南〉.
4. 14. 24; 未. 申〈西南〉.
5. 15. 25; 酉〈西〉.
6. 16. 26; 戌. 亥〈北西〉.
7. 17. 27; 子〈北〉.
8. 18. 28; 丑. 寅〈東北〉 方.

□9.19.29/ 10.20.30 日은 損 없는 날로 太白 煞과 無關하다.

·九宮 方所 法에 依한 移徙方位·

巽 宮, 四綠 木.	離 宮, 九紫 火.	坤 宮, 二黑 土.
晩春~初夏/ 07~ 11時	夏 節期/ 11~ 13時	晩夏~初秋/ 13~ 17時
辰.巳/ 東南 方.	午/ 南 方.	未.申/ 西南 方.
震, 三碧 木.	中宮, 五黃 土.	兌宮, 七白 金.
春 節期/ 05~ 07時	※換節期※	秋 節期/ 17~ 19時
卯/ 東 方.	中央	酉/ 西 方.
艮宮, 八白 土.	坎 宮, 一白 水.	乾宮, 六白 金.
晩冬~初春/ 01~ 05時	冬 節期/ 23~ 01 時	晩秋~初冬/ 19~ 23時
丑.寅/ 東北方.	子/ 北方.	戌.亥/ 西北 方.

※坤命은 二黑 坤宮에서 1歲를 시작하여 當年의 나이 궁까지 위 九宮을 순행하며 乾命은 三碧 震宮에서 1歲를 시작하여 當年의 나이 궁까지 九宮을 순행한다. 九宮 方所 이사방위 는 이러한 방법에 의해 算出된것으로 다음의 표와 같다.

九宮方所	一白坎宮 天祿	二黑坤宮 眼損	三壁震宮 食神	四綠巽宮 徵破	五黃中宮 五鬼	六白乾宮 合食	七赤兌宮 進鬼	八白艮宮 官印	九紫離宮 退食
坤命當年年齡	9.18 27.36 45.54 63.72 81.90	1.10 19.28 37.46 55.64 73.82	2.11 20.29 38.47 56.65 74.83	3.12 21.30 39.48 57.66 75.84	4.13 22.31 40.49 58.67 76.85	5.14 23.32 41.50 59.68 77.86	6.15 24.33 42.56 60.69 78.87	7.16 25.34 43.52 61.70 79.88	8.17 26.36 44.53 62.71 80.89
乾命當년年齡	8.17 26.35 44.53 62.71 80.89	9.18 27.36 45.54 63.72 81.90	1.10 19.28 37.46 55.64 73.82	2.11 20.29 38.47 56.65 74.83	3.12 21.30 39.48 57.66 75.84	4.13 22.31 40.49 58.67 76.85	5.14 23.32 41.50 59.68 77.86	6.15 24.33 42.56 60.69 78.87	7.16 25.34 43.57 61.70 79.88
五黃 中央	天祿	眼損	食神	徵破	五鬼	合食	進鬼	官印	退食
六乾 西北	眼損	食神	徵破	五鬼	合食	進鬼	官印	退食	天祿
七兌 西	食神	徵破	五鬼	合食	進鬼	官印	退食	天祿	眼損
八艮 東北	徵破	五鬼	合食	進鬼	官印	退食	天祿	眼損	食神
九離 南	五鬼	合食	進鬼	官印	退食	天祿	眼損	食神	徵破
一坎 北	合食	進鬼	官印	退食	天祿	眼損	食神	徵破	五鬼
二坤 西南	進鬼	官印	退食	天祿	眼損	食神	徵破	五鬼	合食
三震 東	官印	退食	天祿	眼損	食神	徵破	五鬼	合食	進鬼
四巽 東南	退食	天祿	眼損	食神	徵破	五鬼	合食	進鬼	官印

※生氣福德 主要 擇日 吉/凶 早見※

乾命	坤命	子	丑寅	卯	辰巳	午	未申	酉	戌亥
2.10.18. 26.34.42. 50.58.66. 74.82.90.	3.10.18. 26.34.42. 50.58.66. 74.82.90.	화해	절체	절명	유혼	천의	복덕	귀혼	생기
3.11.19. 27.35.43. 51.59.67. 75.83.91.	2.9.17. 25.33.41. 49.57.65. 73.81.89.	유혼	복덕	천의	화해	절명	절체	생기	귀혼
4.12.20. 28.36.44. 52.60.68. 76.84.92.	8.16.24. 32.40.48. 56.64.72. 80.88.96.	귀혼	천의	복덕	생기	절체	절명	화해	유혼
5.13.21. 29.37.45. 53.61.69 77.85.93.	15.23.31 39.47.55. 63.71.79. 87.95.	천의	귀혼	유혼	절명	화해	생기	절체	복덕
6.14.22. 38.46.54. 62.70.78. 86.94.	7.14.22. 30.38.46. 54.62.70. 78.86.94.	복덕	유혼	귀혼	절체	생기	화해	절명	천의
7.15.23. 31.39.47. 55.63.71. 79.87.95.	6.13.21. 29.37.45. 53.61.69. 77.85.93.	생기	절명	절체	귀혼	복덕	천의	유혼	화해
1.8.16. 24.32.40. 48.56.64. 72.80.88	5.12.20. 28.36.44. 52.60.68. 76.84.92.	절체	화해	생기	복덕	귀혼	유혼	천의	절명
9.17.25. 33.41.49. 57.65.73. 81.89.97.	4.11.19. 27.35.43. 51.59.67. 75.83.91	절명	생기	화해	천의	유혼	귀혼	복덕	절체

※모든 擇日에서 月은 陰曆을 基準하며, 보고자 하는 本人의 나이는 立春 基準, 通常의 나이〈음력적용 만나이가 아니다〉를 適用한다.

※黃/ 黑道 吉, 凶 定局※

該當, 年.月.日.時	1, 7 寅, 申	2, 8 卯, 酉	3, 9 辰, 戌	4, 10 巳, 亥	5, 11 午, 子	6, 12 未, 丑
青龍黃道	子	寅	辰	午	申	戌
明堂黃道	丑	卯	巳	未	酉	亥
金櫃黃道	辰	午	申	戌	子	寅
大德黃道	巳	未	酉	亥	丑	卯
玉堂黃道	未	酉	亥	丑	卯	巳
司命黃道	戌	子	寅	辰	午	申

※兇神은, **천형/주작/백호/천뇌/현무/구진/흑도**로, 위 圖表에서는 取하지 않았습니다.

※보는 법※

한 例로, **己丑** 年 5月 中에서 혼인날을 잡으려고 한다면, 위의 도표 年. 月. 日. 時의 **丑** 줄에서 五月에 해당되는 **午**자가 있는지를 봐야하는데 **丑**줄에는 午字가없습니다.

따라서 己丑 年의 五月은 혼인에 좋지 않다는 것이요, 丑 年중, 吉月에 해당되는 **寅. 卯. 巳. 申. 戌. 亥** 月 中에서 택해야 한다는 것입니다.

하여 九月인 **戌月**로 잡았다면, 날짜로는 몇 日이 吉日일까???~ 하는 것인데, 이 또한, 같은 方法으로 **戌** 줄의 **辰. 巳. 申. 酉. 亥. 寅 日** 中에서 택하면 되는 것이며 **亥**日로 擇했다면, 吉 時는 **亥**줄 中, **午. 未. 戌. 亥. 丑. 辰 時** 中에서 擇하면 되는 것입니다.

아시겠지요!!!~

설명대로, 진행시키면서 해당되는 월/일/시를 택하여 취하시면 되겠습니다.

※生年 地 別 甲旬 條件※

年	子. 午. 卯. 酉	辰. 戌. 丑. 未	寅. 申. 巳. 亥
生甲旬	甲子/ 甲午	甲辰/ 甲戌	甲寅/ 甲申
病甲旬	甲寅/ 甲申	甲子/ 甲午	甲辰/ 甲戌
死甲旬	甲辰/ 甲戌	甲寅/ 甲申	甲子/ 甲午

※위에서 生甲 旬은 吉/ 病甲 旬은 平/ 死甲 旬이면 兇함을
하는 것이지만, 陰宅에 해당하는 移葬이라면 死甲 旬이 吉
하며 病 甲旬이 平이요, 死甲 旬은 兇함을 뜻합니다.

※六十 甲子※

旬中	六十 甲子
甲子	甲子. 乙丑. 丙寅. 丁卯. 戊辰. 己巳. 庚午. 辛未. 壬申. 癸酉
甲戌	甲戌. 乙亥. 丙子. 丁丑. 戊寅. 己卯. 庚辰. 辛巳. 壬午. 癸未
甲申	甲申. 乙酉. 丙戌. 丁亥. 戊子. 己丑. 庚寅. 辛卯. 壬辰. 癸巳
甲午	甲午. 乙未. 丙申. 丁酉. 戊戌. 己亥. 庚子. 辛丑. 壬寅. 癸卯
甲辰	甲辰. 乙巳. 丙午. 丁未. 戊申. 己酉. 庚戌. 辛亥. 壬子. 癸丑
甲寅	甲寅. 乙卯. 丙辰. 丁巳. 戊午. 己未. 庚申. 辛酉. 壬戌. 癸亥

※月建 吉神※

吉神	1	2	3	4	5	6	7	8	9	10	11	12
月財	午	卯	巳	未	酉	亥	午	卯	巳	未	酉	亥
解神	申	申	戌	戌	子	子	寅	寅	辰	辰	午	午

⊡택일하는 방법⊡

※우선 생기 복덕법을 적용하여 선택된 吉日을 다시 황흑도
길흉 정국과 생년 支別➤ 甲旬 法➤ 月建 吉 凶神 순으로
적용시켜 선택하되, 황흑도 길흉 신까지만 을 취해도 별탈
은 없는 吉日로 본다.

특히, 이사/혼인/개업/고사/기공식/상량식/천도제/안장/
입비〈비석을 세우는 일〉/사초〈무덤의 잔디를 정리하는
일〉. 등에 그러한데, 황도의 吉日은 年.月.日.時의 순으로
적용시킨다.

⊡生氣福德 의 吉, 兇 해석⊡

吉	絶體	피로/ 스트레스/ 과음, 과식/ 우환. 사고 등.
, 兇 無	遊昏	실물/ 좌절/ 헛수고/ 송사 무익〈헛 송사〉 등.
	歸魂	방해/ 틀어짐/ 사기/ 낭패/ 허위 등.
大 兇	禍害	시비/ 도난, 실물/ 서류제출/ 송사/ 관재구설 등.
	絶命	낙마/ 교통사고/ 부상/ 수술 등.
大 吉	生氣	구직/ 시험.계약.상담/ 혼인/ 개업/ 약속/ 투자.청탁 등.
	天醫	질병치료/ 수술/ 침/ 수금/ 구재.거래/ 투자. 청탁 등.
	福德	교제/ 연회/ 고사/ 창업/ 약혼/ 투자. 청탁/ 여행 등.

※위에서 大 兇 日인 禍害, 絶命 日에는 해당 사안들을 일체
금해야 한다.

※다음은 사용상의 편리성을 고려하여 몇몇, 주요 일람표를
이곳으로 가져와 재기再記한 것입니다.

※12신살 그룹별 상호 관계※

申; 地煞 子; 將星 辰; 華蓋	上位 그룹	亥- 망신	卯- 육해	未- 천살
	下位 그룹	巳-겁살	酉- 년살	丑-반안살
	沖 그룹	寅-역마	午-재살	戌- 월살
巳; 地煞 酉; 將星 丑; 華蓋	上位 그룹	申- 망신	子- 육해	辰- 천살
	下位 그룹	寅- 겁살	午- 년살	戌-반안살
	沖 그룹	亥- 역마	卯- 재살	未- 월살
寅; 地煞 午; 將星 戌; 華蓋	上位 그룹	巳-망신	酉- 육해	丑- 천살
	下位 그룹	亥- 겁살	卯- 년살	未-반안살
	沖 그룹	申- 역마	子- 재살	辰- 월살
亥; 地煞 卯; 將星 未; 華蓋	上位 그룹	寅- 망신	午- 육해	戌- 천살
	下位 그룹	申- 겁살	子- 년살	辰-반안살
	沖 그룹	巳- 역마	酉- 재살	丑- 월살

□생년지 별, 삼함 12신살.

	劫煞	災煞	天煞	地煞	年煞	月煞	亡身	將星	攀鞍	驛馬	六害	華蓋
寅午戌	亥	子	丑	寅	卯	辰	巳	午	未	申	酉	戌
巳酉丑	寅	卯	辰	巳	午	未	申	酉	戌	亥	子	丑
申子辰	巳	午	未	申	酉	戌	亥	子	丑	寅	卯	辰
亥卯未	申	酉	戌	亥	子	丑	寅	卯	辰	巳	午	未

☆12운성, 포태표☆

同柱 地支		甲 寅	乙 卯	丙.巳 戊. 辰,戌	丁.午 己. 丑,未	庚 申	辛 酉	壬 亥	癸 子
	長生	亥	午	寅	酉	巳	子	申	卯
	浴	子	巳	卯	申	午	亥	酉	寅
	冠帶	丑	辰	辰	未	未	戌	戌	丑
	官〈祿〉	寅	卯	巳	午	申	酉	亥	子
	帝旺	卯	寅	午	巳	酉	申	子	亥
月同 令柱	衰	辰	丑	未	辰	戌	未	丑	戌
十星 六親	病	巳	子	申	卯	亥	午	寅	酉
	死	午	亥	酉	寅	子	巳	卯	申
	墓	未	戌	戌	丑	丑	辰	辰	未
	胞〈絕〉	申	酉	亥	子	寅	卯	巳	午
	胎	酉	申	子	亥	卯	寅	午	巳
	養	戌	未	丑	戌	辰	丑	未	辰

위 12운성〈포태법〉은 甲이 亥면, 長生/ 乙이 巳면, 浴/丙,戊
가 辰이면, 冠帶의 식으로만, 사용하기 위함이 아닌, 본명과
운에서도 활용되는 중요한 자료로, 십 천간별 육친성에 대비
하여 어느 자리를 점하고 있는가???~를 고려하게 됩니다.

□大學 專攻, 系列 別 學科□

자연 계열	대기 과학과. 녹색 조경학과. 생활 과학과. 식물 지원학과. 생명 공학과. 미생물학과. 생화학과. 천문 우주과학과. 전산학. 통계학. 물리학과. 화학과. 수학과. 컴퓨터학과. 원예학과. 해양 과학과. 식품 영양학.
인문 계열	고고학과. 고고 미술사학. 문화 인류학과. 사학과. 역사. 종교. 철학과. 심리학과. 문예 창작. 국어국문. 한문. 영어 영문. 독어. 불어. 스페인어. 중국 등, 언어학과.
교육 계열	가정 교육학과. 교육학과. 과학 교육학. 환경교육. 역사교육. 국어교육. 사회교육. 물리교육. 수학교육. 영어. 음악. 미술교육. 체육교육. 초등교육. 특수 교육학과.
사회 계열	가족 소비자 학과. 사회학과. 노인 복지학과. 정치학. 외교학. 언론 정보학. 신문 방송. 관광. 관광 홍보학과. 지리학과.
경상 계열	경영학과. 회계학. 경제학. 경제 무역학. 경영 정보학. 경찰 행정학. 호텔 경영학과.
공학 계열	고분자학과. 생명공학. 환경공학. 산업공학. 신소재공학. 화학 공학학과. 도시학과. 교통학과. 건축공학. 기계공학. 전기. 전자. 토목학과. 멀티미디어학. 메카트로닉스 공학.
의약 계열	의예과. 수의예과. 한의학과. 한의예과. 치의예과. 치위생과. 임상 병리학과. 약학과. 제약학과. 간호학과. 방사선과. 물리치료학. 언어치료학. 재활 학. 작업치료학. 의용 공학과.
예, 체능 계열	미술. 무용. 연극 영화학과. 국악과. 성악. 기악. 작곡과. 공연 영상학과. 공예. 조소. 회화. 실용음악. 피아노. 시각,패션,의상,산업,공업 디자인학과. 건강 관리학과. 경기지도학과. 체육학과. 사회 체육학과. 스포츠 과학과. 생활체육학. 레저 스포츠. 태권도. 경호학과.
생활 과학 계열	주거 환경학과. 소비자 학과. 의류학과. 의상학과. 식품영양학과.

■類型 別 專門分類■

자연 과학 전문직	생명 공학자. 역사학자. 환경영향 평가사. 천체 물리학자. 기상 연구원. 곤 충학자. 지질학자. 통계학자. 축산. 양식. 농업. 동물 사육사. 해양수산 기술자.
교육 복지 전문직	사회 복지사. 상담 전문가. 유치원, 초, 중등, 고교 교사. 대학 교수. 예술 치료사. 생활 체육 지도자. 성직자.
언론 문학 전문직	작가. 평론가. 사서. 출판 편집자. 통역사. 번역가. 방송 작가. 방송 연출가. 카피라이터. 리포터. 아나운서. 기자. 점역사.
문화 예술 전문직	음악. 미술. 공예. 디자인. 작곡가. 사진작가. 성우. 큐레이터. 연극 영화. 모델. 배우. 연예인. 연예인 메니저. 영화감독.
행정 사법 전문직	일반 공무원. 변호사. 변리사. 노무사. 판사. 검사. 외교관. 경찰관. 소방관. 군인. 국회의원.
경제 경영 전문직	경영 컨설턴트. 감정 평가사. 세무. 회계사. 보험 계리사. 손해 사정사. 펀드 메니저. 헤드헌터. 외환딜러. 위폐감식가. 은행원. 바이어. 광고 기획자.
의학 보건 전문직	의사. 간호사. 약사. 수의사. 임상 병리사. 치과 기공사. 의무 기록사. 병원 코디네이터.
기술 공학 전문직	건축가. 토목 공학기사. 측량기사. 조경기사. 인테리어 디자이너. 항공 우주 공학기사. 항공 교통 통제사. 로봇 연구원. 자동차 정비사. 가전제품 수리사.
컴퓨터 통신 전문직	컴퓨터 프로그래머. 컴, 게임 개발자. 에니 메이터. 컴, 시스템 관리자. 컴, 보안 전문가. 웹디자이너. 웹 마스터. 전자상거래 전문가.
음식 요리 전문직	요리사. 영양사. 제과 제빵사. 바리스타. 쇼물리에. 쇼클라리에. 푸드 스타일리스트.
이외, 관광, 운송 분야. 일반 상업, 환경〈淸掃〉, 노무 분야.	

☆地藏 干/ 六甲納音☆

	子	丑	寅	卯	辰	巳	午	未	申	酉	戌	亥
餘	壬	癸	戊	甲	乙	戊	丙	丁	戊	庚	辛	戊
中		庚,辛	丙		壬,癸	庚	己	乙	壬		丙,丁	甲
正	癸	己	甲	乙	戊	丙	丁	己	庚	辛	戊	壬

一	해중海中 金	노중爐中 火	대림大林 木	노방路傍 土	검봉劍鋒 金						空/四,亡	
	甲子	乙丑	丙寅	丁卯	戊辰	己巳	庚午	辛未	壬申	癸酉	戌亥	水
	浴	衰	長生	病	冠帶	帝旺	浴	衰	長生	病		

二	산두山頭 火	간하澗下 水	성두城頭 土	백랍白蠟 金	양유楊柳 木						空 亡	
	甲戌	乙亥	丙子	丁丑	戊寅	己卯	庚辰	辛巳	壬午	癸未	申酉	無
	養	死	胎	墓	長生	病	養	死	胎	墓		

三	천중泉中 水	옥상屋上 土	벽력霹靂 火	송백松柏 木	장류長流 水						空 亡	
	甲申	乙酉	丙戌	丁亥	戊子	己丑	庚寅	辛卯	壬辰	癸巳	午未	金
	絶	絶	墓	胎	胎	墓	絶	絶	墓	胎		

四	사중砂中 金	산하山下 火	평지平地 木	벽상壁上 土	금박金箔 金						空 亡	
	甲午	乙未	丙申	丁酉	戊戌	己亥	庚子	辛丑	壬寅	癸卯	辰巳	水
	死	養	病	長生	墓	胎	死	養	病	長生		

五	복등覆燈 火	천하天河 水	대역大驛 土	차천釵釧 金	상자桑柘 木						空 亡	
	甲辰	乙巳	丙午	丁未	戊申	己酉	庚戌	辛亥	壬子	癸丑	寅卯	無
	衰	浴	帝旺	冠帶	病	長生	衰	浴	帝旺	冠帶		

六	대계大溪 水	사중沙中 土	천상天上 火	석류石榴 木	대해大海 水						空 亡	
	甲寅	乙卯	丙辰	丁巳	戊午	己未	庚申	辛酉	壬戌	癸亥	子丑	金
	官祿	官祿	冠帶	帝旺	帝旺	冠帶	官祿	官祿	冠帶	帝旺		

※五行 別 含意※

五行	木	火	土	金	水
季節	春	夏		秋	冬
地支	寅.卯	巳.午	辰戌/丑未	申.酉	亥.子
天干	甲.乙	丙.丁	戊.己	庚.辛	壬.癸
時間	朝 아침	晝 낮		夕 저녁	夜 한 밤중
方位	東	南	中央	西	北
五氣	風	熱	濕	燥	寒
色相	靑	赤	黃	白	黑
六神	靑龍	朱雀	句陳.螣蛇	白虎	玄武
位置	교외/ 조용한 곳	번화가/ 밝은 곳	사통팔달 중심가	공장지대/ 소란한 곳	물가/ 어두운 곳
職務	文官	藝術	農業	武官	海産業
五味	酸 신맛	苦 쓴맛	甘 단맛	辛 매운맛	鹹 짠맛
五臟	肝臟간	心臟심장	脾臟지라	肺臟허파	腎臟콩팥
六腑	膽쓸개	小腸.三焦	胃밥통	大腸	膀胱
疾病	風. 神經系	視力.血液	皮膚.糖尿	骨格	精子
五性	仁愛	强猛	寬容	殺伐	柔和
信仰	儒學공자학	크리스트교	土俗信仰	佛敎	道學성리학
性向	生産. 繁殖 推進.	宣傳. 活動的	仲介. 和解. 노력	收穫. 支配.統治	貯藏. 計劃.智略
性品	仔詳	明朗.活潑	寡默	銳利	음큼함

※三焦 는 육부의 하나로 上. 中. 下焦로 나뉘는데,
上焦는 심장 위/ 中焦는 위경 속/ 下焦는 방광 위에서 음식물의
흡수, 소화, 배설을 돕는 기관이다.

☆日柱 對比 時間 早見表☆

	1961年8月/10日 以前 出生 者	1961年8月/10日 以後 出生 者	四柱- 日干				
			甲/己	乙/庚	丙/辛	丁/壬	戊/癸
子	오후00시-01시 前	左側 時+30分.	甲子	丙子	戊子	庚子	壬子
丑	오전 01시- 3시	〃	乙丑	丁丑	己丑	辛丑	癸丑
寅	〃 03시- 5시	〃	丙寅	戊寅	庚寅	壬寅	甲寅
卯	〃 05시- 7시	〃	丁卯	己卯	辛卯	癸卯	乙卯
辰	〃 07시- 9시	〃	戊辰	庚辰	壬辰	甲辰	丙辰
巳	〃 09시-11시	〃	己巳	辛巳	癸巳	乙巳	丁巳
午	〃 11시-13시	〃	庚午	壬午	甲午	丙午	戊午
未	오후13시-15시 前	〃	辛未	癸未	乙未	丁未	己未
申	〃 15시-17시	〃	壬申	甲申	丙申	戊申	庚申
酉	〃 17시-19시	〃	癸酉	乙酉	丁酉	己酉	辛酉
戌	〃 19시-21시	〃	甲戌	丙戌	戊戌	庚戌	壬戌
亥	〃 21시-23시	〃	乙亥	丁亥	己亥	辛亥	癸亥
子	〃 23시-00시	〃	丙子	戊子	庚子	壬子	甲子

※summer- time 實施期間

1984년	5월	31일	00시-	9월	12일	24시 까지.
1949년	4월	3일	-	〃	24일	〃
1950년	4월	1일	-	〃	23일	〃
1955년	4월	6일	-	〃	21일	〃
1956년	5월	30일	-	〃	29일	〃
1957년	〃	5일	-	〃	21일	〃
1958년	〃	4일	-	〃	20일	〃
1959년	〃	4일	-	〃	19일	〃
1960년	〃	1일	-	〃	17일	〃
1987년	〃	10일	02시-	10월	11일	03시 까지.
1988년	〃	8일	〃-	〃	9일	〃

□메모□

<<<권말卷末, 합습권卷 부록>>>

■사주 명법 입문자를 위한, 기본지식 익히기■

사주명법은 결코~ 이론적 연구의 대상이 아닌!!!~
우리의 삶과 같이 하는 실용적 방편이요~ 수법입니다.
따라서 사주 명법은 현실적 실용성을 갖추는 지식들로
학습學習!!!~, 교수教授되어야 하며,
기본~ 중, 상위지식은 1~3개월이면 족足합니다!!!~

기본지식 익히기는 다음과 같은 순으로 진행됩니다.
□다시 보는, 십 천간. 12지지의 음양. 오행□
□다시 보는, 십 천간에 의한 십성 육친□
□사주세우기와 십 천간 별, 십성 육친 붙이기 연습□

※본서는 배우자 궁합, 대인조화와 학과, 직업적 분야/ 혼인,
이사 택일 등을 주主로 하고 있으나, 이들은 사주 명법의
전문적 지식을 빌리지 않더라도 쉽게 알 수 있는 부분들이
요, 어려운 것도 아니며, 그 내용도 간단합니다.
하여~ 사주에 관심이 있으시거나 사주명법에 입문하려는
분들을 위해, 이곳!!!~ 권말 부록으로, **사주 명법의 기본
지식들을 함께 다룸으로써 명법 기본서로도 활용하실 수
있도록**하였습니다.

방법方法을 달리하면,
그 과정過程도~
결과結果도 달라집니다!!!~

사실, **십十 천간天干, 십이十二 지지地支와 더불어 육친六親 성립까지의 지식을 갖추었다면 바로, 상담 현장지식들로 학습이 이뤄져야 한다는 것이 저는 소신所信이며, 그러한 방식을 고수固守**하고 있습니다.

하여, **사주명법〈사주 역학= 명리학〉**에 입문하고자 하시는 분들을 위해, 여기에 따로, 상담 현장에서 술사로 활동하시기 위한 명법의 기초~ 중, 상급〈일반적으로 구분되고 있는〉에 이르는 지식들을 다룸으로써 **"동양 점성술 역 철학 학술원"**에서 진행하고 **"통합 래정 운용기"**와 **"사주명법 통합 운용기"**, 사주명법 지식들을 체계화화고, 정리하고자 하는 분들 위한 **"자평〈자평명리〉 요체"**, 자미두수를 전혀 모른다 해도〈따로 배우지 않고도〉바로, 활용할 수 있는 **두수 즉간 즉설, "자미두수 요체"** 등과 더불어, 명법의 또 다른 지식인 **"허자虛字 운용기"** 등을 별 어려움 없이 수강하실 수 있도록 하였습니다. 허나, 글 솜씨가 없다보니 의도한 바대로 잘 전달되고 이해가 될 수 있을지!!!~ 염려가 앞서기도 합니다.

아무쪼록, 사주명법을 학습하심에 있어 조금이라도 도움이 되었으면 하는 바램뿐입니다.

다음 쪽부터 제시되는 명법 지식들은, 앞에서 다뤄진 내용을 포함하고 있음을 말씀드립니다.

다음의 글은 본서의 제 5부, "현장실전 예시"에서 제시되는, 두수, 즉간卽看즉설卽說 활용서, **"자미두수요체"**에 대한 안내 글입니다.

☆두수 즉간卽看즉설卽說 "자미두수 오체"에 대해 ☆

재미있고 의욕적으로 명리를 배워가던 중, 가르침을 주시던 선생님〈당시 역학계에서 인지도가 높으셨던 분이셨지요〉마저 5~ 60% 이상 틀려나가는 **"용신"**을 絶對절대 진리요, 金科 玉條금과옥조인 양, 여기던 자평명리의 모순과 한계를 느껴 명법에 대한 혼란과 회의를 거듭하며, 명리를 포기하고 선택한 것이 **"귀신의 그림자까지 잡아낸다"**던 **"자미두수"**였습니다.

물론 저의 변함없는 원칙이요, 소신인, **"현실적 적확的確성과 효용성에서 앞서야 한다."**는 전제조건을 충족充足시킬 수 있으리라 여겨졌기 때문이었습니다.

가정 경제가 어떻게 돌아가고 있지도 모른 체. . .~
오로지 두수에 매달려 명법의 완성을 이루고자 했었지요!!!
두수의 모든 지식, 기법들을 알아야 한다고 생각하며 남파, 북파 할 것 없이 두수에 묻혀 산 세월이 또 다시, 수년!!!~
하지만, 참으로 무책임하고 어리석은 생각이었으며, 그렇게 짧지만은 않은 시간들이 가버렸습니다.

귀신의 그림자가 아니라, 귀신의 실체까지 잡아내리라!!!~
단단한 각오와 결심으로 덤벼들어 파 해쳐 보았으나, 같은 사안에 대한 답을 얻어내는데 있어~ 오히려 과정만 복잡 할 뿐, 그 결과는 별 다르지 않다는 사실을 확인하는 것에 만족 할 수밖에 없었던 것이지요!!!~

좀 더~ 객관적 시각으로 본다면, 나 자신의 이해력 부족과 학습능력의 한계성도 한몫 했겠으나, **대동소이한 결과〈적중도〉 를 보인다면, "현실적 실효성을 갖추면서도 학습방법과 실전**

활용에 있어, 편리성과 간편함에서 앞서야 한다" 는 제 나름의 원칙에는 미치지 못함을 실감하며, 또 다시 돌아와 사주명법들을 연구 탐색하던 중, 문제는 **자평 법에 대한 학습이 제대로 이뤄지지 않았었다는 것이었으며, 사주명법을 공부함에 있어 학습법과 교수함에 있어서도, 적지 않은, 구태舊態한 문제점들이 무의식적이든, 의도된 것이었든???~ 답습踏襲되고 있다는 것**이었습니다.

그래도, 허탈虛脫하게 세월만을 허비한 것은 아니어서!!!~ 상담 현장에서 쓰이고 있는 몇몇~ 명법들을 연구, 탐색해 오며 얻어진 노하우가 있어!!!~, 그들이 갖는 현실적 장점들만을 유기적有機的으로 통폐합하여, **"사주명법 통합요체"**로 체계화 하게 되는데, 그 중~, 자미두수 또한, 두수가 갖는 최대의 장점만을 취하여 활용할 수 있도록 하였으니, 바로~ **두수, 즉간즉설, "자미두수 요체"**인 것입니다.

따라서 **"자미두수 요체"**는 상담현장에서 자평 명리로 상담을 하고 계시는 상담술사 분들 중, 별도의 시간과 금전적 부담 없이 두수의 특, 장점을 접목시킴으로써 보다 상담력을 높여, 상위上位의 상담사가 되시고자 하는 분들을 위한 **"자미두수 즉간즉설 활용서"**라고 이해하시면 되겠습니다.

참고로 몇 말씀을 덧붙인다면, 두수는 사주에 드러난 여덟 글자와 몇몇 허자~ 본명에 주어진 합/형/충/파 등과 대한과 유년으로 들어오는 글자 간에 상호작용으로 사건의 추이를 읽어내는 자평명리와는 달리, 이미 **명궁과 형제/부처/자녀/ 재백/질액/천이/노복/관록/전택/복덕/부모의 12개의 사안궁** 이 정해져 있으며, 그 각각의 궁에, 주어진 법칙에 따라 별들 이 들어가게 되므로, 각 궁에 주어진 별들을 참고로 그대로 읽어내면 되는 것이요~,

거기에~ 선천적으로 주어지는 **화록/화권/화권/화과/화기**의
사화성과, 각 궁 간干에 의해 생성되는 자 사화성의 작용력
을 더하게 되므로 자미두수는, 선천 반의 상황만으로도 참으
로 디테일하고, 많은 사건들을 읽어 낼 수 있다는 특, 장점들
을 갖는다는 것입니다.

더욱이나, 본서의 제 5부 실전예시에서 확인 할 수 있으시겠
으나, 나의 명궁에 자미성이 앉아 있다하더라도 **자,오/묘,유/
진,술/축,미/인,신/사,해** 궁에 있을 때가 서로 다르며, 자미성
이외에 14개의 주성과 몇몇 보좌 성들에 의해 이러한 변화들
이 만들어지기 때문에 보다 상세한 해석이 가능해지는 것이
요, 이렇듯 이미 주어진 바를 보고, 바로 읽어주면 되는 것이
므로, **즉간卽看즉설卽說이 이뤄질 수 있는 것**입니다!!!.~

한 때는 두수를 위주로 상담을 했었으나, <u>운運〈대한, 유년〉</u>
풀이로 들어가면서, 그 결과 치는 자평법과 대동소이하면서
도 상대적으로 복잡성을 띠게 되므로, **"사주명법 통합요체"**로
체계화 이후, 자평을 주로 하여 혼용하고 있으며, **"자미두수
요체要諦"**에서는, 대체적으로 자미두수의 최대 장점이 그대로
담겨있는 **두수 선천先天 반〈자화自化 성星까지를 포함한〉만
으로 한정하여 활용**하고 있습니다.
그 용법이 독립적이고, 적확성이 보장되는 경우에는 운을 취
하기도 하지만. . .~

계속하여~
사주명법!!!~ 기본지식을 이어갑니다.

▷다시 보는 십 천간, 12지의 음,양/ 오행◁

각 인의 명과 운을 살피기 위한, 상징체계인 사주四柱는 십 천간과 십이 지지가 서로 어울려 60갑자를 이루게 되고, 이 60갑자가 각 인의 **출생 년/월/일/시**에 의해, **년/월/일/시주**의 사주 네 기둥, 여덟 글자가 되는 것으로, 십 천간과 십이 지지. 그리고 그들의 음,양/ 오행에 대해 알아보기로 하겠습니다.

먼저 십 천간과 십이지지 각 글자와 그들의 음.양/ 오행을 한 눈에 알아볼 수 있도록 정리한 도표부터 보겠습니다.
천천히~ 차근~ 차근!!!~ 천간/ 지지별 음, 양과 오행의 관계를 확인해 보시기바랍니다.

이제부터는~
관조자觀照者 입장이 아닌!!!~
주동적主動的 참여자參與者가 되어. . . ~

※십 천간 십이 지지와 음.양/ 오행※

십간	갑甲	을乙	병丙	정丁	무戊	기己	경庚	신辛	임壬	계癸
십이 지지	인寅	묘卯	사巳	오午	진술辰戌	축미丑未	신申	유酉	해亥	자子
음양	양陽	음陰	양陽	음陰	양陽	음陰	양陽	음陰	양陽	음陰
오행五行	목기木氣		화기火氣		토기土氣		금기金氣		수기水氣	

□陽 干; **갑.병.무.경.임**　·陰 干; **을.정.기.신.계**

□陽 地; **인.사.진.술.신.해**　·陰 地; **묘.오.축.미.신.자**

위 표에서 보듯, 십 천간은 **갑.을.병.정.무.기.경.신.임.계**의 10개 글자로 이뤄지며, 십이 지지는 **자.축.인.묘.진.사.오.미.신.유.술.해**의 12개 글자로 이뤄집니다.

갑.을.병.정.무.기.경.신.임.계의 십 천간은 다시, 음陰의 글자와 양陽의 글자로 구분되는데, 위, 도표 아래에 기재해 놓았듯, **을.정.기.신.계**는 음. **갑.병.무.경.임**은 양의 글자가 되며, **자.축.인.묘.진.사.오.미.신.유.술.해**의 십이 지지의 글자 중, **묘.오.축.미.신.자**는 음이 되고, **인.사.진.술.신.해**는 양의 글자가 됩니다.

이들, 십 천간, 십이 지지의 각 글자들은 음기와 양기의 운동을 하면서 다시, **목/화/금/수/토**라는 오행五行의 속성屬性을 갖게 된다는 것으로 위, 도표에 표기된 바와 같습니다.

즉, 십 천간의 **갑,을**은 **목기木氣**로 **목**의 운동성을,

병,정은 **화기火氣**로 **화**의 운동성.

무,기는 **토기土氣**로 **토**의 운동성.

경,신은 **금기金氣**로 **금**의 운동성.

임,계는 **수기水氣**로 **수**의 운동을 갖는다는 것이요, 십이 지지의 **인,묘**는 **목기木氣**로 **목**의 운동성을,

사,오는 **화기火氣**로 **화**의 운동성.

신,유는 **금기金氣**로 **금**의 운동성.

해,자는 **수기水氣**로 **수**의 운동을 갖으며, **진.미.술.축**는 각각, **토기土氣**로 **토**의 운동을 갖는다는 것입니다.

천간과, 지지의 글자들을 오행五行별로 보면, 천간의 **갑,을과** 지지의 **인,묘는 목기**요, 천간의 **병,정**과 지지의 **사,오는 화기**, 천간의 **무,기**와 지지의 **진.미.술.축은 토기**며, 천간의 **경,신과** 지지의 **신,유는 금기**. 천간의 **임,계**와 지지의 **해,자는 수기**가 됩니다!!!~

이를 좀 더~ 확장하여 해석해 보면, 木氣 중, 지지의 寅 木 은 천간의 甲목과 같고, 지지의 卯목은 천간의 乙목과 같으며, 火氣 중, 지지의 巳火는 천간의 丙화와, 지지의 午화는 천간의 丁화와 같으며, 土氣 중, 지지의 辰,戌은 천간의 戊土와, 지지의 丑,未는 천간의 己토와 같고, 지지의 申金은 천간의 庚금과, 지지의 酉금은 천간의 辛금과 같으며, 지지의 亥수는 천간의 壬수와, 지지의 子수는 천간의 癸수와 같음을 알 수 있는데, 이러한 관계들을 간단하게 도표화 한 것이 위의 **십 천간 십이 지지와 음,양/ 오행**표입니다.

이해!!!~ 하시겠지요!!!~

간단하게 다시 말씀드린다면, "각 인의 명과 운을 알기위해 전제되는 사주, 네 기둥, 여덟 글자는 십 천간, 십이 지지라는 상징 기호체계에서부터 비롯되는데, 이 십 천간과 십이 지지의 글자들은 각각, **음陰**과 **양陽**의 기운으로 나눠지며 이, 음양의 기운은 다시 **오행五行**의 속성을 갖는다". 라고 이해하시면 되겠습니다.

위 도표를 잘!!!~ 살펴보시면, 간,지/음,양 오,행을 이해하는데 도움이 될 것입니다.
말씀드렸듯!!!~ 천간과 지지의 각 글자들은 각 인의 사주를 풀어내기 위한 상징 기호체계요, 기 기호체계에 각각의 의미를 부여한 것이므로, 甲이 왜???~~~ 木氣지???~~~ 庚이 왜???~~~ 金氣가 되는 거야???~~~ 라는 식으로 들여다 보지마시고~~~,

갑이라는 상징 기호를 만들어, 이 갑의 글자는 목의 기운을 갖는 글자라고 하자~ 경이라는 상징 기호를 만들어 놓고, 경이라는 글자는 금의 기운을 갖는 글자라고 하자!!!~~~ 라는 식으로 이해하시라는 것입니다.

이는 단순히~, 이해하기 위한 방편으로써가 아니라, 이러한 모든 상징체계들은 놀랍게도, 우주의 오묘奧妙한 섭리攝理와 그 궤軌를 같이하고 있다는 것입니다.
그렇기 때문에 사주명법은 우리와 동떨어진 별개가 아니라, 유구悠久한 역사성을 이어가며 우리의 실생활에서 유용하게 활용되고 있는 것이겠지요!!!~

다음에는 간지 오행의 **생生/극克** 관계를 알아보겠습니다.

우선 아래의 생/극 관계를 보세요!!!~
사주명법의 기초 지식에 속하지만, 참으로 중요한 부분으로,
이들, 오행의 생/극관계로 부터 사주명법의 절정絶頂!!!~
이라 할 수 있는 육친성六親星이 성립되기 때문입니다.

■☆오행五行의 생生/극剋☆■

▫생 관계: 목생 **화**→화생 **토**→토생 **금**→금생 **수**→수생 **목**.
▫극 관계: 목극 **토**→토극 **수**→수극 **화**→화극 **금**→금극 **목**.

다음은 위의 한문본입니다.
▫生 關係: 木生 **火**→火生 **土**→土生 **金**→金生 **水**→水生 **木**.
▫克 關係: 木剋 **土**→土剋 **水**→水剋 **火**→火剋 **金**→金剋 **木**.

위 관계에 대해, 좀 더 설명을 드린다면, **木氣**는 水의 기운
으로부터는 生을 받으며, 火의 기운을 生해준다는 것이요,
火氣는 木으로부터 生을 받으며, 土의 기운을 生해주게 되
고, **土氣**는 火로부터 生을 받으면서 金의 기운을 생해준다는
것이요, **金氣**는 土로부터 生을 받으면서 水의 기운을 生해주
며, **水氣**는 金으로부터 生을 받으면서 木의 기운을 生해준다
는 것입니다.

다음으로 극의 관계를 보면, **木氣**는 金의 기운으로부터는 克을 받으며, 土의 기운을 克한다는 것이요, **土氣**는 木으로부터 克을 받으면서, 水의 기운을 克하게 되고, **水氣**는 土로부터 克을 받으면서 火의 기운을 克한다는 것이요, **火氣**는 水로부터 克을 받으면서 金의 기운을 克하며, **金氣**는 火으로부터 克을 받으면서 木의 기운을 극한다는 것입니다.

여기서 천간과 지지의 글자 중, **木氣**는 **갑,인/을,묘**가 되고, **火氣**는 **병,사/정,오**가 되며, **土氣**는 **무-진,술/기-축,미**가 되는 것이요, **金氣**는 **경,신/신,유**가 되는 것이며, **水氣**는 **임,해/계,자**가 된다는 것은 아시죠!!!~

조금이라도 의문이 생기신다면, 몇 번이고 위, **"십 천간 십이 지지와 음,양/ 오행"**의 일람표를 살펴보신다면 이해하게 될 것입니다.

그러니까!!!~ **木氣**의 **갑,인/을,묘**는 **水氣**인 **임,해/계,자**로 부터는 生을, **金氣**인 **경,신/신,유**로 부터는 克을 받는 것이 되고, **火氣**의 **병,사/정,오**는 **木氣**의 **갑,인/을,묘**로 부터는 生을, **水氣**의 **임,해/계,자**로 부터는 克을 받는 것이 되며, **土氣**의 **무-진,술/기-축,미**는 **火氣**의 **병,사/정,오**로 부터는 生을, **木氣**의 **갑,인/을,묘**로 부터는 克을 받는 다는 것이요, **金氣**의 **경,신/신,유**는 **土氣**의 **무-진,술/기-축,미**로 부터는 生을, **火氣**의 **병,사/정,오**로 부터는 克을 받는 것이며, **水氣**의 **임,해/계,자**는 **金氣**의 **경,신/신,유**로 부터는 生을, **土氣**의 **무-진,술/기-축,미**로 부터는 克을 받는 관계가 된다는 것입니다.

이해하는데, 도움이 되시죠!!!~

이를 다시 간단하게 도표화해 보면 다음과 같습니다.

※오행의 생/ 극과 육친 성※

오행 육친	생을 받는 오행, 육친	생해주는 오행, 육친	극 받는 오행, 육친	극하는 오행, 육친
갑,인/을,묘; 木氣 비겁 일 때,	임,해/계,자 水氣 인성	병,사/정,오 火氣 식상 성	경,신/신,유 金氣 관성	무-진,술/ 기-축,미 土氣 재성
병,사/정,오; 火氣 비겁 일 때,	갑,인/을,묘 木氣 인성	무-진,술/ 기-축,미 土氣 식상 성	임,해/계,자 水氣 관성	경,신/신,유 金氣 재성
무-진,술/ 기-축,미; 土氣 비겁 일 때,	병,사/정,오 火氣 인성	경,신/신,유 金氣 식상 성	갑,인/을,묘 木氣 관성	임,해/계,자 水氣 재성
경,신/신,유 金氣 비겁 일 때,	무-진,술/ 기-축,미 土氣 인성	임,해/계,자 水氣 식상 성	병,사/정,오 火氣 관성	갑,인/을,묘 木氣 재성
임,해/계,자 水氣 비겁 일 때,	경,신/신,유 金氣 인성	갑,인/을,묘 木氣 식상 성	무-진,술/ 기-축,미 土氣 관성	병,사/정,오 火氣 재성

위, 도표에서 좌측의 짙게 처리된 오행육친 칸을 **아〈나〉인**
비겁으로 할 때, 우측으로 진행하면서 아를 생해주는 인성/
아가 생해주는 식상/ 아를 극하는 관성/ 我가 극하는 재성이
됩니다.

사주四柱 명법命法은,

십 천간과 십이 지지, 이들의 조화로 이뤄진, 60갑자와

육친성/ 12운성/ 12신살과 더불어

여기에 합/형/충/파/공망/격각/양인/백호/괴강 등의

신살을 운용하여 각 인의 명과 운을 읽어내는 것으로,

십 천간, 12지지/ 육친성/ 12운성, 12신살에 대한 지식을

얼마나 제대로 알고 있으며,

합/형/충/파,해/공망/격각/원진/양인/백호/괴강 등의

신살을 어떻게 운용하는가에 따라

그 결과는 크게 달라질 수 있습니다.

더욱이나, 사주 명법을 이론적 연구의 대상으로써가 아닌,

현장 상담사를 희망하는 경우라면,

이 부분은 더욱 중요해 질 수 밖에 없을 것입니다.

따라서 사주 명법은 그, 무엇보다!!!~

명법의 기본 지식과, 각각의 운용기법들을

학습學習하고, 교수敎授함에 있어

현실現實적 효용성效用性과 적확的確성을 갖추는,

지식들로 학습되고, 교수되어야 할 것입니다.

▷다시 보는, 십성 육친◁

※사주 세우기와
십 천간 별, 십성 육친 붙이기 연습※

앞에서도 언급되었듯~
십성 육친은 십 천간과 십이지지 글자들의 음,양과 오행에
의한 생/극 관계로 성립되며, 각 인의 명과 운을 풀어내는데
있어 매우 중요한 방편이 되므로 그 원리原理와 취용取用법
을 제대로 이해理解하고 숙지熟知하셔야 합니다.

**십성 육친의 함의와 십성 육친의 확장된 의미/ 12운성, 12
신살** 등에 대해서는, 본서의 <u>63~ 83</u>쪽에서 다뤄졌으므로
앞의 내용들을 참고해 주시기를 바랍니다.

십 천간/12지지/육친성/12운성, 12신살은 사주명법의 기본
지식이요, **합/형/충/파/해/공망/격각/원진** 등과 더불어 **양인
羊刃/백호/괴강** 등의 신살을 어떻게 운용하며, 활용하느냐에
따라 상위의 상담사가 되는가???~ 아닌가???~ 가 될 수
있어 기본지식에 대한 바른 학습은 참으로 중요합니다.
그렇다고~ 하여, 결코, 복잡하다거나 어려운 것만은 아님을
말씀드리며, 십성 육친을 이어가겠습니다.

학습의 편의 상, 간단하게 정리된 십성 육친의 성립 원칙을
다시 가져와 제시해 보면 다음과 같습니다.

⊡십성十星 육친六親의 성립⊡

나〈아我 = 일간日干〉을 기준基準하여,

  나와 五行이 같고 陰,陽이 같으면 <u>비견比肩</u>.

  나와 五行이 같고 陰,陽이 다르다면 <u>겁재劫財</u>.

→<u>比肩과 劫財를 통칭統稱 비겁比劫</u>이라 합니다.

  내가 生해 주고 陰,陽이 같으면 <u>식신食神</u>.

  내가 生해 주고 陰,陽이 다르다면 <u>상관傷官</u>.

→<u>食神과 傷官을 통칭統稱하여 식상食傷</u>이라 합니다.

  내가 剋하고 陰,陽이 같으면 <u>편재偏財</u>.

  내가 剋하고 陰,陽이 다르다면 <u>정재正財</u>.

→<u>正財와 偏財를 통칭統稱하여 재성財星</u>이라 합니다.

  나를 剋하고 陰,陽이 같으면 <u>편관偏官</u>.

  나를 剋하고 陰,陽이 다르면 <u>정관正官</u>.

→<u>正官과 偏官을 통칭統稱하여 관성官星</u>이라 합니다.

  나를 生해 주고 陰,陽이 같으면 <u>편인偏印</u>.

  나를 生해 주고 陰,陽이 다르면 <u>정인正印</u>.

→<u>正印과 偏印을 통칭統稱하여 인성印星</u>이라 합니다.

다음은 사주의 각, 궁주 별 함의로 사주 해석에 매우 유용한
방편이 되는 자료로 다시 한 번, 제시합니다.

※四柱 궁宮 주柱 별別 함의含意※

時〈實〉	日〈花〉	月〈苗〉	年〈根〉	干
配偶者. 子息	自身. 配偶者	父母. 兄弟	先祖. 祖父.	
末年 期	長年 期	靑/ 長年 期	初年. 少年 期	
80~ 61歲	60 ~ 41歲	40 ~ 21歲	20 ~ 1歲	
冬〈陰;10~12〉	秋〈陰;7/8/9〉	夏〈陰;4/5/6〉	春〈陰;1/2/3〉	
子息/ 동생關係 大門 밖 베란다, 앞뜰. 가게, 事業場 도로, 路上 時間 手當.	안방/ 居室 주방 내 집 대문 日 當.	血肉- 父母, 兄弟 家屋, 建物/ 文書 職場/ 上,下 關係 집 뒤뜰. 옆집 月 給.	前生/ 祖上. 家門 땅/ 先山/ 墓 事業/ 職業 官廳 關係事. 집 전체. 我가 사는 동네 金錢/ 큰 財物.	共 通
부하직원. 수하인	자신	중간 관리자	사주社主	
두 팔, 다리. 발 생식기. 엉덩이	몸통	어깨 흉부, 두 팔	머리	
두 時間	一日/ 24時間	한 달. 30日	1年. 365日	
未來	現在	現在完了. 過去	大 過去	
媤家. 妻家		親庭. 本家		
子息- 딸 後世	我의 家庭 配偶者.妻.愛人	母. 兄弟. 夫 社會	祖母	支

▢天干은 정신적 측면/ 명예/ 귀貴함/ 남자 육친을 의미.
地支는 실질적인 삶의 환경, 현실 조건/ 일/ 금전/ 여자 육친
을 의미 함.

자!!!~

그러면 이제부터는 앞에서 다뤘던 십성과 위에서 다시 제시해 드린 내용들을 참고하면서 실제의 사주를 예例로 하여, 육친성을 붙이는 연습과 더불어, 쉽고 간단하게 사주를 해석해 내는 방법들을 전개시켜보고자 합니다.

물론, 자평명리에 의한 통변에 이어, **"동양 점성술 역 철학 학술원"**에서 진행하고 **두수, 즉간즉설 활용서 "자미두수 요체"** 의 강의교재를 활용하여 바로 보고, 즉시 말해줄 수 있도록 한, 두수 통변기를 함께 다룸으로써 자미두수에 대한, 보다 여유롭고, 유연한 시각視角의 필요성을 提示제시해 보고자 합니다.

그럼!!!~

같이 시작해 보시겠습니다.

전개방식은, 자평 명리의 경우, 앞에서 다뤄진 내용들을 위주로 하여 **십성 육친을 붙이 연습에 이어, 간, 지 글자론/ 궁주론, 육친성 등에 의한 해석/ 합.형.충.파**에 의한 현상 방식으로 진행되며, 두수에서는 앞에서 말씀드린 대로, 두수 강의 교재인 **두수, 즉간즉설 활용서 "자미두수 요체要諦"**를 활용한 두수 통변기通辯技를 보여드림으로서, 두수를 전혀 모른다 해도 상담 현장에서 바로 활용할 수 있음을 실감하실 수 있도록 하였습니다.

그럼!!!~

다음의 예부터~ 시작해 보겠습니다.

⊡십성 육친 붙이기 연습⊡

우선 육친 성을 읽어내는 연습부터 해, 보겠습니다.

⊡해 년생의 예⊡

시	일	월	년	본명 사주
	甲갑	辛신		
		未신	亥해	

사주에 드러나 있는 모든 글자의 육친 성들은 **나我인 일간日干을 기준하여 정定**해지게 됩니다.

따라서 위의 예는 갑 간을 기준하게 되는데, 년 지의 亥水는 천간의 글자 중, 壬水와 동일한 글자가 되므로, 壬水의 육친 성을 읽게 내게 됩니다.

따라서 오행 상, 壬水 生, 甲木으로 壬水의 글자는 甲 일간의 인성되며, 陰/陽으로는 壬,陽水/ 甲,陽木으로 음/양이 같아, 壬水는 甲木의 **편인**성이 되겠지요!!!~

사주 지지地支 글자의 육친 성들은 모두, 이와 같은 방식으로 읽어내게 됩니다.

다음으로 월 간, 辛金과 갑목과의 관계는 辛金 克, 甲木으로 辛金은 일간인 甲木의 관성이 되지요!!!~
陰/陽으로는 辛, 陰金/ 甲, 陽木으로 陰/陽이 서로 다릅니다.
따라서 **정관**성이 되겠죠!!!~

월 지의 未는 천간의 己土와 같은 글자이므로, 未 중, 己土의 육친 성을 읽어야겠지요.!!!~

따라서 甲木 克, 己土로 己土는 일간, 甲木의 재성이 되겠는데, 陰/陽으로는 甲, 陽木/ 己, 陰土로 陰/陽이 서로 다릅니다. 따라서 己土는 **정재**성이 됩니다.

사주에 甲木의 글자가 드러나 있다면, **"다~ 털어먹은 이후, 자수성가"**하게 된다. 가 됩니다.

다음의 예를 보시지요.

⊡해 년생의 예⊡

시	일	월	년	본명 사주
	乙을	庚경		
		寅인	亥해	

위, 예 사주의 일간은 乙木입니다.

일간 이외의 타 주로도 을목이 드러나 있다면, **"인생의 한 번쯤은 언변을 활용하는 삶을 살아가게 된다."**가 됩니다.

운의 글자에 따른 이변異變이 현상이 있을 수 있겠으나, 위의 상황이라면, 사회생활이 시작되면서 그러했을 것이라는 해석이 가능해 집니다.
그렇지 않다면, 위 예 사주 인의 부모나 형제 중에서 그랬다는 것이 되겠습니다.

이러한 관법은 인자 론에 의한 독립적 기법이 되며, 현실과 동떨어진 이야기가 아닌~ , 현실을 그대로 읽어 낼 수 있는 관법이라는 것이지요!!!~

육친 성 읽기를 계속하여 진행시켜 보겠습니다.

일간인 乙 木을 기준한, 년 지의, 亥 중, 壬 水는, 壬水 生, 乙木으로 壬水는 乙木의 인성이 됩니다.
陰/陽적으로는 乙, 陰木/ 壬, 陽水의 관계이므로 **정인**성이 되지요!!!~

다음으로, 월 간의 庚金은 庚金 克, 乙木으로, 庚金은 일간 乙木의 관성이 되며, 陰/陽으로는 乙, 陰木/ 庚, 陽金이므로 庚金은 **정관**성이 되는 것이지요!!!~

월 지의 寅木은 寅木과 동일한 천간의 글자인 甲木의 육친 성으로 읽어야 하는데, 일간이 乙木이니 甲木과는 오행 상으로 동일한 비겁성이 됩니다.

하지만, 乙, 陰木/ 甲, 陽木이니 甲木은 일간인 乙木의 **겁재** 성이 되겠죠!!!~

다음의 예를 더 보시지요!!!~

□己酉 年 生의 예□

시		일		월		년		본명 사주 남자
		丙병		辛신		己기		
		戌술		未미		酉유		
癸계	甲갑	乙을	丙병	丁정	戊무	己기	庚경	
亥해	子자	丑축	寅인	卯묘	辰진	巳사	午오	대한
71	61	51	41	31	21	11	01	

위 예는 丙戌 일주이면서 年 干의 글자는 己가 됩니다.
오행 상, 丙火 生 己土가 되지요!!!~
따라서 육친 상으로는 식상이 되며, 陰/陽으로는 丙의 陽火
와 己의 陰土의 관계가 되므로 **상관**성이 되겠지요!!!~

丙戌 기준, 年 支의 酉 중, 辛金의 육친 성을 읽어보면 丙火
克 辛金이 되므로 재성되며, 陰/陽으로는 丙 陽火, 辛 陰金의
관계이니 **정재**성이 되지요.!!!~

월 간의 辛金은 年 支와 같은 글자이므로 **정재**성이 됩니다.

월지는 未 중, 己土의 육친을 읽어야 하는데, 이 己土는 일간
인 丙火로부터 生을 받는 관계이므로 일단 식상성이 되며,
陰/陽으로는 丙 陽火, 己 陰土가 되므로 **상관**성이 되겠지
요!!!~

일간인 丙火 기준, 일지의 戊 중, 戊土의 육친성 또한 丙火
生, 戊土의 관계로 식상성이 되며, 陰/陽으로는 丙 陽火, 戊
陽土가 되므로 **식신**성이 됩니다.

다음의 예를 계속해서 보시겠습니다.

▫丁酉 年 生의 예▫

시	일	월	년	본명 사주 남자
	丁정	壬임	丁정	
	丑축	子자	酉유	

丁丑 일주이니 丁 干을 기준한 타 글자들의 육친 성을 알아
봐야 하겠지요!!!~

年 干의 丁火는 일간과 五行과 陰/陽이 동일한 글자이므로
비견성이 되겠지요!!!~

년 지 酉 中의 辛金은 일간 丁火 克, 辛金의 관계이니 재성
이 되겠고, 丁 陰火, 辛 陰金으로 **편재**성이 됩니다.
월 간은 壬水로 壬水 克, 丙火로 관성이 되며, 壬 陽水, 丁
陰火로 **정관**이 됩니다.

월지, 子水 中, 癸水는 丁火의 관성으로, 癸 陰水와 丁 陰火
의 관계이니, **편관**이 되겠지요.!!!~
일지의 丑과는 丁火 生, 己土의 관계이니 식상성이 되며, 丁
陰火와 己 陰土이므로 **식신**이 되지요.!!!~

다음의 예를 보겠습니다.

시	일	월	년	본명 사주 남자
	戊무		己기	
	子자	未미	未미	

일간 戊土 기준, 年 干의 己土는 오행이 같아 비겁성이 되는데, 陰/陽이 서로 다르니 **겁재**성이 됩니다.

년 지와 월지의 未중, 지장地藏 간으로 유기하는 己土 또한 같은 겁재성이 되지요.

다음으로 일지 子水는 子水 중, 癸水의 육친성을 읽어내게 되는데, 일간인 戊土로 부터 극을 받는 관계가 되어 재성이 되며, 陰/陽이 서로 다르므로 **정재**성이 됩니다.

다음의 예를 보시지요!!!~

·술 년생의 예·

시	일	월	년	본명 사주 여자					
	己기	甲갑							
	巳사	申신	戌술						
丙병	丁정	戊무	己기	庚경	辛신	壬임	癸계	대한	
子자	丑축	寅인	卯묘	辰진	巳사	午오	未미		
73	63	53	43	33	23	13	03		

사주 각 글자들의 육친성은, 나我인 일간日干을 기준으로 정해지는 것으로, 위 사주는 己巳 일주의, 己 干을 기준하여 타십성을 읽어내게 됩니다.

年 支, 戌은 천간의 戊土와 동일한 글자이므로, 戌 중, 戊土의 육친성을 읽어내야 하는데, 戊土는 일간인 己土星과 오행이 같아 비겁星이 되며, 己 干은 陰土요, 戊土는 陽土가 되므로 음,양이 서로 다릅니다. 따라서 **겁재**성이 됩니다.

월간의 甲木은 일간인 己土를 木 克 土하여 극하는 입장이 되므로, 관성이 되는데, 갑목은 陽木이요, 己土는 陰土로 음/양이 서로 다릅니다. 따라서 **정관**성이 되겠지요.

월지는 申金으로 년지의 경우와 가튼 방식을 취하게 되는데, 申 중, 庚金은 일간인 己土에 의해 土 生 金으로, 生을 받는 관계가 됩니다.
따라서 申金의 글자는 식상성이 되며, 일간은 陰土요, 庚金은 陽金이니 陰/陽이 서로 다르지요. 하여 월지의 申金은 **상관傷官**성이 됩니다.

일지의 巳火는 어떨까요.!!!~
巳火의 육친성을 읽어내는 방법도 같습니다.
巳火는 천간의 丙火와 같은 글자이므로 巳火 중, 地藏 干으로 있는 丙火의 육친성을 읽어내게 되는데, 丙火는 오행 상, 火 生 土하여 일간인 己土를 生하는 관계가 되므로 일간 己土의 인성이 되며, 陰/陽이 서로 다르기 때문에 丙火는 일간 己土의 **정인**성이 되겠지요!!!~

계속해 볼까요.!!!~

□壬寅 年 生의 예□

시	일	월	년	본명
	庚경	戊무	壬임	사주
巳사	辰진		子자	여자

일간이 庚金이면서 年 干은 壬水입니다.
庚金 生, 壬水로 壬水는 食傷星이 되며, 庚 陽金, 壬 陽水로
식신성이 됩니다.

年 支의 子는 癸水가 되지요.!!!~
이, 또한 식상성이면서 庚 陽金, 계 陰水가 되니 年 支의 子
는 **상관**성이 됩니다.

月 干의 戊土는 戊土 生, 庚金이니 인성이요, 戊, 陽土/ 庚,
陽金으로 **편인**성이 되겠지요!!!~

日支, 辰의 戊土 또한, 陽土가 되므로, 日支의 辰土도 **편인**성
이 되지요!!!~

時支는 巳火로, 巳 중, 丙火와는 丙火 克, 庚金의 관계이므로
관성이 되면서 丙, 陽火/ 庚, 陽金이니, 관성 중에서도 陰/陽
이 같은 **편관**이 되겠지요!!!~

다음의 예를 계속해서 보시죠!!!~

·甲辰 년생의 예·

시	일	월	년	본명 사주
	辛신		甲갑	
	未미	未미	辰진	

위 예는 辛未 일주로 辛 干입니다.

육친 덕 없다.~
더욱이나 坤命〈여자〉이라면~ 더~
나의 짝은~ 어디에???~ 가, 되기 쉽다!!!~

우선, 辛 干 기준, 년 간의 갑목은, 辛金 克, 甲木으로 甲木
은 재성이 되며, 辛, 陰金/ 甲 陽木의 관계이니 재성 중에서
도 **정재**성이 되겠지요!!!~
년 지는 辰 중, 戊土로 육친 성을 정定하게 되므로, 戊土 生,
辛金으로 인성되며, 戊, 陽土/ 辛, 陰金이니 戊土는 일간인
辛金의 **정인**성이 되겠죠!!!~

월지와 일지는 未土로, 未 중, 己土로 육친 성을 읽어보면,
己土 生, 辛金으로, 己土는 인성이 되며, 일간 辛金과는 陰/
陽이 서로 같으므로, **편인**성이 됩니다.

위 사주는 월과 일지로 未土가 드러나 있어, 명주가 남자라
면 20~ 청년기부터 일주의 시점이 되는 장년기에 해당되는
구간까지의 세월을 참으로 지루하고 답답함을 감내堪耐하며
살아가게 될 터인데, 그 이유는 未라는 글자에 내포되어 있
는 함의含意가 드러나기 때문입니다.

하지만, 목적을 성취하기 위한~ 사회적 발전과 번영을 위한 침체沈滯, 휴식기休息期에 해당되며, 이 시기의 직업적 측면은 문서를 활용하는 사업이나, 전문 기술기능 분야가 될 수 있겠으며, 월주에서~ 일주로 넘어가는 시기에 이르면, 생활 환경에 변화가 있게 됩니다.

다음을 예를 보실까요.!!!~

·丙 년생의 예·

시	일	월	년	본명 사주
	壬임		丙병	
	申신	亥해	午오	

이 경우는 壬 일간으로 년 간의 丙火는 **편재**성이 되겠고, 년 지의 午, 丁火는, 壬水 克, 丁火로 陰/陽이 서로 다릅니다. 따라서 **정재**성이 되겠지요!!!~

월지의 亥는 壬水로 **비견**성이요, 일지의 申은 庚金의 육친 성을 읽어야 하는데, 壬 陽水/ 庚 陽金입니다. 따라서 庚金은 일간 壬의 **편인**이 되지요!!!~

다음은 십 찬간 중, 마지막 글자인 癸水 일간인 경우입니다.

·庚 년생의 예·

시	일	월	년	본명 사주
	癸계	丁정	庚경	
		亥해		

년 간으로 드러나 있는 庚金은 庚金 生, 癸水면서 庚, 陽金/ 癸, 陰水이니 **정인**성이 되겠지요!!!~

월간의 丁火는 癸水 克, 丁火로 재성이요, 癸, 陰水/ 丁, 陰火이니 **편재**가 됩니다.
월지의 亥水는 壬水로, 癸, 陰水/ 壬, 陽水의 관계가 되므로 **겁재**성이 되겠지요!!!~

여자인 경우로, 壬水나 癸水라면, **"배우자〈남편〉덕 얻으며 살아가기가 쉽지 않다"**!!!~ 가 됩니다.
"사랑하기 위해~, 사랑받기 위해 태어났으나, 애정사에 왜곡 歪曲/ 파절이 따르기 쉽다." 이것이 壬, 癸水의 특징입니다.

이제까지~
甲 干부터~ 癸 干까지, 日干에 의한, 각각의 육친 성을 붙여 보았습니다.

앞에서부터~ 줄 곳, 줄기차게!!!~
이야기해 왔습니다. 만!!!~ ,

사주명법은 십 천간과 12지지/ 육친 성과 12운성을 얼마나 제대로 알고, 운용할 줄 아는가???~ 로, 현장 상담사로서의 레벨〈급級〉이 정정定定해질 정도의 중요한 지식이므로, 잘!!!~ 익히시기 바랍니다.

여기에 12신살과 더불어 합.형.충.파~. . . 등, 신살과 작용으로 드러나는 현상을 읽어내게 되는 것이지요!!!~

이제부터는~

지금까지 학습해 오신 내용들을 기반基盤으로, 실제의 사주를 읽어내는 연습을 해~ 보시겠습니다.

사주를 살펴보실 때에는, 왜~ 이렇게 읽혀지는 것일까???~에 초점을 맞추어 읽어보십시오.!!!~

이해가 안 된다!!!~ 하시더라도, 그냥!!!~

이해되시는 부분들을 위주로 하시면서~~~

이해가 안 되는 부분들은 앞쪽으로 가셔서 다시 확인해 가면서~ 그러다 보면, 눈에 들어오는 부분들이 점~ 점!!!~~ 많아지면서 전체적인 맥락을 잡아나갈 수 있게 되고, 운에서의 현상들도 읽어 낼 수 있게 되는 것이지요!!!~

□메모□

■실전 상담의 예, 살펴보기■

자!!!~
그러면, 이제~
자평과 두수, 명법을 통합적으로 다루는 방식까지~
실재 상담의 예를 전개시켜 보겠습니다.

壬寅 년, 庚午 日柱의 例입니다.

ㅁ壬寅 年 生의 예ㅁ

시	일	월	년	본명
	庚경	癸계	壬임	사주
	午오	丑축	寅인	여자

위 예는 庚午 일주로 년 간의 壬水는 庚金 生, 壬水로 식상성이 되며, 庚 陽金, 壬 陽水의 관계이므로 **식신**성이 됩니다. 년 지, 寅 중, 甲과는 庚金 克, 甲木으로 재성이 되며, 陰/陽으로는 庚 陽金, 甲 陽木의 관계이니 **편재**가 되겠지요!!!~

월 간, 癸水와는 庚金 生, 癸水로 식상성이 되며, 庚 陽金, 癸 陰水의 관계이므로 **상관**성이 됩니다.
월지, 축토 중, 己土는 己土 生, 庚金으로 인성이 되며, 己 陰土와 庚 陽金의 관계이므로 **정인**성이 됩니다.

일지와는 午 중, 丁火 克, 庚金으로 관성이 되며, 陰/陽으로는 丁 陰火와 庚 陽金의 관계이니 **정관**성이 되겠지요.!!!~

사주를 좀~ 더 살펴보겠습니다.
庚金 일주로 庚의 글자는 새로운 **개혁/창출/결단/수렴,결실/ 의리/강직/질서**의 성분이요, 일을 처리함에 있어 속전속결速 戰速決함이 있으며, 통솔력을 갖추기도 하나, 과도한 욕심으로 시비,구설을 자초하게 되고, 애정사에 있어서는 파절이 따르기도 쉬움을 함축含蓄합니다.

일단, 사주가 주어지면, 내가〈아我〉 사주 내, 다른 글자들을 주도적으로 **활용〈=즉, 써먹을 수 있는지의 여부〉**할 수 있는지?~, 아니면, 내가 종속從屬적 상황에 놓여있는지를 파악把握하게되는데, 이는 내가 힘이 있는가!!!~, 그렇지 못한가를 가름하는 것으로, 흔히 신강인가???~ 신약인가를 판단하는 것이 됩니다.

내가〈=일간〉 힘이 있는가!!!~, 그렇지 못한가를 가름하는 이유는 내가 삶을 주도적으로 살아가게 될 것인지???~ 위에서 언급되었듯~ 내 사주에 주어진 타 육친 성들을 얼마나 주도적 활용하며 살아갈 수 있는지???~ 등을 알아보기 위함입니다.

얼마나 **주도적**으로???~, **적극적**으로???~

하지만, 본명에 드러나 있는 글자들은 운에 의해 그 세력이 강해지거나 약해질 수 있어 본명에서 강한 주도권을 갖고 있다하여 무조건적으로 좋다거나, 주도권을 갖고 있지 못하다 하여 불리하거나 흉하다고 볼 수 없다는 것입니다.

참고로, 사주에서 내가〈일간〉 주도권을 갖추려면, 아와 동일한 오행인 **비겁**성과 아를 生해주는 **인성**이 있어야 하며, 아를 극하는 **관성**이나 아가 극하는 **재성**이나 아가 생을 해주는 **식상**이 왕旺하다면 나의 주도권은 약해질 수밖에 없습니다.

즉, 내가 주도권을 갖추려면 사주 내, 비겁과 인성이 왕旺해야 한다는 것이요!!!~

사주에, 재성이나 관성이 많다면, 그렇지 못하다는 것입니다.

또한, 12운성의 왕/쇠 등으로 일간의 세력을 측정測定해 낼 수 있는데, 12운성에 의한 旺~ 衰 등은 사주명법을 운용함에 있어 참으로 중요한 쓰임을 갖습니다.

12운성은 명법을 운용함에 있어 귀한 쓰임을 갖는 주요 일람표들과 함께, 본서의 말미末尾에 기재記載가 되어 있지만, 본, 예 사주에 적용하여 어떠한 방식으로 활용하게 되는지 살펴보겠습니다.

다음은 12운성 일람표입니다.

·12운성, 12胞胎 일람표·

同柱 地支		甲 寅	乙 卯	丙.巳 戊 辰,戌	丁.午 己 丑,未	庚 申	辛 酉	壬 亥	癸 子
月同 令柱 十星 六親	長生	亥	午	寅	酉	巳	子	申	卯
	浴	子	巳	卯	申	午	亥	酉	寅
	冠帶	丑	辰	辰	未	未	戌	戌	丑
	官〈祿〉	寅	卯	巳	午	申	酉	亥	子
	帝旺	卯	寅	午	巳	酉	申	子	亥
	衰	辰	丑	未	辰	戌	未	丑	戌
	病	巳	子	申	卯	亥	午	寅	酉
	死	午	亥	酉	寅	子	巳	卯	申
	墓	未	戌	戌	丑	丑	辰	辰	未
	胞〈絶〉	申	酉	亥	子	寅	卯	巳	午
	胎	酉	申	子	亥	卯	寅	午	巳
	養	戌	未	丑	戌	辰	丑	未	辰

12운성을 읽는 방법을 다시 한 번 말씀드리면, 위 표에서 **甲,寅**의 **亥**는 12운성 상, **장생지**가 된다는 것이요, 丁.午/ 己.丑.未의 丑은 **묘지**가 되며, **壬,亥**의 **巳**는 12운성 상, **절지**가 된다는 것입니다.

예, 사주의 읽기를 계속하겠습니다.

⊡**壬寅 年 生의 예**⊡

시		일		월		년		본명 사주 여자
		庚경		癸계		壬임		
		午오		丑축		寅인		
77	67	57	47	37	27	17	07	대한
乙을	丙병	丁정	戊무	己기	庚경	辛신	壬임	
巳사	午오	未미	申신	酉유	戌술	亥해	子자	

12운성표, 庚金의 칸에서 아래로 내려오며 午字를 찾은 후, 다시 왼쪽으로 진행시켜보면, 욕浴이 됩니다.

이 浴이라는 것은 庚金의 글자는 午에 목욕沐浴地가 된다는 것으로, 어떠한 일이 **성장 과정에 있음**을 뜻합니다.

庚午는 **한〈=하나의〉** 기둥을 이루고, 자自 좌坐, 浴地에 앉아 있는 것이 되지요!!!~

12운성 중, 태/양의 지는 **신생기新生期**.

장생/목욕/관대/건록/왕지는 성장, **성숙기成熟期**.

쇠/병/사/묘/절지는 **쇠퇴기衰退期**가 되므로, 浴地의 庚金은 어느 정도의 세력을 갖추는 시기로 볼 수 있지요.

12운성과 더불어 사주 내 각 글자의 기세를 살피기 위해서는 월지를 기준하여 12운성의 어느 자리가 되는가??~ 를 함께 고려해야 하는데, 庚 干은 월지 축에 묘지墓地가 됩니다.

즉, 묘지란, **성장이 멈추고 흙〈무덤〉속에 묻힌 상태**라는 것입니다.

이러한 상황을 종합적으로 고려하여 경간의 세를 가름해 본다면, 비겁의 글자는 없고, 인성은 월지로 丑자가 드러나 있으나 庚金에게는 별 도움이 안 되는 상태에서, 나의 기운을 빼앗기는 식상성인 년, 월 간의 壬/癸水와, 재성인 년 지의 인목과, 관성인 일지의 午火로 인해 아는 사주 내, 타 육친성들을 주도적으로 활용하기에는 어려움이 따르게 됩니다.
그렇다면, 일주까지의 글자 중, 강한 주도권을 갖는 글자는 어느 글자가 되겠습니까???~

년 간의 壬水는 自 坐, 病地에 앉아있으며 월지 丑에는 衰地가 되며, 월 간의 癸水는 자 좌, 丑에 관대지가 되면서 사주 내, 癸水 상관의 별이 세勢를 갖추게 됩니다.

일간의 세력이 파악되면, 뒤이어 관성과 재성, 식상성의 순으로 사주를 살피게 됩니다.

위 예에서 관성의 모양을 살펴볼까요???~.
사주에서 관성은 일지의 午火로 직업적으로는 불/화약/엔진/조명기기/광고 등의 분야가 되겠고, 신체 질병으로는 심장/신경 정신계/수액水厄/발열/이후/편도선 등과 관련됩니다.

또한, 월지의 축과는 원진으로 시댁과 잘 지내기는 어려운 모습을 하고 있으며, 丑의 글자는 관성인 午, 丁火의 墓地로 배연配緣〈배우자와의 연분〉에 변화, 파절이 있게 됨을 암시 暗示하고 있습니다.

시기적으로는 47~ 부터의 戊申 대한 구간에서 그러한 현상 이 드러나게 됩니다.

재성은 年 支의 寅木이 되는데, 좌표 상, 年 支로 나가있다는 것은 성패 기복起伏의 부침浮沈이 있게 됨을 의미합니다.

식상은 年과 月 干의 壬/癸 水가 됩니다.
위 예 사주에서 활용성을 갖추는 육친성은 수기의 식상성이 나, 운의 흐름에서 별 도움을 받지 못하다보니 사회적, 금전 적으로 성취감을 느끼며 살아가기에는 부족함이 따릅니다.

다만, 27~ 부터의 庚戌, 37~ 부터의 己酉 대한 중, 금전적 으로 별 어려움 없는 시기였다면, **"남편의 덕이 따랐를 것"**이 라 할 수 있겠지요.!!!~

예 사주에서 남편의 육친성은 일지의 午火로, 이 경술/기유 대한의 시기는 午, 관성이 세를 갖추면서 식상〈土氣〉과 재성 〈金氣〉이 활동성을 갖기 때문이요, 비록 곤명〈여자〉라 하나, 庚戌~ 己酉 대한은 **신.유.술**, 결실의 계절인 가을의 시기를 살아가고 있다는 것도 그 이유가 됩니다.

다음의 예 부터는 **두수를 즉간即看즉설即說할 수 있도록 한,**
"자미두수 요체要諦"를 자평법과 함께 운용시켜 보겠습니다.

시작해보겠습니다.!!!~

⊡乙亥 년, 丁酉 일주의 예⊡

시		일		월		년		본명 사주 여자
		丁정		辛신		乙을		
		酉유		巳사		亥해		
		辛		庚	丙	庚	戊	壬 甲 戊
己기	戊무	丁정	丙병	乙을	甲갑	癸계	壬임	대한
丑축	子자	亥해	戌술	酉유	申신	未미	午오	
80	70	60	50	40	30	20	10	

우선 나의 일간이 정화丁火의 글자입니다.
사주 각 글자들의 육친성은, 나我인 일간日干을 기준으로 정
해지는 것이라 하였으니, 年 干의 乙木은 나인 丁火를 生해
주는 글자로, 오행 상, 木生 火하여, **인성印星**이 되겠지요.

그런데, 나인 丁火와 年 干의 乙木은 음/양으로 볼 때, 동일
한 陰의 글자가 되므로, 乙木은 인성 중에서도 **편인偏印**이
되지요!!!~

사주 년 간에 위치하는 乙木이면서 편인의 글자라면 어떠한
상황狀況들을 만들어낼까요!!!~

乙이라는 글자는 유아幼兒, 청년에 해당되고, 풍파/유랑流浪/ 여행 등과 통하며, 지혜의 별이요, 손/발 재주가 좋고, 치장/ 장식을 좋아하는가 하면, 언어/교육의 글자로, 말〈言〉로 먹고 사는 세월을 보내게 되는 별이기도 합니다.

사주의 궁주 론을 살필 때, 천간의 글자들은 육친 상, 남자/ 지지의 글자들은 여자로 보며, 년 간은 조부祖父이면서 시기 적으로는 소년기에 해당되므로, 위 명주의 조부께서는 인생 살이가 평탄하지 만은 않았음을 의미하는 것이요, 재주가 좋 았으며, 교육계통에 계셨다면 주로 유아나 청소년을 대상으 로 하였다는 것이 됩니다.

교육계통이면 말〈언어〉를 主주 사용수단으로 삼는 분야가 되 지요!!!~

乙 干의 입장에서는 시기적으로, 소년기가 되고 육친성으로 는 편인성이 됩니다.

乙 木이면서 편인성이다 보니, 어린 시절부터 전문성 분야의 재능을 보이게 되는데, 주로 신비한 것이나 예술적 측면으로 편향偏向되기 쉽겠지요!!!~
그런가 하면 편인의 특성 상, 게으른 면이 있게 되고, 공부를 한다 해도 몰아치기가 될 것이며, 무엇에 빠지면 몰두하는 현상이 있게 되는 시기였다는 것입니다.

다음으로, 年 支의 亥水는 천간의 壬水와 같은, 동일한 글자 라고 하였었지요!!!~

나는 丁火요, 年 支의 글자는 壬水이니 오행 상으로는 水克火로 내가 극을 받는 입장이 되므로 관성이 되며, 음/양으로 보면, 정화는 陰火, 임수는 陽水로 음/양이 서로 다릅니다. 따라서 년 지의 해수는 **정관正官**성이 되지요!!!~

보셨다시피~ 년 지의 글자는 亥水요, 육친 상, 正官의 별입니다.

亥라는 글자의 특성이 삶의 기~ 인 여정旅程을 마무리하는 의미의 글자요, 한쪽을 향해 질주하는 별이며, 정신적 측면/어둠의 성분이어서 또래 아이들과는 좀~ 다른 면이 있게 되고, 비밀스런〈알 수없는〉 모습을 보이기도 하겠죠!!!~

정관은 어떠한 형식形式/규범規範/법률法律이요, 규정대로~ 법대로 행하는 속성의 별이므로, 한 마디로 어린 시절부터 질서의식과 바름〈正道〉을 중시重視할 줄 알았다는 것으로, 가정교육이 잘되었다는 의미가 되겠죠!!!~

하지만, 원칙주의적인 면으로 인해 융통성에서는 부족함이 있었다.!!!~

年에 정관이 자리하고 있다는 것은 **"초, 중, 고등학교 시절 반장선거에 나가본 경험이 있다."** 도 됩니다.

실제로 상담 현장에서, 위 乙亥 일주가 방문하여 사주 상담을 청請해왔을 때, 年柱를 적으면서, 혹은 사주 프로그램의 년 주를 보면서 즉시, 위와 같은 내용들을 바로 말해 줄 수 있는 즉간卽看 즉설卽說이 가능한 것은 **자의字意〈각 글자가 갖는 의미〉와 궁주, 육친 성과 합.형.충.파 등을 동시에 함께** 보면서 상담을 전개시켜나가기 때문이며, 이러한 방식〈초.중.

고급 등, 인위적으로 나눠 학습하는 방식이 아닌, 간지의 시작과 함께 자의/궁주론/육친성/합.형.충 등을 동시에 유기적有機的으로 학습해 나가는〉의 "학습~, 교수법이어야 한다."는 것이 저의 변함없는 소신所信이요, 지론持論입니다.

역 철학의 지식은 **초.중.고급 등으로 구분될 수 없으며, 상위의 현장 상담지식들은 바로, 역 철학의 기초적 지식들로부터 비롯되기 때문**이지요!!!~

이어서 봐야 할 것이 있으니~
年과 月의 亥/巳 충沖이라는 관계입니다.
앞에서 **합/형/충/파/해** 등에 대해 알아보았습니다. 만, 이들, **합.형.충.파.해** 등은 **사고事故/다침/사망** 등~. . . , 부정적 현상만을 드러내는 것이 아니라는 것을 주시하셔야 한다는 것입니다.

즉, 사고/관재官災/육친의 사망 등, 부정적 현상들 뿐 만이 아니라, **조정調整/용도의 변경變更/상황의 전환轉換**의 현상 등으로도 나타난다는 것으로 실제, 현상 상담에서 유용성을 갖는 관법이 됩니다.

다시~ 돌아가~~~
年/月 간의 亥/ 巳 충에 대해 살펴보지요!!!~

사주, 궁주론 상, 년주는 선조先祖, 월주는 부모가 되지요. 따라서 선조와 부모가 충 관계를 이루고 있다는 것은 丁酉 일주의 부모가 선조로 부터의 음덕蔭德을 얻기 어렵다는 것입니다.

선조에 대해 별 **"무관심한 부모다."** 가 되는 것이죠!!!~
더 확장시켜 보면, 본 명주의 어린 시절, **"학교 공부를 위해
주거지를 옮겨 다녔다."** 도 되지요!!!~

소년기의 관성은 학교 공부가 되며, 년, 월주는 부동산/가옥
家屋이 되기 때문이기도 합니다.

물론, 여기에는~ **"학교 공부가 잘되지 않았다."**는 것이 포함
되죠!!!~

·乙亥 년생의 예·

시		일		월		년		본명 사주 여자
		丁정		辛신		乙을		
		酉유		巳사		亥해		
		辛		庚 丙 庚 戊		壬 甲 戊		
己기	戊무	丁정	丙병	乙을	甲갑	癸계	壬임	
丑축	子자	亥해	戌술	酉유	申신	未미	午오	대한
80	70	60	50	40	30	20	10	

이 시기〈년/월주의 시기〉의 학교 공부는 관성이 주관主管하
기도 하지만, 본 사주 **년 지의 亥 水 중, 지장地藏 간干으로
있는 甲木, 인성印星이 손상損傷되는 이유**이기도 합니다.
머리로는 공부를 해야 하는데~ . . ,
실제로는 그렇지 못한~

                     **·참고로 지장 간과 12운성에 대해서는
본서의 말미에 상담 시 쓰임이 높은 타, 주요 도표들과 함께 제시되며**

**십 천간, 12지별 12운성과 12신살에 대한, 보다 상세한 내용은,
사주명법 기본지식과 더불어 실전 예시를 다루고 있는,
"사주명법 요체"에서 참고하실 수 있습니다.**

다음은 月 干의 신금辛金입니다.

丁 일간에 辛金이면, 火克 金으로 내가 克을 하는 입장이니,
월간의 辛金은 財星이 되며, 丁火는 陰火요, 신금 또한 정화
와 음/양으로 동일한 陰金이니 **편재偏財**가 되겠지요!!!~

月 支는 사화巳火로 巳火면 천간의 丙火와 동일한 글자요,
나인 日 干의, 丁火와 오행 상으로 같은 글자가 됩니다.
따라서 비겁이 되는데, 음/양으로 볼 때, 丁火는 陰火요, 巳
火는 陽火로 음/양이 서로 다르다 보니, **겁재劫財성**이 되겠
지요.!!!~

자~ 이러한 月柱의 정황은 어떻게 읽어내야 할까요.!!!~
위 사주의 경우, 대한이 10수로 시작되며, 월주면 근根.묘苗.
화花.실實 상, 시기적으로는 2~ 39세의 구간이요, 부모 궁
이기도 합니다.

辛金의 글자는 **금은보석/수표/자격증/자존심/수술/이별/신고
辛苦/재물을 장악하기위한 행위** 등이 되고, 12운성 상으로는
지지 巳火의 사지死地가 되며, 육친 상으로는 편재가 됩니다.
편재는 유동성, 투기성 재물이요, 전국을 무대로 하는 별이
요, 소비성이 내재하며 성패의 기복起伏이 따름을 의미하게
됩니다.

지지의 巳火는 여름의 시작이면서, 사회생활을 전개시켜나가는 청년기에 해당되고, 행동이나 해결방식의 형태나 방향성의 이중성을 갖는 성분이요, **사.오.미** 火氣의 운동성이면서 **사.유.축** 金氣의 삼합 성분이라 일상이 바쁘고 변화가 따르게 되는가 하면, 성패가 명확하게 드러나게 됨을 의미합니다.

여기에 年/月 支 간의 巳/亥 충으로 巳火와 월간의 辛金이 손상되어 巳火와 辛金은 제 역할을 해내지 못하고 위축萎縮된 모습으로 드러나게 됩니다.

앞서 다뤄보았습니다. 만, **刑**형, **沖**충의 현상에 대한 바른 이해를 위해 부언을 한다면, **沖**은 **손상/충돌/파괴**만을 뜻하는 것은 아니며, **재충전/재출발/변화**, 전환의 의미가 내포된다는 것이요, **刑** 또한, **소멸/불편/배신사 등으로 인한 정신적, 육체적 고통/사건,사고/수술** 등과 더불어 **조정調整** 등의 의미를 갖는다는 것을 이해하셔야 합니다.

이 말이 무슨 의미인가하면, 위 명주는 30세부터 甲申 대한의 운기를 살아가게 되는데, 대한의 글자로 들어오는 申金과 사주 본명의 월지 巳火와의 巳/申 합,형이, 40세부터 시작되는 乙酉 대한에는 본명의 酉와 酉/酉 형이 성립됩니다.

따라서 바쁘게 살아가지만, 금전 활동에 어려움이 따른다거나, 건강이 손상損傷될 수 있으며, 생활양식이나 직업적 측면에서 **변화/조정**이 있게 된다는 것이죠!!!~

월주는 부모 궁이요, 월간이 재성이니 본인의 20세 초~ 중반기에 해당되는 시기時期의 **부父〈아버지〉**의 삶의 모습이라 보아도 무방합니다.

사주의 근根.묘苗.화花.실實 상, 제, 2대한이나 월주의 구간에는 각 인의 직업이 형성되는 시기가 되는데, 본명에서는 巳火, 대한으로는 未의 글자가 되며, 12신살로 巳는 역마, 未는 화개가 됩니다.

巳의 글자면서 역마와 화개면, 공통점은 주로 재주,예술 분야가 되며, 앞에서도 다뤘듯, 이 명주는 디자인을 전공한 경우가 됩니다.

미대 디자인학을 전공하게 된 이유는 이 외에, 비록, 본명에서의 재성인 辛金이 자 좌, 死地에 앉아있으나 금전 재물을 벌어들이는 수단인 辛金 재성의 글자가 巳火와 어울리고 있다는 것도 한, 요인이 되며 직업과 연계連繫됩니다.

여기에서 어울린다고 함은, 이 사주에서 월지의 巳火를 예로 들어 본다면, 월지의 巳火는 년지의 亥水와 일지의 酉金이 서로 어울리고 있는 것이요, 巳火는 천간으로 辛金의 글자를 올려놓음으로써 이 辛金, 재성과도 어울리고 있는 것입니다. 이때, 어울린다는 표현에는 단순히 "위, 또는 옆으로 있다"가 아닌 **서로 영향을 주고받는 관계**로 이해하셔야 하며, 이는 사주 명법을 운용함에 있어 유연성을 갖게 하는 매우 유용한 지식이 됩니다.

또한, 巳라는 글자는 지역적地域的으로 **변화가/시장 근처나 사거리/종점/정류장/역 근처** 등이 되므로, 이 시기의 거주지는 공간적으로 이들 지역과 관련됩니다.

이번에는 위 명주의 혼인 운과 배우자 덕은 어떠한가?~ 에 대해 좀 더 살펴보겠습니다.!!!~

배우자 덕은 있는가???~

결론부터 말하자면, 기대 할 수 없다!!!~ 가 됩니다.

본서의 앞부분에서 궁합을 다룰 때, 혼인이 성사되는 시기에 대해서도 살펴보았습니다. 만, 혼인이 이뤄질 수 있는 조건들 중에서도 **여자라면 자식성인 식상과 배우자의 별인 관성이 들어오는 경우일 때와, 남자라면 처성妻星인 재성과 자식의 별인 관성이 운으로 들어 올 때,** 대체적으로 혼인이 이뤄지게 됩니다.

곤명〈여자〉으로 배우자의 별은 육친 상, 관성이 되며, 관은 일간을 극하는 성분이니 壬,亥/癸,子의 水氣가 되겠지요!!!~ 사주를 보면, 년 지로 亥水의 글자가 드러나 있습니다.

배우자의 별인 관성이 나와 이웃하여 있지 못하고 년 지로 나가있으면서, 부모, 배우자 궁과 충이 성립되어 배연의 안정을 보장받지 못하는 것이지요!!!~

또한, 배우자는 년지, 해수의 지장地藏 干으로 유기有氣하는 임수가 되므로 壬水에 亥는 록지祿地여서 재물발전과 직업적 성취를 의미하게 되지만 沖으로 손상되었고, 배우자의 관성인 土氣가 드러나 사주의 실자實字로 드러나 있지 않다는 것은, 어느 정도의 실속은 기대할 수 있겠으나 사회적 측면에서 본다면, 내 놓을만한 직업을 이루기 어렵다는 것이죠.~

20세부터 시작되는 癸未 대한은 관성과 식상의 운이 들어오므로, 이 대한 중에 혼인이 이뤄지기 쉬운데, 유년으로는 25세가 되는 2019년의 己亥 年이나 28세가 되는 2022년이 될 수 있겠습니다.

더욱이나 남자든, 여자든 未 대한에 이성을 만나게 되면 좀처럼 헤어지기 어려워 혼인이 이뤄지겠으나, 서로 만족스럽지 못한 혼인이 될 수 있으며, 정식 혼인식을 안 한다거나, 혼인 신고를 하지 않고 사는 형태로 드러날 수 있게 됩니다.

·乙亥 년생의 예·

시		일		월		년		본명 사주 여자
		丁정		辛신		乙을		
		酉유		巳사		亥해		
		辛		庚 丙 庚 戊		壬 甲 戊		
己기	戊무	丁정	丙병	乙을	甲갑	癸계	壬임	대한
丑축	子자	亥해	戌술	酉유	申신	未미	午오	
80	70	60	50	40	30	20	10	

이쯤~ 하고 일주를 보지요!!!~
일간인 丁火를 기준한, 일지 酉金의 육친성은 어떻게 될까요???~

일간 丁火의 입장에서 보면, 오행 상, 내가 克하는 金氣이니 재성財星이 되겠으며, 음/양으로는 丁의 陰火와 酉의 陰金이니 **편재偏財**가 되겠지요!!!~

사주의 년과 월의 구간에서는 巳/亥 沖의 성립으로 허자인 丑자를 불러들이지는 못하나, 일지의 酉로, 월지 巳火의 글자가 金氣로 化하게된다는 것입니다.

오행의 변성變性이 이뤄지는 것이죠!!!~
삼합이나 방합의 글자 중, 두 글자가 이웃하여 병립竝立하게 되면 해당 국局 오행으로 그 기운이 변變하기 때문입니다.

결국 년과 월의 巳/亥 沖으로 재/관, 즉, 금전이나 직업,남자 문자에 있어 위축/손상되는 현상이 있게 되지만, 20대 초반인 청년기부터 장년기를 살아가는 구간區間에서는 비록 곤명坤命〈여자〉이라 해도, 사회생활을 통해 금전 활동을 활발하게 전개시켜나가게 됩니다.

그 이유는 청,장년기의 구간을 살아가는 시기가 金氣의 글자이면서 대한 또한, **신.유.술**로 가을, 수확의 계절에 해당되기 때문입니다.
하지만, 30대 중반의 申 대한이나, 40대 중반의 시기에 있게 되는 酉 대한에 의한, 巳/申과 酉/酉 형에 의한 **금전/ 건강/ 대인관계에서의 번거로움/ 손재損財, 손상損傷** 등의 현상은 그대로 드러나게 됩니다.

대략적으로나마, 乙亥 年生의 사주를 자평 법으로 다뤄보았습니다. 만, **"동양東洋 점성술占星術 역 철학 학술원"**에서는 상담을 전개시켜 나아감에 있어 통상적으로, 래방 인의 문점 사유事由부터 다루는 통합 래정來情으로 시작되지만, 명과 운을 다루는 방식에 있어서는, 자평과 두수를 혼용하게 되는데, 자평 명리로는 각 인의 일간이 갖는 특징성을 비롯한, 각 육친의 양태樣態와 根/苗/花/實에 의한 인생사의 흐름을 한 눈에 조망해 보는데 주안점主眼点을 두고~~~ ,

이어 사주 본명에서 읽어 낼 수 있는, 보다, 상세하고 구체적 인 사안들에 대해서는 **"바로보고 즉시 말해 주는"**, **"자미두수 요체"**를 활용하며, **운기의 길,흉/ 왕,쇠**와 더불어 **합/형/충/파** 등에 의한 사건들의 정황은 본명과, 들어오는 운運〈대한,유 년〉의 상호 관계로 읽어내는 방식을 취함으로써 상위上位의 상담력을 갖춘 현장 상담사가 되도록 하고 있음을 참고적으 로 말씀드립니다!!!~

이어, 두수 즉간 즉설 활용서인 **"자미두수 요체"**를 통해 위 명주, 본명의 정황이 두수로는 어떻게 해석되어지는지, 함께 살펴보겠습니다.

다음은 위, 乙亥 年 生의 두수 명반입니다.

⊡乙亥 년생의 예 두수⊡

태음-忌 지겁·지공·천마. 천이 辛巳	탐랑 질액 壬午	천동·거문 좌보·우필. 재백 癸未	무곡/천상 자녀 甲申
염정/천부 문창·경양·령성. 노복 庚辰	乙亥 年 生. 坤命		태양/천량-權 부처 乙酉
화성·녹존. 관록 己卯			칠살 문곡. 형제 丙戌
파군 타라·천월. 전택 戊寅	삼태·팔좌. 복덕 己丑	자미-科 천괴·천월·천공 부모 戊子	천기-祿 명/신 丁亥

흔히, 두수 명반을 보시면 대부분의 경우, 뭐야~ 뭐가 이리 복잡해~ 하시는 분들이 많으나, 들여다보는 시각을 조금만 달리해보면, 복잡한 것이 아니고 오히려~ **"와~ 굉장히 상세 한데~ 읽어내기도 쉽겠어!!!~** 가 되며, 이러한 방식으로 접근 하시라는 것입니다. **실제로도 그러하기 때문**입니다.

먼저 양해의 말씀을 드리려야 할 것이 있는데, 제가 컴퓨터 와 그리 친숙하지 못하여, 명반을 수 작업하여 올리다 보니 각 궁에 들어가는 모든 별들과 타 기재 사항들을 모두 기입 하지 못하였다는 것입니다.

송구함을 말씀드리며, 결국~ 인터넷상에서 무료로 제공되거 나, 혹, 갖고 계신 프로그램을 실행하시게 될 터이니 명반을 보고 이해하기에는 별 어려움이 없으실 듯합니다.

자~ 그럼!!!~

위, 乙亥 년생의 두수 명반을 보시면, 명궁은 丁亥의 천기면
서 생년 간에 의한, 선천 사화의 천기 화록은 명궁이요, 화권
성인 천량은 乙酉의 부처궁에, 화과성인 자미는 戊子의 부모
궁이요, 화기성인 태음은 辛巳의 천이 궁이 됩니다.

프로그램에서 위 명주의 두수 명반이 위와 같이 주어졌다면,
자미두수 즉간즉설 활용서인 "두수 요체"에서 천기성을 열어
천기성의 특징과 일반적인 성향, 단점/ 곤명 일 때/ 타 별들
과의 상호작용 등과 더불어 위 명주는 명궁이 丁亥면서 천기
이니 巳,亥 宮의 천기 일 때, 등의 방식으로 타, 관련 사항들
도 바로 보고, 그대로 즉시 읽어내면 되는 것이지요!!!~

그러면, **즉간즉설 활용서인 "두수 요체"**에서 천기의 내용을
부분적으로 옮겨와 **"두수 요체"**가 현장 상담에서 어떻게 활용
되는지 보겠습니다.

다음은 **"두수 요체"** 중, **"천기편"**의 부분적 수록내용이며, 뒤
이어 이러한 내용들을 기반基盤으로, 두수 명반에 접목시켜
"즉간卽看 즉설卽說"하는 방법을 전개시켜 보겠습니다.

☆天機星☆

⊡天機星 特徵⊡

☆천기성은 **낙천적/ 임기응변/ 다재다능**을 의미한다.

　玄學星이요, 선성이며 유복장수/종교인/영매와 통한다.

※두뇌회전이 빠르고 임기응변/위기대처능력이 뛰어나며 **다재
다능/ 잔재주. 꾀/ 간사함**의 인자다.

※정신적인 면을 지향指向하며, 재주는 많으나 어느 한 분야에
정통하지는 못하다.

⊡女子는 연하/男子라면 어린 여자와 인연이 될 수 있다.

⊡一般的 性向⊡;

※**天機星은 총명하고 임기응변에 능하며 일반적이지 않은
색다르고, 새로운 것에 대한 관심이 높다**.

※재주가 많고 일처리에 조리條理가 있으며, 민첩敏捷한가하
면, 영민英敏하고, 타인의 심중을 잘 읽어내기도 한다.

※온화하고 이지적이요 냉정한 모습을 갖추며 기획 분석 등,
전문적인 분야에 능하다.

※天機星은 동성動星으로 두뇌회전이 빠르고, 남들은 생각하
지 못할 기발한 아이디어/계략,계책 등에 능하여 연구개발/
참모/중계직 등에 적합하다. 따라서 **직접 나선다거나, 독자적
사업 등에는 매우 불리**하다. 그렇다고 타인에 복종하는 편도
아니며 **천기는 기회가 와도 뒤늦게 오는 특징**이 있다.

※天機星은 **玄空學/宗敎/易學 등에 관심을 갖으며 연구하기
를 좋아하는 별이기도 하다**.

※天機星은 선성善星이라고도 칭하는데, **善이란 다재다능함/ 아이디어/계략, 계책 등을 의미하는 것으로, 선의 "착하다" 라는 뜻을 의미하는 것은 아니지만, 천성적으로 선량善良하 여 윗사람을 존경할 줄 알고, 동정심**을 갖는다.

※天機星을 도박성賭博星이라고도 하는데, 이는 투기를 의미 하는 것이 아니고, 취미로 즐기는 정도가 된다.

□天機는 **돈, 금전에 대한 가치개념이 약하고, 금전/시간적 인 측면의 손실이 많게 된다**.

□천기의 단점短點□

※피상적皮相的으로는 온화하고 냉정해 보이나, 내면은 성급 하여 심사숙고하지 못하는 측면이 있으며 **충동적이요 심정 적인 갈등/변동**이 많다.

※두루 관심이 많고 배우는 것을 좋아하지만, 그 **어느 한가지 에도 정통하지 못하는 현상**이 나타난다.

※두뇌회전이 민첩하고, 기획에는 능하나, **실천력이 떨어지며 타인에게 시켜서 하려는 성향이 있는가하면, 이성적이기 보다는 감정적**으로 흐르기 쉽다는 것이다.

※생각이 지나치게 많다보니 사소한 것에 매이거나, 어느 하나 를 끝맺지 못하고, 중도에 계획을 변경하게 된다거나 포기하 는 현상이 드러나게 되며 자신의 능력보다 큰 욕망을 희구하 다 보니, 실생활에서도 실속이 적다.

※天機星은 **정도正道보다는 사도邪道**를 취할 수 있는데, 특히 살성을 만나게 되면 약삭빠르고 간사하며 사악함으로 변질되 기가 쉽다는 것이다.

※坤命※

※선천적으로 **근심/ 시름이 많고 정서적이요, 환상**이 많다.

※선량하고 동정심이 많으며 나약하지만, 자기 실속적이다.

■**天機星은 남/ 녀 모두 애정이나 혼인문제에 파절이 많다**.

·천기의 상호 작용·

☆天機가 이름을 얻기 위해서는 廟旺地에 坐해야 하고, 聰明하려면 曲/昌을 만나야 하며, 발탁拔擢의 기회가 증폭되려면 천괴/ 천월을 만나야한다.

☆天機星은 殺星에 대한 저항력이 매우 약해, 살들을 만나게되면 天機의 단점들만 드러나게 되는데, 그 중에서도 化忌는 더욱 그러하다. 그러나 **巨文星**에 대해서는 그렇지 않다.

☆**천기가 형刑/ 忌星을 만나면 역/ 철학을 연구하거나 공문空門에 들기도**한다.

※천기는 살성에 약하지만 태음과 동궁하면 흉이 해소되며 천량과 동궁하거나 命宮이 천부면 무탈한데 이 모든 경우는, 살이 없어야 한다는 것이다.

※**命/遷선으로 天機가 좌하면 집안에서는 시비가 따르고, 밖에서 즐거운 조합으로 집안에 있지 않으려는 현상**이 드러난다.

☆子-午/ 卯-酉의 천기/거문 조합으로 경양이 同會하면 六親 간에 형극이 심해지자며 化忌가 가해지면 시비/관재구설에 휘말린다.

☆辰/ 戌宮의 천기/천량 조합이 경양을 만나면 육친관계가 박薄하며 辰.戌.丑.未의 태양/태음이 擎羊과 동회하는 경우에도 그러하다.

- 362 -

※子女宮이 **天機＋祿存＋劫/空이면, 六親으로부터 그 子息이 外面**을 當하는 현상이 드러난다.

※命宮이 天機＋擎羊이면 다리에 통증痛症이 있게 된다.

※천기가 兄弟宮에 좌하면 사람이 선량하고 우애가 있으나, 살을 만나면 상호 반목하며 성姓이 다르거나 배다른 형제가 있다는 것이다.

※천기가 **子女宮에 좌하면 외방자식**을 의미한다.

※천기가 부모궁에 좌하는데, 함지陷地이면서 **양.타/화.령/겁.공** 등을 만나면 양자養子로 키워질 수 있다.

☆**大/流年에 天機를 만나면 환경의 변화를 의미하며, 묘왕廟旺하면서 길성을 만나는 천기/태음/천동/천량의 천기운에는 재물이 늘거나 부동산을 매입하기도** 한다.

□천기. 화, 록/권/과/기□

⊡화록⊡

※지혜/총명함을 뜻하며 **天機 化祿인 者는 4/5月의 혼인이 길吉**하다

※천기가 화록이면 적법하지않은 이익을 의미하기도 한다.

※천기는 **지혜/종교/철학/음양학** 등을 의미하며 천기 화록이면 사업을 운영하며, 이익을 얻을 수 있겠으나, 창업력이 부족하고 투기로 흐를 수 있어 사업보다는 기업경영이나 **기획/설계 등의 관리직에 적합**하다.

⊡화권⊡

※열심히 노력하나 신고辛苦하며 **계획/실행**을 의미한다.

※부동성浮動 星인 天機가 화권이 되면 비교적 안정을 이루
며 天機의 효율성이 증폭〈每事에 그런 것은 아니다〉되므로
天機는 화권을 喜한다.

⊡화과⊡ ;

※두뇌회전이 민첩하고 학력이 우수하며, **학술연구/시험**에
유리한데, 천기 화과가 곡.창/괴.월 등을 만나면 학술연구
에 유리하며 재능 표현이나, **사회적으로 지명도가 있는
사람과의 교류를 통해 이름이 알려지게 된다**.

※천기 화과는 실천력이 떨어지며, **劫.空/火.鈴** 등과 동궁하
면 **이공계나 컴퓨터/기계수리** 등에, 문성文星과 공성空星
이 동궁하는 경우라면 종교/철학/술수 등에 적합해 진다.

※천기天機 화기化忌※

※天機 化忌는 대체적으로 **혼전 도화가 따를 수 있고, 혼인
이후에도 결혼생활에 불리함이 따르며 음모/좌절을 의미**
한다.

※천기는 **종교성이요, 기계, 차량성이기도 하여 天機 化忌
가 되면 교통사고를 의미**하게 되는데 **天機 化忌 의 사고
는 금속/기계/차량**〈자동차/전철/기차 등〉에 의한 사고요,
坤命이라면 생리불순을 뜻하기도 한다.

⊡天機 化忌가 命宮에 좌할 때;

※총명하지 못하고 비관적이요, 번뇌가 따르며 부질없는 일
에 매달리게 되거나, 기회機會를 만나지 못해 뜻을 이루기
도 어렵다.

※지혜의 별이요, 계획성인 천기가 化忌가 되면 계획착오로
인한 손실이 따르며 대인관계 또한 원만하지 못하다.

▷천기 化忌가 **명궁에 좌하거나 천기가 乙 干에 좌하면 祿/**
忌 동궁으로 雙 化忌가 되는데, 이러한 경우에는 몸이 약
하고 신神의 자식으로 살아가는 것이 吉하다.

⊡천기天機의 성계星係 조합組合⊡

☆ 자/ 오 좌 천기 ☆

☆子/午의 天機는 **석중은옥격〈石中隱玉格〉**이 성립되며 영동
력靈動力과 분석력을 갖춘다.
※자신의 지혜와 재능을 발휘하며 살아가게 되는데, **화, 록/**
권/과가 가加해지면 더욱 그러하여 복록이 두터워 진다.
그러나 반드시 어린시절 辛苦를 免하기 어려우니 이것이
石中隱玉格의 특징이다.
※이 조합은 **고독성이 내재하며 예술성을 갖기도** 한다.
※직업적으로는 구재口才가 활용되는 **변호사/외교/의사/사무**
직에 모두 유리하나 조합이 흉하다면 그렇지 못하며 하격
에 머문다.
그런가 하면, 예술적 성향이 있어 **작곡가나 악기 연주자**로
살아가기도 한다.
※子/午의 천기가 **보.필/창.곡/괴.월** 등과 더불어 **록/권/과**를
만나면 학문분야에서, **천형/경양** 등을 만나면 특수 분야의
기능인이거나 **외과의/변호사** 등으로 성취할 수 있겠으나만
化忌를 만나면 파격이 된다.

·子/ 午 坐 천기 화록·

※이 조합은 천기 化祿에 천량 化權이지만, 재부財富를 누릴
수 있는 조합은 아니며 관록궁이 太陰 化忌여서 감정 상의
문제로 인한 변화가 따르기 쉽다.

·子/ 午 坐 천기 화권·

※권세/財富의 의미가 상당히 증폭되는 구조로, 천기 화권은
타인에 대한 지배력을 갖겠지만, **책임을 회피하거나 타인
의 힘에 의탁依託하여 자신의 뜻을 성취하려는 성향**이
있게 된다.

·子/ 午 坐 천기 화과·

※**口辯으로 구재求財하는 것에 적합한 구조**다. 하지만 子
宮보다는 午 宮의 천기가 더 유리해 지는데, 子宮의 천기
는 시비를 초래하기가 쉽기 때문이다.

·子/ 午 坐 천기 화기·

※이 조합은 **簡單한 일도 複雜하게 만들거나, 쓸데없는 것
에 고집스럽게 매달리는 傾向이 있어 그로 인한 計劃/
施行錯誤**가 따르게 된다.
또한 天機가 化忌면 경사驚事가 따른다거나, **사업을 한다
면 악성루머에 휘말린다던지, 힘든 경쟁자가 나타나는
등의 현상**이 있게 된다.

**□이 조합이 정치인이라면 인신공격의 대상이 되는 등,
번거로운 현상들이 끊이지 않게 된다**.

※天機 化忌가 **煞/忌/刑星** 등을 만나면, 질병으로 인한 **사지 四肢 장애 자**가 될 수 도 있다.

☆*묘/ 유 좌 천기* ☆

☆卯/ 酉宮의 天機는 巨門과 동궁하며 機/巨 모두 왕지旺地 이나 酉宮 이 좀더 유리하다.

※酉宮의 機/巨 조합은 **두뇌회전이 빠르고 연구심이 강하며 구변口辯이 좋은 구조로 무직이 가可**하지만, 무 길성에 煞을 만나면 인생살이가 고난해 진다.

※巨門은 암성暗星이요, 시비구설을 주관하므로 천기의 분석 력이 약해지고 실속이 없어, **정신적으로도 안정하지 못하 므로 巨門과의 만남은 불미不美**하다.

※기/거 동궁을 **파탕〈破蕩〉격**이라고도 하는데, 공경公卿의 지위도 얻을 수 있어 파탕공경의 命이라고도 하지만, **기/ 거가 命 또는 夫妻 位에 좌하면 감정의 파절이 따르며 夫妻宮에 동성動星인 日/月이 동입하므로 혼인 생활 또 한 불리**해 진다.

이 조합은 언변에 능하고 다학 다능하며 언어로 생재生財 함에 유리하지만, **조업祖業을 파破한 이후 자수성가**하게 된다.

※機/ 巨 동궁은 巨門의 시비구설이 어느 정도 해소되지만, **천기화기위선〈天機化氣爲善〉**이 약해져 사람이 작은 것에 매달리고 말만그럴 듯 해, 스스로 禍를 自招하기도 한다.

辰.戌.未.巳의 巨門이 天機를 만나는 조합으로, 乾命이면 사통詐通하며 坤命이라면 음란淫亂한데 火/鈴을 만나는 경우라면 상부극자喪夫剋子요, 첩妾/창기娼妓의 命이다.

※卯/酉 坐 機/巨는 고관의 조합이요, 官祿 궁이면 다학다능 多學多能하다.

※묘/유 좌, 기/거 조합은, 천기가 廟旺하고 **보.필/창.곡/괴.월/화록, 화권** 등을 만나면서 녹/마가 상회하면 財富요, **문곡.문창**이 협夾/합하면 문학적 소질이 뛰어나다. 그러나 **천형/양.타/화.령/겁.공** 등을 만나면, **요절夭折/不具**가 되기도 한다.

※卯/酉 좌, 기/거 조합은 子/午位의 전택궁에 무/부가 좌하여 부족富足의 상이요, 三 吉化를 만나면 더욱 그러하다. 그러나 역시 **어린 시절 분파신고가 따르며 파산을 경험한 뒤 자수성가**하게 된다.

□**機/巨 조합은 동궁이든 대조하든, 정정당당함이 부족하고, 초선종악初善終惡〈처음은 좋으나, 뒤에는 나빠짐〉의 현상**이 드러난다.

⊡卯/酉 坐 거문/천기 화록⊡

※財氣가 강한 조합으로 **구변을 통한 유흥/서비스업 등으로 취재聚財**하지만, 官祿宮에서 차성한 日/月은 동성動星이어서 **직업적으로는 변동이 따르기 쉽다.**

※이 조합은 太陰이 化忌여서 투자나 투기업에는 매우 불리한 구조가 된다.

※財帛 宮에서는 天同이 **이상이 지나치게 높은 天梁 化權을 만나므로 경쟁에 불리하며 損失의 현상**이 따르게 된다.
이 조합으로 文星이 들어오면, 타인을 가르치거나 광고업 등에 유리하다.

⊡卯/ 酉 坐 천기/ 거문 화록⊡

※卯/酉의 **機/巨 化祿이 쌍록을 이루면 자수성가로 부富**를 이룰 수 있다.

⊡卯/ 酉 坐 거문/ 천기 화권⊡

※진취적인 면은 부족하지만, 임기응변력이나 기동성은 증폭 된다.

※**사람이 경박스럽고 겉으로만 그럴 듯해** 보일 수 있다.

⊡卯/ 酉 坐 천기/ 거문 화권⊡

※경쟁에 유리하며 女命이라면 혼인이 불미한 것은 아니나 조혼早婚은 불리하다.

이 조합을 運으로 만나게되면, **드러나지 않는 조력助力에 의해 발전을 이룰 수 있겠으나 근신자중해야하며 조직 내 최고 정상의 지위는 오히려 불리함을 초래**하기 쉽다.

⊡卯/ 酉 坐 거문 화기/ 천기 화과⊡

※이 조합은 겉으로만 그럴듯해 보일 뿐, 시비/구설에 휘말 리는 等, 心身이 피곤해 지기 쉬운데 坤命이라면 더욱 흉 하다.

※**나섬으로서 시비가 초래되고, 지명 도있는 인사에 의탁 하거나 이름을 얻기도 한다.** 따라서 대인들에 의한 **비난/ 질책叱責**이 따를 수 있다.

따라서 이 조합이 運으로 들어오는 시기에는 더더욱 나서 는 것을 삼가 해야 한다.

·卯/酉 坐 거문/천기 화기·

※이 조합은 천기/거문의 동궁으로 **파탕성破蕩性을 띠게 되고, 化忌라면 그러한 현상이 더욱 증폭되, 직업이 안정되지 못한다**.

※언어착오 즉, 말실수로 인해 큰일을 그르치기도 한다.

□이 조합은 변화/파동이 따르는 등 그 재능을 발휘하기가 어려운데, 이는 시대를 잘못만난 것으로 이해해야한다.

※이 조합은 **말솜씨로 구재求財함이 적합**한 구조다.

☆*진/ 술 좌 천기*☆

☆辰/戌宮의 기/량은 **말 수가 적고, 자상한 품격으로 변화되며, 좌 命 人은 심성이 선하고 신앙심**을 갖는다.

□**辰/ 戌의 천기 조합은 무엇보다 변화가 많다**.

※이 조합은 자신이 터득한 방법은 자기 자신만이 점유하려는 경향이 있으며 구변에 능하고 전문 연구직이나 장인 등에 가可하다.

더불어 **보.필/괴.월/창.곡** 등을 만나면 다학다능하며, 충성스런 동량棟樑의 상象이나, **경양/겁.공/형.기성**을 만나면 승도가 적합하며 **공예/기술직**도 可하다. 또한, 천량은 음복蔭福의 해액성解厄星이어서 命/身宮에 坐하면, 살성을 만나도 장수한다.

※辰/戌宮의 기/량은 눈치가 빠르고 총명하며, 성정이 인자하나 잘난체를 잘한다.

※매사를 바르게 처리하고 구재가 좋으나, 선고후성하며 刑/忌/劫.空 등을 만나면, 현공학/신선술/역학 등을 연구한다거나 종교에 귀의함이 吉하다.

- 370 -

※辰/戌宮의 천기/천량은 **學問硏究를 좋아하고 동양의 종교/ 천리/철학 등의 고금古今에 능통**하며 언변/기획/분석력이 뛰어나지만, 경양이 동회하면 고독성이 증폭되고, 조기에 부모와 이별할 수도 있어 **기/량**이 육친궁에 좌하면서 살이 가加해지면 해당 육친에 불미함이 증폭된다.

□이 조합으로 조혼이면 파절이 따르기 쉽다.

☆辰/ 戌宮의 기/량은 **전문직이나, 기술계통**이 적합하다.

> ·곤명에는 불리하여, 신경이 예민하고 산란散亂하며 만혼이어야 무난하다.

·辰/戌 坐 천기/ 천량 화록·

※전문기술이나 봉사하며 살아가야 안정할 수 있으며 차성한 거/일로 살성이 다회하면 **財物로 因한 訟事**가 따르기도 한 다.

·辰/戌 坐 **천량 화권/ 천기 화록**·

※이 조합은 **기획/관리/감찰**의 직에 유리한 구조다.

※자신의 이상을 현실화시키는데 어려움이 따르며 궁극적 인 목적이나 큰 재물을 얻지는 못한다.

·辰/戌 坐 **천량/ 천기 화권**·

※삶의 변화가 적고 천기 화권으로 계책/영동력이 증폭되며 문창 화과가 가해지면 부귀를 기대해 볼 수 있으며 **祿/權/ 科가 들어온다면 큰 변화/개변이 있은 이후 성취**하게 된 다.

⊡辰/戌 坐 천량/ 천기 화과⊡

※이 조합은 구변 구재의 의미가 커진다.

※**학술 연구/공예** 등에도 가하나, 전문적인 깊이를 갖기에는 어려움이 따른다.

※**기획/홍보/교육/변호/언론/계책劃策/판매/연예** 등의 업종에 유리한 구조인데, 이러한 구변구재의 유리함은 그 배우자에게서도 나타난다. 그러나 **혼인에는 불미〈兩家의 家勢가 서로 어울리지 않는 等으로 인한〉함이 따른다.**

☆이 조합이 운으로 들어오면서 살이 동회하면 계획착오로 인한 시비구설이 심해진다.

⊡辰/戌 坐 천기/ 천량 화과⊡

※**홍보/외무外務** 등에 적합하나, **기획/관리/설계** 등의 직에 임할 수 있으려면 개인의 소양이나 인품 등의 수행이 갖춰져야 가능해지는데, 이 조합은 **외향적이요 부동浮動 유탕성遊蕩性**을 갖기 때문이다.

⊡辰/戌 坐 천량/ 천기 화기⊡

※이 조합은 太陰 化權과 太陽 化科가 들어오는 구조로 힘이 있으며 辰宮의 機/梁이 더 吉利하다.

※천기/천량은 예지력을 갖지만, 化忌면 **근심/걱정/착오錯誤** 등을 초래하게 되는데, 戌宮인 경우가 더욱 그렇다.

□**이 조합은 무엇 인가를 결정해야 할 때,
쉽게 결정하지 못하고
머뭇거리는 일이 되풀이되어 나타나는 현상이 있게 된다·**

☆丑/未의 天機는 天機의 조합 중, 가장 무게감이 있는 구조
로 **원칙과 규범을 존중**한다.

※독특한 이야기 거리로 선담하기를 좋아하는가 하면, 자신
을 표현해내는 데에도 능하다. 그러나 매사에 끈기가 **부족**
하며 심리적으로 안정을 이루기가 쉽지않다.

　그런가하면, 이 조합은 고독성과 탈속적인 면이 있어 육친
과의 연緣이 박薄하며, **종교/철학/역학/신선술** 등에 흥취
興醉하기도 한다.

※丑/未의 천기는 함지陷地여서 곡/창을 만나야 비로소 길격
을 이룰 수 있으며 **化忌**가 가해진다면 그렇지 않다.

☆丑/未의 천기/천량이 **경양.타라**를 만나면 뛰어난 재능으로
전문 기능인이 될 수 있으며 **겁.공**이 들어온다면 아이디어
나 창의력이 증폭된다.

※천기가 未宮에서 좌하면 천이의 천량은 巳/酉宮에서 태양/
태음을 만나는 **일월병명격〈日月幷明格〉**으로, **性情이 善良**
하고 公明正大하며 일을 바르게 처리한다.

　그러나 **화기/양.타**를 만나는 경우라면 양친과 불화한다.

※축.미/사.해의 천기는 함지면서 파격으로, 乾命이면 이성을
유혹하는 현상이 드러나게 된다.

⊡곤명은 음탕淫蕩할 수 있어 만혼이어야 하며
배우자 선택에 신중해야 한다.
더불어 타 도화성이 가해지면 정욕에 빠지기 쉬우며
스스로 홍등가紅燈街를 찾는 조합이기도하다.

⊡丑/未 坐 천기 화록⊡

※이 조합은 재기財氣가 약해, 자수성가하게 된다.

※기업경영이나 **기획/설계/계획** 등, 관리직에서 그 능력을 발휘하며 취재聚財할 수 있으나 소비적 성향을 갖는다.

⊡丑/未 坐 천기 화권⊡

※이 조합은 분파노록하며 변동/변화가 따르게 되지만 **개변 이후, 전혀 다른 모습의 새 삶을 살아가기도**한다.

⊡丑/未 坐 천기 화과⊡

※**홍보/기획/설계/공예** 等에서 能力을 發揮할 수 있지만, 그 재주가 뛰어나지는 못하다.

※**이 조합을 運으로 만나면, 지명知名도 있는 인물의 부조 扶助를 얻기도 한다**.

⊡丑/未 坐 천기 화기⊡

※이 조합은 **시행착오나 오판, 또는 대인관계에서 초래되는 귀찮고, 번잡스러운 일들로 인한 정신적 스트레스가 많은 구조**요, 혼인에 불리하고 감정의 곤우가 따르게 되는데, 男命이면 그 배우자가 나서기를 좋아하는 스타일이요, 坤命이라면 상호 화합하기 어렵다.

☆寅/申에서의 天機는 **재능이 많고 박학다식하며 太陰과의 동궁으로 다소 신경질적이요 음침한 성향이 내재**된다.

※이 조합이 살을 만나면 **母/妻/딸과의 연이 박薄**해진다.

▣침착하고 우아함이 있으며 말에 조리가 있으나 속내를 내 보이거나 고민을 털어놓는 스타일은 아니며 **쓸데없는 일에 매달리는 傾向**이 있다.

※寅/申의 機/月은 공무원 조합이다.

※인/신/사/해의 **기/월/동/량** 좌, 命/身은 시비가 다회하며 감정에 불리함이 따르지만 현공학 연구에는 길吉하다.

※寅/申宮의 機.月.同.梁 조합은 **길/흉에 관계없이 학술연구 나 교직이 적합하며 곡/창이 가해지면 탁월한 장사수완 능력을 발휘**한다.

▣寅/申의 機/月이면서 乾命이면, **성품이 온유하고 자상한 면이 있어 女性에 인기가 좋으며 女子들의 접근이 자연 스러워진다**.

또한, **천기는 動星으로 四馬地인 寅/申/巳/亥 地로 들어 가면 그 의미가 가중되며 도화가 드러나기도** 한다.

※이 조합이 殺을 만나면, **시비/권모술수/변심**으로 나타난다.

☆寅/申의 天機 化祿과 太陰 化忌는 天同과 天梁이 회조하며 羊/陀를 만나게 되는데, 命과 財帛궁이 불리하며 잔꾀로 구재求財를 도모하나 파절이 많다.

이 조합 인은 **타인과 화합할 줄 알아야 발전할 수 있고, 금전을 차용하여 무었을 하려고 하는 시도는 절대적으로 금禁해야** 한다.

※모든 성요가 **사마 지인 寅.申.巳.亥地로 들어가면 동성의 의미가 증폭되며 천마를 만나면 안정하기 어렵다**.

☐**乾命으로 이 조합이면, 주로 월급 생활자이거나 공무원이요, 坤命으로 이 조합이라면, 연예인이거나 유흥업〈물장사〉/ 화류계 여자로 살아가기 쉽다.**

※寅 宮의 기/월은 박력/자신감이 부족하고, 결단력이 결여되어 우유부단하기 쉬운데, 문창과 동궁하면 **사람은 영리해도 학업에 장애가 따르며 공부가 중단되기도** 한다.

※寅 宮의 기/월은 기개가 원대하고 임기응변에 능하며 자상한 모습을 갖는다.

※申宮 기/월의, 男命은 그 처의 기질이 남성적이어서 공처가 일 수 있으며 **천요/함지/흥란/문곡** 등의 도화성을 만나면 여자문제로, 그의 처로 부터 곤욕을 당할 수도 있다.

⊡**坤命**으로, 길성을 만나면 외모가 미려美麗하여 남자들에게 인기가 좋으나, **살이 충파하면 이성문제로 인한 파절이 따르므로, 申宮의 機/月은 男/女 모두 연예계가 길**하다.

⊡부처의 천기/태음은 연애기간이 길거나, 배우자가 둘 일수 있다.

※**寅/申의 機/月이 輔.弼/昌.曲/魁.鉞 等의 도화성을 만나면 살부터 섞는 현상이 드러난다**.

⊡**寅/申 坐 태음 화기/ 천기 화록**⊡

※이 조합은 命/財/官運이 불리하며 수단과 잔꾀로 구재求財하나 파절이 많다.

※申宮의 천기 화록/태음 化忌는 **자금회전에 어려움**이 따른
다.

□寅/申 坐 천기 화과/ 태음 화록□

※寅/申의 천기/태음은 정정당당하게 자신의 삶을 살아가며,
자수성가하는 조합이다.

※재원財源이 안정되고 말년에 여유로운 삶을 살아가게 되지
만, 복덕궁이 辰/ 戌의 巨門이라 정신적인 번거로움은 면
免하기 어렵다.
이 조합의 경우 **관록으로 록존이나 化祿이 들어오면 주로**
재무/감사/회계사/보험/공증 등에 유리하며 정계로 나가
면 뇌물 수수에 휘말리기 쉽다.

□寅/申 坐 태음/ 천기 화권□

※이 조합은 **진취력과 획책능력을 증폭**시키며 여기에 문창
화과가 가해진다면 자수성가하여 부귀를 이룰 수 있지만,
독자사업은 불가不可하다.

☆이 조합을 운으로 만나면 진취적인 발전을 이룰 수 있다.

□寅/申 坐 천기 화기/ 태음 화권□

※**변동/변천을 의미하며, 변화를 좋아하지만 허명虛名을**
추구하는 경향이 있어 성취발전에 장애가 초래되기 쉽다.

※감정적인 면으로는 불리함이 따르기 쉬운데, 특히 坤命이
라면 더욱 그러하다.

☆巳/亥宮에서의 천기는 機月同梁 자리인의 하급 관리직에
적합한 구조이며, 권모술수에 능하다.

이 조합은 육친과의 연도 박하고, 흉살의 沖/破가 없다면
잔꾀로 살아가게 된다.

※변화가 심하고, 경거망동하며 신중하지 못한 면이 있어 煞
星의 충파가 있으면 요절할 수도 있는데 亥宮이면 더욱 그
렇다.

※巳/亥 좌, 천기/태음은 그 성격이 간교하고 마시기를 좋아
하지만, 도화성과 상회한다면 예술성이 발휘되어 **예술가
〈음악/ 미술 등..〉/ 디자이너** 등에서 재능을 드러낸다.

※巳/亥 坐, 天機는 **온유하고 자상하나, 영동력과 분석력은
이성을 향하며 간교하고 음탕한가 하면, 음주/도박/불법
경영** 등으로 일생을 살아가기도 한다.

※태음 좌, 亥位의 命/身 조합 人은 언행이 신중하고 조용하
며 용모가 미려하다.

⊡**坤命**으로, 天馬를 만나면 **감정의 곤우가 따르고 도화성이
다침하면 첩이나 창기가 되며 길성을 만난다 해도 감정
의 파절은 面하기어렵다**.

⊡**巳/亥 坐 천기 화록**⊡

※직장생활이 길하며 학술연구 분야에서 구재함이 적합하지
만, 직장생활을 하더라도 시비구설에 의한 심고는 면하기
어려우며 대조하는 太陰 化忌의 영향으로 인해 **직업변동/
금전손실** 등의 현상이 따르기 쉽다.

※이 조합은 가업승계에 유리한 측면도 있다.

⊙巳/亥 坐 천기 화권⊙

※비교적 생활이 안정되고 지위도 높아 질수 있으나 巳/亥宮
에서는 진취력이 떨어진다.

※천기가 火.鈴/ 劫.空과 동궁하는 경우로, 巳宮의 天機 化權
은 발전할 수 있지만, 亥宮의 天機 化權은 좌절이 많다.

☆이 組合이 運으로 들어오면 吉 變이 따른다.

⊙巳/亥 坐 천기 화과⊙

※이 조합으로 亥宮이면 허명일 뿐이어서 巳宮의 천기가 더
유리하지만 뒤 늦게 발달하는 특징을 갖게 되는데, 亥宮이
더욱 그러하다. 더불어 천기는 부탕성浮蕩星이요, 파군은
개창을 주하는 별이어서 이 조합은 파군의 영향력이 크다.

☆이 조합이 運으로 들어오면서 刑/殺星을 만나지 않는다면
대체적으로 재록財祿과 명예를 얻을 수 있다.

⊙巳/亥 坐 천기 화기⊙

※亥宮 入 命 자는 **허명일 뿐이요 감정의 곤우困憂가 따르
기 쉽고, 일생 심정적인 압박감과 스트레스를 받으며 살
아갈 수**있다.

또한 이 조합은 **판단착오로 인한 심신의 곤우와 사업에
기복/파절**이 따를 수 있다.

※巳/亥의 天機 化忌가 화성/령성과 동궁하면, **晩年에 이르
러 中風**이 올수 있다.

☆天機(乙.木)의 適性, 職業/ 事業 ☆

□天機는 동성이요 역마성으로, 바퀴와 관련되는 일 등이다.
즉, 자동차/기차나 자동차, 기차의 부품상/선반旋盤 業 等
과 더불어 자금회전이 빠른 업종에 적합〈商業/수산, 야채
시장/도매상 등〉하며 직업변화가 심하다.
⊡자동차. 기차 등, 운수업/ 자동차. 기차 등의 부품업.

⊡適性⊡
※학문/ 문학,문예/ 교육/ 종교/ 예술/ 기예 분야.

⊡專攻學科⊡
※文科※
†비서학/ 철학,미학과/ 종교,신학/ 신문방송학/ 역사학/ 국문학.
※理科※
†컴퓨터/ 건축,설계/ 齒大/ 자동차학/ 가정학/ 요리,조리학.
※藝/ 體能※ †디자인관련 모든 학과/ 이벤트학과.

⊡職業⊡
※기획/분석/임기응변 등이 활용되는 직종이거나, 일이 지속
적이지 않고 변화가 따르는 분야에 적합하다.
※기획,연구원,비평가/ 기자,작가/ 전문 강사/ 디자인
이벤트업체/ 광고기획,카피라이터/ 프로그래머/ 메니져/
요리사.

⊡事業⊡
※기획/분석/창의력이 뛰어나고, 색다른 아이디어/품종 등으
로 승부하는 것이 유리하한가하면, 영적인 측면이나, 종교
와 관련되는 직종/분야에도 적합하다.

※카운슬러/ 작가/ 심리,운명상담/ 예술/ 광고, 이벤트기획
　전문학원/ 교육기관/ 전문직 프리렌서/ 치〈齒〉과
　컴퓨터 게임/ 대여점/ 기원棋院·

　　　　　　　　　　☆天機의 健康, 疾病☆
▷天機의 疾患은 主로, 手足/ 筋骨/ 內分泌系/ 神經系統이다.
　　　　　　　　□天機는 自殺 星이기도 하다.

·子/午 坐 天機□
※嬰/ 幼兒期에 잔질殘疾이 많을 수 있다.
　巨門과 火星이 회합되면 **위염.장염**이 많고, 化祿이면 약하
　며, 子/午의 天機+六殺이면 위 현상과 더불어, 四肢에 힘
　이 없거나 **안질**이다.
※六殺이 없고, 曲.昌/補.弼/魁.鉞/祿存 등이 동회한다면 위
　증상은 경미輕微하거나 없다.

·卯/酉 坐 天機□
※卯/酉宮에서는 天機와 巨門이 동궁하며 위장〈**장염. 위염**〉/
　心臟/혈압질환이요, 化忌를 만나면 심해진다.
※卯/酉에서 機/巨+六殺이면 위의 현상들과 더불어 **신경계**
　질환이요, 六殺이 없고, 曲.昌/ 補.弼/ 魁.鉞/ 祿存 등이
　동회한다면 위 증상은 경미하거나 없다.

·辰/戌 坐 天機□
※辰/戌宮에서는 機/梁이 동궁하며 **심장/신장〈콩팥〉**질환이
　요, **생식기 계통**의 질환이다.

※辰/戌의 機/梁＋ 六殺이면, 위의 현상들과 더불어 **빈혈**이이요, 六殺이 없고, 曲.昌/補.弼/魁.鉞/祿存 등이 동회한다면 위 증상은 경미하거나 없다.

⦿丑/未 坐 天機□
※두부頭部나 안면顔面에 상처를 남기거나 허약체질일 수 있으며 취중 사고가 따르기도 한다.
※丑-未의 天機＋六殺이면 위 현상과 더불어 사지에 힘이 없거나 **안질**이요, **위장병**이다.
※六殺이 없고, 曲.昌/補.弼/魁.鉞/祿存 등이 동회하면 허약체질이요, **혈기부족/ 몸이 마르는 현상**이 있게된다.

⦿寅/申 坐 天機□
※寅/申宮에서는 機/月이 동궁하며, **피부병/성 질환**이다.
※寅/申의 機/月＋ 六殺이면 위의 현상들과 더불어, **심장/ 간장질환/ 부인병** 등이 있을 수 있다.
※六殺이 없고, 曲.昌/補.弼/魁.鉞/祿存 등이 동회한다면 위 증상은 경미하거나 없다.

⦿巳/亥 坐 天機□
※巳/亥宮에서의 天機는 **두부/안면**을 다쳐 상처를 남길 수 있으며 **허약체질**일 수가 있다.
※巳/亥의 機＋ 六殺이면 위의 현상들과 더불어 **위장** 혹은 **안질**이다.
※六殺이 없고, 曲.昌/補.弼/魁.鉞/祿存 등이 동회하면 허약체질이거나 원기부족이다.

지금까지~, **"바로보고 즉시 말해 주는"** 두수, 즉간즉설 **활용
서 "자미두수 요체"** 중, 천기 부분에 대한 내용들을 살펴보았
습니다.

예例 사주인, 乙亥 年, 丁酉 日 生은 丁亥의 천기가 **명궁〈위
인은 명과 신이 동궁합니다〉**이므로, **"자미두수 요체"**에서 천기
의 특성과 일반적인 성향이나, 단점 중에서도 **본인〈각 상담
자〉**이 특히 강조하여 말해주고 싶은 부분들은, 별도의 표식
表式을 해두었다가 그 부분들만을 즉설하는 방식으로 상담을
전개시켜나가시면 되는 것입니다.

위 인은 명궁이 천기면서 화록이니 천기 화록에 대한 부분도
함께 언급해 주셔야 하는데, 丁亥 궁의 천기는 평지平地요,
"활용서"에서도 언급하였지만, 명궁의 **삼합 방〈자평의 해.묘.
미 삼합〉**으로 살성들이 들어오고 있어 천기 본연의 기능이나
역할을 제대로 해 내기보다 부정적 측면으로 드러나게 된다
는 것이며, 화록이라 해도 마찬가지라는 것입니다.

**이러한 논법은 두수 명반을 읽어낼 때, 전 방위적으로 적용시
켜야하는 기본적이면서 중요한 관법이 됩니다.**

또한, 명궁 뿐 만아니라 각 궁을 읽어 낼 때에는 14개 주성
과 더불어, 동궁하고 **보좌/살/잡성** 들도 함께 읽어 주셔야
합니다.

다음으로는 명궁이 丁亥 궁이면서 천기이니, 활용서의 천기
중, **사/해궁의 천기**일 때와, **사/해 좌, 천기 화록**의 내용을
다뤄주시라는 것입니다.

이러한 방식에 준準하여 두수 활용서를 "즉간즉설" 해 보면, 다음과 같은 상담이 될 수 있겠으며, 각 인에 따라 그 양상 은 다르게 나타날 수 있겠죠!!!~

본 예 사주는 어머니 되시는 분께서 사주 상담을 의뢰하셨던 경우입니다.

따님께서는 자신의 관심사 외에는 별~ 생각이
없는 사람이네요!!!
하지만, 성정이 선하고 낙천적이며,
주변과의 친화력이 좋습니다.

주 관심사는 일반적이지 않다거나, 새로운 것들에 있고,
전문적인 기능을 발휘하면서 살아가는 구조입니다.
종교, 심리, 형이상학(철학), 선도 등에도 관심이 있겠구요.

참고해야 할 것은, 기회가 온다 해도 천천히 오게
될 것이니 일이 좀, 안된다거나 지체된다 하더라도
조바심을 갖으실 필요는 없다는 것이오!!!~,
무슨 일이든, 직접적으로 나선다거나 독자적인 일, 사업
등에는 매우 불리하니 직장생활을 해야 한다는 것입니다.

실천력이 다소 약할 수 있는가 하면,
내면적으로 성급하고, 심정적인 변화/갈등이 있을 수 있어
심사숙고하지 못하고, 감정적으로 흐를 수 있다 보니~
언행에 신중해야 할 필요도 있겠습니다.

금전 문제에서는, 금전에 대한 애착이 있고
실속적인 면은 있겠으나
돈에 대한 가치개념이 약할 수 있으며, 금전이나 시간적인
측면에서 손실이 따르는 구조이기도 합니다.
그런가하면, 정도正道보다는 옳지 못한 잔재주/ 꾀를
쓴다거나 적법하지 못한 방법으로, 자신의 이익만을
취하는 양태樣態가 드러날 수도 있겠습니다.

여기까지가 천기성이 갖는 일반적 특징에 해당되며, 다음으
로는 巳/亥궁의 천기와, 巳/亥 좌, 천기 화록에 대한 부분을
첨언添言하여 巳/亥 좌, 천기 명命의 특화特化된 부분들을
언급함으로써 상담 의뢰인들의 감동을 배가倍加 시킬 수가
있게 됩니다.

신중하지 못한 면이 있어, 그로인한 감정상의 곤우와
파절이 문제될 수 있으며,
삶에 변화/파동이 있기 쉬운데, 주로, 이성異性이나
대인對人, 직업적인 면에서 그러하겠습니다.
육친과도 상호 반목反目하기가 쉽습니다.

직업적으로는 예술적 재능을 발휘하는 분야가 되겠는데,
광고, 인테리어, 디자인 계통이 되겠습니다.

다음으로는 이 명주의 선천 **화권/화과/화기**성에 의한 정황을
살피게 되는데, 화권은 천량으로 乙酉의 부처궁이면서 태양
과 동궁하며, 화과성은 자미로 戊子의 부모 궁이요, 화기성은
辛巳의 천이궁이 됩니다.

따라서 **"자미두수 요체"** 중, 12궁 좌, 록/권/과/기에서 명궁의 화록/ 부처궁의 화권/ 부모궁의 화과/ 천이궁의 화기를 보고 그대로 읽어내면 되는 것인데, 이미 말씀드렸듯, 별의 묘廟/함陷과 동궁하고 타 보좌 살, 잡성 등이 함께 고려되어야 합니다.

자~
그러면, 앞에서의 상담에 이어~ 12궁 좌, 선천 권/과/기의 정황을 고려考慮한, 예例 사주의 상담을 계속하여 전개시켜 보겠습니다.

따님께서 인연하게 될, 배우자는 조상으로부터의
음덕과 복기를 받고 태어난 사람이겠습니다.

총명하고 모범적이며, 공부를 잘했을 것이요, 어른스럽고
크게 될 사람이라는 말을 들으며 성장했을 것입니다.
원칙 주의적 인가하면, 사고가 깊고 초탈超脫한가하면,
체면이나 명분을 중시하는 면도 있을 것입니다.

타인에 신세를 진다거나, 타인들로부터의 지시나
간섭받는 것을 극히 싫어하는 유형類型일 것이며,
역사/전통에 관심을 보일 것이며, 학술/종교/철학/의약이나
문예/학문연구나 고시 등에서 재능을 보이겠으나,
대기만성 형이요, 언어에 직선적인 면이 있어
대인관계에서는 적지 않은 문제가 초래될 수도 있습니다.

그런가하면, 따님과 년령 차가 있겠으며,
배우자의 세勢가 강할 수 있어 남편을 두려워한다거나
불화할 수도 있겠습니다.

계속해서 부모궁의 자미와 자미 화과, 천이궁의 태음과 태음
화기에 대해, 상담 형식으로 기재해 보지요!!!~

《《《부모 궁의 자미의 자미 화과》》》

남편 분《딸님의 사주를 의뢰했던 경우로, 딸의 명반에서 부모
궁은 문점 인의 배우자가 됩니다.》께서는 사회적 지위나
물질/권력적 성취보다는 명예, 명분을 중시하는 분이요,
자신만의 주관/고집, 독단적인 면도 있으시겠습니다.

대인들로부터 대우, 존중받기를 좋아하며,
매사를 본인 위주로 생각하고 판단하는 경향이 있어,
타인들에게는 이기적으로 비춰질 수도 있습니다.

주관/의지가 弱하고 귀가 얇을 수 있고,
피상적皮相的으로는 강해보이지만 내심內心은
약弱한 사람이요, 일을 행함에 있어서는 적극성이 없으며
보다 더 높거나, 더 큰 성취를 이루려 하기보다는,
현재보다 좀~ 더 나은 정도로 만족해하는 경향이 있겠고,
한 번 실직되면 장기화되는 특징이 있기도 합니다.

- 387 -

《《《천이 궁의 태음과 태음 화기》》》

따님께서 사회생활을 전개시켜 나가면서 친분관계를 맺게
되는 사람들은 대체적으로 여성들이 됩니다.

피상적으로는 환상적이거나, 유약해 보일지라도, 그들은
자존심이 대단히 강한 사람들이요, 주로,
문화,문학/예술〈작가/화가/도예/디자인/설계 등〉로 살아갈
것이나, 삶이 고독할 수 있고, 주로 여자 육친들과의
인연에 불리함이 따르는 사람들입니다.

이상과 같이 예 사주의 두수 명반, 선천 부처궁의 태양/천량
과 천량 화권/ 부모궁의 자미와 자미 화과/ 천이궁의 태음과
태음 화기에 대해 **"자미두수 요체"**를 활용한 상담을 진행시켜
보았습니다.

참고적 부언을 한다면, 비록, 여기에서는 명궁과 부처/부모/
천이궁의 경우만 다뤄졌으나, 타 궁 또한, 해당 궁과 그 궁
에 앉아있는 별들을 읽어내는 방법은 위와 동일한 방식으로
읽어내게 된다는 것입니다.

즉, 두수 12궁과, 각 궁에 앉아있는 별들을 읽어내는 방법은
위의 방식과 동일하다는 것으로, 그 예는 이 다음의 예시에
서 제시됩니다.

다음으로, 자미두수 선천 명반을 운용하여 활용하는 방법 중에는 12개 궁의 宮 干에 의한 **궁간 사화〈선천 비성 사화〉**를 읽어내는 방법이 있는 바, **궁간 사화〈= 선천 비성사화〉**는 두수의 각, 12개 궁, 궁 간의 글자에 의해 생성된 **사화〈록. 권.과.기〉**성이 두수 12개 궁 중, 어느 궁으로 들어가는가???~ , 어느 궁에서 출발하여 어느 궁으로 들어가는가를 살펴 그러한 과정을 거치면서 드러나게 되는 현상을 읽어내는 방식입니다.

예를 들어, 명주의 명궁이 위의 경우처럼 丁亥 궁이라면, 그 宮 干의 글자는 丁火가 되며, 10 간에 준한 사화 중, 丁 干의 사화는 태음- **화록**/ 천동- **화권**/천기- **화과**/거문- **화기**가 되므로 이들에 의한 현상을 읽어내는 방식이 되는 것이지요.

다시~ 명반을 보시죠!!!~

·乙亥 년생의 예 두수·

태음-忌 지겁.지공.천마. 천이 辛巳	탐랑 질액 壬午	천동.거문 좌보.우필. 재백 癸未	무곡/천상 자녀 甲申
염정/천부 문창.경양.령성. 녹복 庚辰	乙亥 年 生. 坤命		태양/천량-權 부처 乙酉
화성.녹존. 관록 己卯			칠살 문곡. 형제 丙戌
파군 타라.천월 전택 戊寅	삼태.팔좌. 복덕 己丑	자미-科 천괴.천월.천공 부모 戊子	천기-祿 명/신 丁亥

위 명반에서 명궁은 丁亥로 丁 干에 의한 **궁간〈비성〉 사화** 중, 화록이 천이 궁으로 들어가면서 화기는 재백 궁으로 들어갑니다.

이리되면, 본 명주는 出外地 즉, 밖에서의 생활에 즐거움을 있다는 의미요, 재백 궁으로 화기가 들어갔다는 것은 금전/ 재물에 집착함이 있게 되고, 걱정/스트레스를 느낄 수도 있다는 것이 됩니다.

이때, 재백 궁으로 들어온 화기는 복덕궁을 충沖하게 되니, 그로 인한 시비, 구설이나 법적인 문제까지도 발생될 수 있다는 것이 됩니다.

다음으로, 부처궁을 보시면, 위의 상담내용에서 배우자와의 배연이 좋은 관계는 아니었지요.!!!~

부처 궁은 乙酉로을 간에 의한 화록은 명궁으로 들어가며, 화기성은 천이 궁으로 들어갑니다.

이렇다면, 이 명주의 배우자는 본 명주에 대해 잘 대해준다는 것이 됩니다. 하지만, 천이 궁으로 들어간 화기는 다시 본 명주의 명궁을 충 합니다.

위에서도 부처궁의 화권으로 배우자가 위세를 행할 수 있으며 그로 인해 두려움을 느낄 수 있다하였습니다. 만, 부처 궁에서 출발된 화기가 명궁을 沖한다는 배연에 어긋남이 있게 된다는 의미가 됩니다.

다음은 부모궁을 보겠습니다.!!!~

부모궁은 戊子로 기 간에 의한 화록은 탐랑으로 질액 궁이 되며 화기는 본 명주의 명궁으로 들어가 노복궁을 沖합니다.

탐랑의 질액은 내분비계나 위장/생식기계가 되는데, 건강이 좋다는 것이요, 부모 궁 간의 화기가 명주의 명궁으로 들어 갔다는 것은, 부모가 본 명주에 대해 지나치게 간섭한다고 느낄 수 있으며, 그로 인해 부녀지간에 불화하기 쉽다는 것을 의미하는 것입니다.

명궁으로 들어온 화기가 다시 천이궁을 충한다는 것은 부父 〈아버지〉의 대인관계가 좋지 못함을 의미하는 것으로 천이는 부모의 노복 궁이 되기 때문입니다.

이러한 논법은 자미두수, 궁의 변화가 적용된 것으로, 두수의 12궁은 본 명주를 기준한 12개 궁 이외에~ 각 12개의 궁이 저마다 명궁이 될 수 있기 때문으로, 두수 12궁의 변화도는 본서의 말미에 주요 도표들과 함께 하여 참고할 수 있도록 하였습니다.

자미두수에서의 사화는 참으로 중요하며, 다양한 쓰임을 갖게 되는데, 특히 운에서는 그 쓰임이 사건을 읽어내는 키의 역할을 하게 됩니다.

하지만, 대동소이한 결과 치를 갖으면서도 그 사건의 결과를 얻어내기 위한 과정이 자평 명리에 비하여 복잡하고, 어려워 **"동양 점성술 역 철학 학술원", "동양 역 천문 철학관"**에서 시행하고 있는 래정을 포함한, 명법의 유기적 통합체인 **"사주 명법 통합요체"** 와, 두수 즉간즉설 활용서인 **"자미두수 요체"** 에서는 두수에서 쓰이는 사화의 적용범위를 <u>선천 사화〈사화/ 궁간 사화/자 사화〉</u>로 제한하여 사용하고 있습니다.

물론 경우에 따라서 운의 록/기를 활용하기도 하지만, 불확실성이 내재되어 있어 현실적 적확성과 효용성을 드러내는 선천 사화의 범주範疇 내에서 활용하고 있는 것이지요!!!~

저는 한 때, 두수를 주主로 하는 관법을 사용하였으나, 위와 같은 문제점들을 인정하게 되면서 상담과 강의에서 자평명법을 주로 하는 관법으로 선회旋回하여 재 수정하게 되었음을 말씀드리며, 송구스럽게도 이, 궁 간 사화에 대한 보다 세밀한 운용 법에 대해서는 두수, 활용서인 **"자미두수 요체" 별권**에 수록되어 있음을 말씀드립니다.

다음부터 이어지는 예들은 **"동양 점성술 역 철학 학술원"**에서 진행하고 **"사주명법 통합 운용기"**에 의한 현장 상담기법으로, 상담 현장에서 현실적 실효實效성과 적확的確성에서 앞서는 술법術法이라 할 수 있겠습니다.

다소 낯 설수도 있으시겠으나, 사주 명법에 입문하시려는 분이나, 현장 상담사를 희망하는 분들이시라면, 좋은 자료가 될 수도 있겠다 싶어 **"통합 운용기"**를 함께 다뤄보았습니다.

잘~ 모르겠다. 싶으시더라도~~~
그냥~, 아~ 이런 방식으로~ 상담이 이뤄지는 구나!!!~
이런 방식의 관법이 활용되고 있구나!!!~
라는 정도로 여기시며, 가벼이~ 읽고 넘어가는 정도로 살펴보십시오.
하지만, 관망의 입장이 아닌!!!~ 주체主體자가 되어~~~

앞에서 다뤄진, 자평의 명법 지식들이 어느 정도 눈에 익을 즈음, "두수요체"와 함께 운용해보는 연습을 몇 번이고 해보시면, 쉬이~ 이해가 되실 것입니다.

물론, 시간이 가면서 눈에 들어오는 지식들의 량量은 점점~ 많아지게 될 것입니다.!!!~

참고로, 다음의 예시들은 이미 출판된바 있는 **"사주명법 통합요체"**에 실렸던 명식命式을 이곳으로 가져와 부분적으로 수정修正,증보增補한 것임을 말씀드리며, **"명법 통합요체"**에 의한 상담은, 손님과 마주 앉으면서부터~ **"손님이 무슨 일로 왔는지"**???~를 **바로, 적시摘示하는 방식으로 상담이 시작되는 수법**입니다.

시작합니다!!!~

~~~ 전화 벨소리가 울립니다!!!~

여보세요!!!~ 철학관이죠~
예!!!~, 맞습니다.
예약해야하나요???~

아닙니다~, 그렇지 않습니다!!!~
예약을 원하시는 경우에는 그렇게 하고 있지만,....

그럼???~, 지금가도 되나요.!!!~
예!!!~, 그렇게 하십시오.!!!~
자녀분 문제로 답답하신 모양입니다. 만,~
그러지 않아도 되겠습니다.

이미 전날 작성해두었던 상담지相談紙에서 **래정來情〈손님이 왜???~ 무슨 일로 왔는지를 살피는〉**을 보니 甲寅갑인 일, 巳 사시였으며, 전화로 문의하신 분은 아래 命式의 어머니로 사무실을 찾으신 시간은 未時였습니다.

※體/用, 日辰 來情 四柱/ 79年 生, 坤命※

時	日	月	年
	丙	癸	己
未	戌	酉	未
己 乙 丁	戊 丁 辛	辛　庚	己 乙 丁
華	天	災	華

68	58	48	38	28	18	8
庚	己	戊	丁	丙	乙	甲
辰	卯	寅	丑	子	亥	戌
攀	將	亡	月	年	地	天

~三,九	~三,七	~三,五	~三,三	~三,一	日	月	流年
甲	癸	壬	辛	庚	甲	己	丙
戌	酉	申	未	午	寅	丑	申
戊丁辛	辛　庚	庚壬戊	己乙丁	丁己丙	甲丙戊	己辛癸	庚壬戊

五	四	三	二		甲	二	三	四	五	
未	午	巳	辰	卯	寅	丑	子	亥	戌	酉
墓	死	病	衰	旺	官	帶	浴	長生	養	胎
攀	將	亡	月	年	地	天	災	劫	華	六
空亡	軌離脱	目的事	落喪孤	風-淫		憎-暗	弔.寡		解決士	怨嗔祿

※丙申 年 丑月 甲寅 日 未時, 九星 來情※

一／ 二 4, 文曲. 徵破 方.	六／ 七 9, 右弼. 退食 方.	八XX／ 九X 2, 巨門 土 眼損 方.
九／ 一XX 3, 祿存. 木 食神 方.	丙申 年 二／丑月 三 5, 廉貞 土 五鬼 方.	四／ 五 7, 破軍. 金 進鬼 方.
五X／ 六 8, 左輔. 官印 方.	七／ 八 1, 貪狼. 水 天祿 方.	三／ 四 6, 武曲. 金 合食 方.
五／ 四 4, 文曲. 徵破 方.	一／ 九 9, 右弼. 退食 方.	三X／ 二 2, 巨門 土 眼損 方.
四／ 三 3, 祿存. 木 食神 方.	甲寅日 六／未時 五 5, 廉貞 土 五鬼 方.	八／ 七 7, 破軍. 金 進鬼 方.
九／ 八X 8, 左輔. 官印 方.	二／ 一 1, 貪狼. 水 天祿 方.	七XX／ 六 6, 武曲. 金 合食 方.

□年, 空; 子/丑.　　　　□日, 空; 午/未.

⊡本命星; 三碧 木星.　　□來情 日, 空; 子/丑.

이 경우는 모친께서 따님의 문제로 문의하신 경우이기 때문에 그 따님의 명 식과 래정의 有關性유관성에는 괴리乖離가 있을 수밖에 없겠으나, 그렇다고 하여 전혀 무관無關한 것만은 아니라는 것이요, 이러한 부분들에서 역易의 신묘神妙함이 드러난다고 할 수 있습니다!!!~

상담을 청하신 모친의 따님에게 어떠한 일/ 사건이 있게 될 것이라는 . . .
암시, 전조/ 동기감응動機感應에 의한 것이기 때문입니다.

체,용 래정을 보시면, 丙申 年으로 비견의 해이면서 地支의 申은 財星으로 본명에서 격각隔角으로 왜곡되어 있던 재성의 역할성이 강화되며 申 중, 壬水는 長生 地를 점하게 됩니다.

이러한 정황들은 위 명주가 丙申 年을 맞이하면서 금전/재물을 취하기 위한 사회활동성은 강화될 것이요, 이성의 출현과 더불어, 수태受胎를 의미하는 것이며 그 자식은 선대先代의 유업遺業을 승계하는 자식이 될 것이라는 것입니다.!!!~

申年이면, 본명 사주에서 酉金인 재성이 강화된다는 것으로, 酉金을 천간의 동일한 글자로 전환시키면 辛金이 되며, 이 辛金이 운으로 들어오는 申字에 의해 제왕지가 되기 때문으로, 이러한 기법은 신수를 간단하게 볼 수 있는 방법이기도 합니다. 하지만, 강화된다고 해서 무조건 좋다거나, 긍정적 의미만을 갖는 것은 아니지요!!!~.

일거리가 많아짐으로서 수반될 수 있는 고단함, 스트레스~, 번거로움~ 등 . . . ,

甲寅 일의 방문으로 본명, 월지의 재성 酉金이 원진입니다.

따님께서는 현재, 하는 일, 집 식구들과 관련되는 일들에 짜증이 나고, 스트레스를 받고 계시네요!!!~

따님에게 있어서는 자녀문제로 인한 고충이 따르는 구조를 이루고 있습니다.
안방에 배우자(남편)분이 안계시니, 출장 중이시거나 주말부부의 형태로 살아가실 텐데,
정황상~ 현재, 혼인 전 이신듯합니다.

이성, 남자에 대한 미움, 혐오감이 있으시겠구요.!!!~

구성 반을 보시면, 년/월반에서는 위 명주의 본명성인 삼벽
목성이 六 乾宮에서 사록 목성과 해주偕住하고 있으며 일/시
반에서는 삼벽 목성의 본궁인 震宮에 사록 목성과 함께 자自
좌坐 합니다. 혼인과 전혀 무관하다고 볼 수만은 없지요.

시간이 흐르면서 경험이 축적되다 보면, 크게 클로즈 업~
되어 먼저 들어오는 글자가 있다거나!!!~ 글자 이전에 촉~
이 먼저 작용되는 경우가 있게 되지요!!!~

이 경우는, 전화를 받으며 이미 작성되어 있던 래정을 보면
서~ 직감적으로 **"자식 문제네요!!!~"** 가 되었던 사례입니다.

이렇듯!!!~
래정으로 시작되는 상담은 대부분의 경우, 방문 인의 현재
문제, 그것도 본인이 당면한 최대 관심사나, 절실한 사항을
드러내 적시함으로써 상담의 내용이 해당 사에 대해, 집중되
며, 그로 인해 장구한 설명식이 아닌, 짧고 감동이 있는 상담
으로 종료시킬 수가 있게 됩니다.

그렇지 않다 하더라도, 다른 문제들에 대해~ 본인〈문젬 인〉
이 먼저 나서서 이것~, 저것~ 이야기를 꺼내며~ 때로는
푸념조로~ 풀어내므로, 상담자 입장에서는 그저~ 사주를
들여다보며 정황에 맞는 이야기들에 동조를 해주면서 들어주
는 형식의 상담이 되는 경우도 적지 않습니다.

그렇다 보니 래정으로 시작되는 상담 법은, 문제를 건드려
주면, 먼저 나서서 본인이 이야기를 다~ 해버리는. . .~

상담자 입장에서는, 이야기를 들어주며 동조와 때로는 격려를 해 드리며~, 상담을 마칠 수 있는!!!~
보다, 수월한 상담 기법이 된다는 것입니다.

그렇다하나, 모든 경우가 그럴 수는 없는 것이기에 래정~
에 이어 운의 정황과 본명을 읽어내는 방식으로 상담을 진행시키게 됩니다.

계속해서 자평 법으로 논해보도록 하겠습니다.

※己未 年 79年 生, 丙戌 日柱, 坤命※

時			日			月		年		
			丙			**癸**		**己**		
	未			戌		酉		未		
己	乙	丁	戊	丁	辛	辛	庚	己	乙	丁
68		58		48		38	28	18		8
庚		己		戊		丁	丙	乙		甲
辰		卯		寅		丑	子	亥		戌
攀		將		亡		月	年	地		天

위 명주는 根/苗/花/實의 사주 구조 상, 상관傷官의 별들을 年柱로 두고 있으면서 공망空亡되었습니다.
자신을 드러내 표현하고 재주를 펼쳐보이고자 하지만, 나의 뜻과 천리天理가 같지 않다!!!~
육친 성을 떠나 글자 자체로도 "未"입니다.

곤명坤命이기 때문에 그 답답함이 덜할 수 있겠으나, 공망이기 때문에 어쩔 수 없는. . .~

그런 세월들을 보내며 끊임없이 채워가야 하지만~, 그런다
해도 성취감을 갖기에는 더없이 부족할 수밖에 없는!!!~

年柱와 月柱 사이에는 재성財星인 申字를 공협拱夾하게 되는
데, 그 시기는 15~, 6세에서 20~, 21세의 구간이 될 것이
요, 넓게는 20대 초반에서 중반의 시기에 해당되지요!!!~

財/ 官의 유입誘入으로 여전히 이 시기의 학업은 왜곡歪曲되
는 모습입니다.

대한의 흐름은 亥/子/丑의 북방 水運으로 旺/官/帶의 기운이
조성造成되고 있으나 그 분야는 정신적 수양이나 종교, 예술
적 측면으로 치우치게 됩니다.

丙 干에 戌 日支로 자 좌, 墓地에 백호 일주요, 거기에 미,
양 띠 人 이다보니 이별/신고/사고 등이 따르게 되고, 사회
활동을 통한 성취를 이루기에도 어려움이 있으며 배연과도
조화를 이루기가 쉽지 않을 것이라는 전제적 조건이 주어진
〈이미 附與된〉. . .,~

이번에는 현 대한을 중심으로 살펴보겠습니다.!!!~

38~ 부터의 丁丑 運이 되지요!!!~
丙 日干이면서 丑 運이면, 기본적으로 재성인 庚,申 金氣와
비겁성인 丁,午의 火氣, 財星인 己, 丑.未인 土氣의 글자들이
庫/墓地가 됩니다.

거기에 丑이라는 글자가 갖는 정체성停滯性, 고충苦衷, 희생
犧牲 등의 現象들이 드러나게 된다는 것이죠!!!~

상관 운을 행한다는 것은 시행착오, 시기/음해/모함 등이 따
르면서 관官을 상상傷하게 되지만, 십성 生/剋에서 生은 정正
의 글자를 克은 편偏의 글자들에 적용되는 것이므로 위 명주
는 축 대한을 직업적 측면에서, 사회적 정체성正體性을 도모
圖謀하는 시기로 삼아야 한다는 것입니다.
본명 사주에 드러난 관官성은 편의 壬水가 아닌, 正의 癸水
이기 때문이죠!!!~

根/苗/花/實 上의 시기별로 본다면, 년지 미와는 충이 성립
되면서 과한 식상을 어느 정도 해소해 주는 작용력을 하면서
공망의 해!!!~, 또한 해소되는 느낌을 가질 수는 있겠고, 月
支 酉와는 三合의 글자 중, 비견比肩성인 巳火를 비합飛合하
게 되지요!!!~

동업, 합작의 형태나 손재사가 따르는 현상과 더불어 비록
허자로 유입되지만, 주체적 경쟁력을 갖추는 데는 일조一助
를 할 것입니다.

다음으로 日支의 7,8,9월의 시기에는 戌과의 刑으로 개고되
면서 겁재인 丁火 火氣와 식상인 戊土의 土氣는 부담負擔으
로 작용되겠고, 辛金의 正財星은 暗合이라는 형식으로 드러
나게 되므로 타인他人들은 알지 못하는 금전적 취득이 있게
된다거나, 아비 빌 남자와의 이성문제가 야기될 수도 있겠
죠!!!~

時柱의 시기이니 병신 년의 하반기인 10,11,12월이 되겠는데, 日支와 時支와의 刑을 沖하는 현상이므로 계획했던 일이라거나 모사某事를 수정해야 한다거나 사무실/점포를 이전해야 하는 등의 변동사 있게 되겠죠!!!~

자평에서 직업성을 규정規定짓는 별은 財/官과 더불어 食傷星이 되는데, 위 명주는 정재 격으로 부모에 의해 본인의 직업이 결정되기 쉬운 구조요, 식상성과 어울리고 있으며 이 식상의 별은 또다시 형刑의 속성을 내포內包하고 있어 금융/법무/세무/의료 등이라거나 가공/조립/숙박 등과 연관될 수 있습니다. 하지만, 재성인 酉金이 일지 식상 戌과 상응相應하고 있어 종교/철학/교육/골동품/경매/중개업 등이 되겠는데, 刑을 이루는 글자는 時支의 未土이므로 본 명주의 자식이 취하게 되는 직업도 위와 같은 분야가 될 것이라는 것이죠!!!~

방문하여 내~ 놓은 질문!!!~ 역시 딸이 이 나이가 되도록 결혼을 못하고 있는데, 어떻게~ 올해는 남자~ 만날 수 있겠는지!!!~ 와 더불어 현재 본인〈명주의 모친〉이 부동산 중개업을 하고 있는데, 딸〈동행한 딸의 명주〉과 같이하고 하고 있다!!!~ 잘 되겠는가〈둘이 부딪치지 않으면서 잘 해나갈 수 있겠는가???~ 하는〉!!!~ 하는 것이었습니다.

앞서 본 명주의 혼인에 대한 부분은 서술되었으니, 따님과 모친의 상응관계를 보면, 모친성인 인성이 년지의 未 중, 乙목과 時柱로 드러나 있으면서 양지養地를 점하고 있으며 본인은 墓地에 앉아 있으면서 刑을 이룹니다.

무엇보다 본인이 타 글자들을 주도할만한 세歲를 갖추고 있지 못하며 月支의 正財格은 대체적으로 변화가 적은~, 안정성이 전제되는 직장이나 사업을 전개하게 되고, 가업을 계승繼承하는 형태로 드러나게 되므로 동업, 합작의 형식을 취하게 되지만, 서로가 감내堪耐해야 할 부분들이 남겨지겠죠!!!~

비록 丁丑 운을 主로 하여 살펴보았으나...,
위 명 식이 그려내고 있는 삶의 모습을 단편적斷片的으로 나마 조망眺望하며 부기附記해 보도록 하겠습니다!!~

우선!!!~ 위 명주는 왜???~
무슨 연유緣由로 혼인이 늦어졌을까??? 하는 것입니다.

혼인을 통해 한 가정을 이루고자 할 때, 사주에 주어져야 하는 기본적인 조건이 갖춰져야 하는데, 우선 남/녀 모두, 애정/혼인/생식/출산의 인자인 수기水氣가 드러나 있어야 한다는 것입니다.

이 水氣가 각 일간 별로 어느 육친성에 해당이 되는가 와는 관계없이~~~

時			日			月		年		
			丙			**癸**		**己**		
	未		**戌**			**酉**		**未**		
己	乙	丁	戊	丁	辛	辛	庚	己	乙	丁
68	58		48		38	28	18	8		
庚	己		戊		丁	丙	乙	甲		
辰	卯		寅		丑	子	亥	戌		
攀	將		亡		月	年	地	天		

혼인에 관심을 갖게 된다거나 적극성을 느끼게 되는 시기는
재/관의 별이 식상의 별과 함께 어울릴 때가 됩니다!!!~

그러나 男/女모두 사주의 식상성이 손상되었거나 財가 드러
나 있다 해도 官이나 식상의 별이 손상損傷되었다거나, 財나
官이 刑/沖/破/害/怨嗔/空亡 等으로 왜곡歪曲되어 있다면 혼
인은 늦어지게 되는데, 위 명주의 사주를 보면 기본적 조건
인 수기는 육친 상, 관성이면서 月 干으로 갖추고 있기는 하
나 생명력이 없으며 식상성인 土氣는 刑을 이루고 있습니다.

18세~ 부터의 대한으로 수기 유입流入되면서 月 干의 癸水
관성이 旺/官/帶지를 점하게 되니~ 이때, 혼인이 성사될 수
있었지 않았겠는가???~ 하실 수도 있겠습니다. 만, 식상의
별을 채우지 못하고 있지요!!!~

그러니 남자들을 만나기는 하나, 가정을 이루기 위한~, 내
아이를 낳아 줄만한 남자로 만나는 것이 아닌...~

뭐~ 그냥, 이성 친구로...~

...~ 출산문제를 살펴본다면, 본 명주가 혼인 후, 얻게 되는 첫 아이는 남아가 되겠으며 자식의 성취번영과 我와는 별개 인 관계가 형성 될 것이라는 판단이 가능한 사주 구조입니 다!!!~

모두冒頭에서도 언급되었듯, 사주를 쉬우면서도 간편, 명료하 게 읽어낼 수 있는 기법은 年/月/日/時에 의한 根/苗/花/實 의 구조를 宮 柱〈宮星 論〉와 글자론에 준準하여 각 육친을 대비하며 더불어 각 글자 간의 상응 관계를 살피는 것으로 根/苗/花/實에 의한 궁성 론을 제대로 이해하고 취할 수 있 게 된다면, 각 인의 명과 운을 풀어낸다는 것이 어려운 과정 만은 아니라고 여겨집니다.

대한인 경우라면 각 주마다 15~ 20년의 기간에 해당되므로 六 대한이라면 년주는 6~ 25세 까지의 구간이 될 것이요, 월주는 26~ 45세, 일주에서는 45~65세의 구간이요, 시주 에서는 66~ 이후의 구간이 될 것이며 세운이라면 년주는 그 해의 1,2,3월의 시기가 되는 것이고, 월주면 4,5,6월이, 일 주는 7,8,9월, 시주는 그 해의 10,11,12월이 되는 것이 죠!!!~

근/묘/화/실 상, 根의자리가 되는 年柱의 구간에서는 자신의 끼, 예술적 재능을 발휘해 내고자 하나???~ 생각과는 괴리 乖離가 큰 답답함을 품어야 하는~, 때로는 부모에 반항도 하는 등...~

그러면서 종교나 철학, 정신적 수양!!!~ 예술적 측면으로 관심이 치우치는 유, 소년기를 보내왔을 것이요!!!~
진학을 했다면, 중앙에서 제법 잘~ 알려진 국,공립 대학에 입학을 것이요, 전공은 경상 계열에서 경제, 경영학이나 무역, 금융, 회계학 등과 관련되겠지만, 관성이 세를 갖지 못하면서 월지의 酉, 財星 또한 격각으로 왜곡되어 있으며 인성이 공망된 글자의 장간으로 있다 보니....., 그러나 運에 의한 卯木, 인성이 생성되면서 가능성을 배제할 수 없습니다.

묘묘의 자리가 되는 月柱의 구간區間에서는 사회활동을 전개시켜 나가겠으나 정재라는 별의 속성이 매사에 적극적이라거나 강한 활동성과는 거리가 있게 되고, 酉 字면서 재성이다 보니 금전적 측면으로 어떠한 결과물을 내고자 하는 시기가 될 것이요, 실제적인 실속도 따르겠으나 과정상의 어려움은 내재內在합니다.

묘묘의 구간 중, 丁丑의 丑은 庚,申/ 丁,午/ 己, 丑.未의 글자를 묻어버리지요!!!~

日柱면 좌표座標 상, 화花의 자리가 되지요!!!~
대한大限 상으로는 해/자/축 北方 水運을 끝내고 인/묘/진 東方 木運을 열어갑니다. 비록 바쁘고, 소리만 요란할 수 있다 해도 坤命으로 木/火, 陽의 氣運은 반갑습니다.

대한 상으로는 48세~ 부터의 戊寅 運이 되겠는데, 戊/癸 합으로 인한 관성의 변화와 대한 支, 寅에 의해 日支 戌이 묶이는 답답함이 따르게 되며 寅/戌에 의해 午火가 生成되면서 배연配緣의 왜곡이 있게 되는 시기가 되겠지요!!!~

더불어~ 주체적 독립성을 증폭시키며 문서 위주의 재물활동 이 전개되는, 인성을 활용하는 새로운 시도試圖가 있기도 하는!!!~

58세~부터의 己卯 대한이면 대한 初에 편관 亥의 생성으로 관성에 변화가 있게 되고, 60초반의 시기에 재성이 활성화 되는 현상이 있게 되며 63~ 64세의 시기에는 卯/戌 합에 의한 食/財의 묶임과 더불어 왜곡된 애정사가 돌출될 수 있 겠고, 65~67세의 시기는 사주의 시주 구간이 되므로 자식 과 관련되는 문제가 되겠지요!!!~

실實의 자리는 時柱로 말년의 정황이 드러나게 되는데, 어떠 한 그림을 그려내고 있을까요!!!~
본명 사주에서 時柱는 未土의 구간을 살아가는 시기요, 대한 상으로는 68세~ 庚辰과 78세~의 辛巳 區間이 되지요!!!~

곤명으로 말년의 상관은 배우配偶의 활동성을 위축시킴과 더 불어 외롭고 적막寂寞한 삶이 될 수 있다는 의미가 함축됩니 다. 未 字는 지체, 답답함 등을 뜻하는 글자이나 위 명주는 坤命이므로 字意에서 오는 害는 없는 것으로 봅니다.
다만, 일시지 간에 성립되어 있는 형의 작용력이 문제가 되 겠는데, 위 사주는 지지가 식상과 재성만으로 이뤄져 있어 官/印의 안정이 어렵고, 年/時柱가 공망되었다 하나, 식상성 의 과다過多와 戌/未 刑에 의해 식상의 번거로움은 더욱 증 폭되며 이러한 현상들로 인로 因해 배연의 왜곡과 불필요한 번잡함, 헛수고가 많아진다는 것입니다.

???~ 그림이~ 그려지시죠.!!!~

時			日			月		年		
			丙			癸		己		
未			戌			酉		未		
己	乙	丁	戊	丁	辛	辛		庚	己	乙	丁
68		58	48		38	28		18		8
庚		己	戊		丁	丙		乙		甲
辰		卯	寅		丑	子		亥		戌
攀		將	亡		月	年		地		天

잠시!!!~ 刑/沖의 작용력에 대한 바른 이해가 있으시기 바라며 다시 한 번 부기해 본다면, 충은 깨지고 소멸된다는 의미가 있어 사주에 오행 상 과한 육친이 있을 때, 운에 의해 충된다면 과過함의 해害가 해소解消되는 것이요, 형은 증폭된다는 의미를 함축하므로 過한 오행이 刑을 이루고 있다면 그로 인한 폐해는 증폭되는바, 운에 의해 충될 때, 그 해는 다소의 해소解消될 수 있다는 것이 됩니다!!!~

그러니까, 증폭의 현상을 가져오느냐~ 파괴, 감소의 현상으로 나타나느냐의 관점으로 본다면 말이죠!!!~

※다음의 표는 좌표를 이해하고 활용하시는데 있어 매우 그 쓰임성이 높은 자료입니다!!!
복습!!!~ 차원에서 다시 한 번 확인해 보시겠습니다.

※四柱, 宮 柱〈位〉別 含意※

時〈實〉	日〈花〉	月〈苗〉	年〈根〉	干
배우자. 자식	자신. 배우자	부모. 형제	선조. 조부.	
末年 期	長年 期	靑/ 長年 期	初年. 少年 期	
80~ 61歲	60 ~ 41歲	40 ~ 21歲	20 ~ 1歲	
冬〈陰;10~12〉	秋〈陰;7/8/9〉	夏〈陰;4/5/6〉	春〈陰;1/2/3〉	
자식/ 동생關係 大門 밖 베란다. 가게, 事業 場 도로, 路上 時間 手當.	안방/ 居室 주방 내 집 대문 日 當.	血肉- 父母, 兄弟 家屋, 建物/ 文書 職場/ 上,下 關係 月 給.	前生/ 祖上, 家門 땅/ 先山/ 墓 事業/ 職業 官廳 關係事. 金錢/ 큰 財物.	共 通
부하직원. 수하인	자신	중간 관리자	사주社主	
두 팔, 다리. 발 생식기. 엉덩이	몸통	어깨 흉부, 두 팔	머리	
두 時間	一日/ 24時間	한 달. 30日	1年. 365日	
未來	現在	現在完了. 過去	大 過去	
媤 家. 妻 家		親 庭. 本 家		
子息- 딸 後世	我의 家庭 配偶者. 妻 愛人	母. 兄弟. 夫 社會	祖母	支

※天干은 精神的 側面/ 名譽/ 貴/ 男子 六親.

　地支는 實質的인 삶의 環境과 現實的 條件/일/金錢/女子 六親.

□天干의 十星, 六親이 實質的인 力量을 갖추기 위해서는 地支

　正氣에 通根할 때 비로소 可能하며 大體的으로 座標 上, 年/月

　에는 食/財/印星이, 日/時에는 財/官이 놓이는 구조여야 可可

　하다.

다음은 위 명주의 命과 運을 두수로 살펴보겠습니다.

앞 명주의 두수 명반은 다음과 같습니다.

※己未 年 酉月 丙戌 日 未時/ 坤命※

정/탐 타라.령성.천마 관록 己巳	거문 지겁.녹존.천상 노복 庚午	천상 경양.천요 천이 辛未	동/량 천월.홍란.천공.천재 질액 壬申
태음 우필.화.지.팔좌.과숙 전택 戊辰	己未 年 生. 坤命 命主 ; 거문. 身主 ; 천상.		무/살 봉고.천관.절공 재백 癸酉
천부 문창.천형.봉각.년해 身宮/복덕 丁卯			태양 좌보.삼태 자녀 甲戌
천회.천무.음살.해신 부모 丙寅	자/파 태보.천허.파졸.순공 命宮 丁丑	천기 천괴.대모 형제 丙子	문곡.용지.천곡.천월 부처 乙亥

이전 예 사주의 두수에서도 **"자미두수 요체"**를 활용하여 두수 명반을 어떠한 방식으로 읽어내는지~ 실제의 상담 형식을 빌어 다뤄보았습니다.

이번에는 명궁부터 부모까지~ 각, 12궁에 드러나 있는 정황을 위주爲主로 하여 살펴본 후, 참고적 차원에서 후천 반은 어떻게 운용되는 대략적으로나마 논해보겠습니다.

먼저 命宮입니다.
본 명주의 **명궁**은 丁丑의 자미/파군이며 辛未의 천상/경양/천요와 己巳, 관록궁의 염정/탐랑/타라/령성/천마와 더불어 癸酉, 재백궁의 무곡/칠살/봉고/천관/절공이 들어오는 조합입니다.

이러한 구조를 하고 있다면 어떠한 조건이 전제되어 있을까요!!!

우선, 본 명주는 이상이 높고 자신의 행위에 대해, 책임을 질 줄 아는가 하면, 복수複數의 직업〈즉, Too- Job〉을 갖기도 합니다.

독단적인 면이 있어 대인관계의 조화에 어려움이 따를 수 있으며 대인對人들 또한, 자신을 멀리하는 경향이 있게 됩니다.

"두수요체"에서도 언급이 되어 있지만, 자미는 사람이 솔직하지 못하고 타인을 기만欺瞞하는 경향이 있으며, 그가 행하는 베품, 자선 등은 선의적인 동기動機에서 출발된 것이 아닌, 자신의 목적을 위한 가식이기 쉬우며 그로 인한 관재官災가 따를 수 있다는 것입니다.

그런가하면 동탕動蕩〈변화 변동이 따르는〉의 현상이 있게 되고, 독선적인 면이 있으며 이성과의 연緣 또한 많게 됩니다.

특히 자/파 조합이면서 타, 도화의 별〈**정,탐/ 곡,창/ 보,필/ 함지/욕 등**〉들이 들어오고 있어 애정사에 왜곡이 있게 되는데, 그 시기는 후천 운으로 이들의 별들이 들어올 때, 그러합니다.!!!~

게다가 **경양/타라**의 별이 천마의 별과 함께 들어오고 있어 신체를 상상傷할 수도 있다는 암시暗示가 주어지기도 합니다.

命主는 곤명이므로 온화하고 귀貴티가 나는 품위를 갖추며 냉정하면서도 이지적理智的인 매력魅力을 소유하게 됩니다.

혼인의 대상對象으로는 자신을 인격체로써 존중할 줄 아는 남자, 사회적으로는 신분이나 지위가 어느 정도 갖춰진 남자라야 한다는 기준을 설정해 놓게 되지요!!!~

축/미의 자/파 조합이면, 직업적으로는 대체적으로 군,경,검 등의 공무원에 적합해지며 자신의 재능을 발휘해가며 살아가게 되고, 정신 신경적인 면에 예민함이 있는가하면 <u>히스테리</u> <u>〈정신 분열 현상〉</u>로 드러날 수도 있으며 건강상으로는 허리〈척추〉와 내장 기관이 부실不實할 수 있다는 것입니다.

"자미두수 요체" 중, 丑/未의 자미/파군 조합에 대한 내용을 부분적으로 가져와~ 부기한 것으로, 참고하며 살펴보십시오.

《《《**축/ 미 坐, 자미**》》

☆이 조합은 동탕動蕩의 성향과 더불어 독선적이요, 위신불충 위자불효하며 이성과의 연緣 또한 많아지는데, 여기에서 독선적 성향은 개창력이나, 겸직의 현상으로 드러나기도 한다.

□**丑/未의 자/파 조합은 자신의 행위에 대해 책임을 질 줄 안다.**

※이 조합은 **이상이 높고 독단적인 면이 있다 보니 대인들과 화합하지 못하는 면이 있으며 그들 또한, 그를 멀리하는 현상이 나타나기도** 한다.

※축/미의 자/파 조합은 거칠 것 없는 突破力을 갖으며 祿存을 만나야 最上이 된다.

※축/ 미의 자.상/ 파 組合은 **군.경.검 等의 공무원에 適合하며 특수한 기능**으로 살아가게 되며, 일생 중, 한 두 번은 그 재능을 발휘할 기회가 주어진다.

※丑/未의 자/파 조합이면서 타 길성과 녹존이 없다면 자신의 감정을 억제하지 못하는 경향이 있게 된다.

※丑/未의 자/파는 바쁜 것을 즐기며 too job인 경우가 많고, 살성의 沖/破가 없다면 정계도 길하나, 천요/함지/홍란 등의 도화성들이 들어온다면 음란해 진다.

□丑/未의 紫/破로 전택궁의 태음 화기가 경양과 동궁하면서 劫.空/鈴星 등이 들어오면, 이웃과 사이가 좋지 않고, 평생 이사를 다니거나 전택문제로 곤혹을 치르기 쉽다.

※丑/未의 자/파는 정신적 분열〈히스테리〉 현상이 나타 날 수 있으며 丑宮의 紫/破면 장臟〈오장〉과 허리가 부실하다.

다음은 형제 궁입니다.

丙子의 **형제** 궁에는 천기/천괴/대모의 별이 앉아있으면서 庚午의 거문/지겁/녹존/天傷과, 壬申의 천동/천량/천월/홍란/천공/천재. 戊辰의 태음/우필/화성/지공/팔좌/과숙/홍염 등의 별이 들어옵니다.

남자 형제〈**천기는 두수에서 남성의 별입니다**〉로, 나보다 잘 났고, 머리도 좋습니다!!!~
그러나 對 他 관계에서 시비 구설이 다르겠고, 이성관계가 자유로울 수 있다는 구조를 이루고 있는 것이지요!!!~

부처 궁은 乙亥로 無 主星의 空宮이면서 己巳의 정.탐/타라/령성/천마가~ 丁卯에서는 천부/문창/천형/봉각/년해 등이, 辛未에서는 천상/경양/천요의 별들이 들어오는 구조입니다.

두수!!!~ 명반에서 이와 같이 격각 궁으로 놓여있는 해당 궁은 명반의 명주와 무덕無德/박연薄緣의 뜻을 갖게 되는데, 이 명주는 부처와 질액/관록/부모 궁이 격각隔角되어 있어 이들과의 연이 박하다~ 약弱하다는 의미가 됩니다. 공空 궁인 경우에도 그러한 것으로 간주看做합니다!!!~

亥宮이면서 문곡!!!~, 고진~
그러면서 대궁과 합방으로부터의 도화, 살성의 회집會集!!! 이미 자평에서도 배연의 왜곡이 드러났었습니다. 만, 두수에 서는 좀 더~ 구체적으로 배우자〈官星으로 남편〉의 현실적 정황을 보여주고 있습니다.!!!~

자녀 궁은 甲戌로 태양/좌보/삼태/천귀/천수/천곡이 자리하 면서 戊辰의 태음/우필/화성/지공/팔좌/과숙/홍염, 庚午의 거문/지겁/녹존/天傷과 壬申 궁에서 차성해 온 천동/천량/천 월/홍란/천공/천재의 별들이 들어오는 구조를 이룹니다.

자평에서도 첫째아이는 남아男兒가 될 것임이 암시되었으나 자녀 궁에 태양, 남성의 별이 들어와 있으니 아들이 되겠으 나, 현실 만족도 있어 생각과 현실이 다를 수 있어 불만족~ 공허함을 갖기 쉽겠으며 자기주장을 내세우는 경향이 있어 대인들로부터의 시비/구설이 따르는 구조입니다. 하지만, 드러나지 않는 우군友軍의 작용력 또한 만만치 않습 니다.

재백 궁은 癸酉의 무곡/칠살/봉고/천관/절공 등이 좌하면서 丁卯의 천부/문창/천형/봉각/년해, 己巳의 염정/탐랑/타라/

령성/천마와 더불어 丁丑의 자미/파군/태보/천허/파졸/순공 등의 별이 들어옵니다.

무엇보다!!!~ 재백으로 廟旺한 무곡이 들어왔다는 것은 참으로 큰~ 기쁨이 아닐 수 없습니다.!!!~
무곡 화록에 천마!!!~
재물창고에 금전이 쌓인다는 의미가 되기 때문이지요!!!~
하지만, 중년 이후가 될 것이라는 전제적 조건이 부여되어 있으며 살/공성이 혼재하므로 재물로 인한 분쟁이나 돌연한 소멸消滅이 따름이 있어 재물창고 관리가 잘되어야 한다는 것입니다.
더불어 재백 궁 간의 화성으로는 직업적 유형을 알아볼 수 있는데, 癸 干의 화기는 탐랑성이요!!!~ 선천 관록 궁이되며 기 간의 화기는 문곡으로 이 명주는 학과와 경제행위로서의 직업 유형이 유사類似한 형태로 드러나고 있습니다.
교육/의료/보건/유흥, 위락慰樂/군,검,경 등 권력 형 기구/토목/목재/가구/지물/중개仲介 등... 이 됩니다!!!~

다음은 **질액** 궁으로, 壬申의 천동/천량/천월/홍란/천공/천재가 좌하며 충궁은 무 주성이면서 천희/천무/음살/은광 등이 앉아있고, 戊辰으로는 태음/우필/화성/지공/팔좌/과숙/홍염과 丙子의 천기/천괴/대모의 별들이 들어오는 구조입니다.

질액이 동/량 조합이면 하복부, 즉 허리 아래쪽으로 질병이 오게 되고, 신경 정신과 질환의 우울증, 정신분열 등, 신경쇠약 증세나 신장/방광/치질과 관련되며 살기, 도화의 별들이 회집되고 있어 성 질환이나 임질/심근경색과도 연계됩니다.

※己未 年 酉月 丙戌 日 未時/ 坤命※

정/탐 타라.령성.천마 관록 己巳	거문 지겁.녹존.천상 노복 庚午	천상 경양.천요 천이 辛未	동/량 천월.홍란.천공.천재 질액 壬申
태음 우필.화.지.팔좌.과숙 전택 戊辰	己未 年 生. 坤命 命主 ; 거문. 身主 ; 천상.		무/살 봉고.천관.절공 재백 癸酉
천부 문창.천형.봉각.년해 身宮/복덕 丁卯			태양 좌보.삼태 자녀 甲戌
천희.천무.음살.해신 부모 丙寅	자/파 태보.천허.파졸.순공 命宮 丁丑	천기 천괴.대모 형제 丙子	문곡.용지.천곡.천월 부처 乙亥

천이 궁은 辛未로 천상/경양/천요의 별이 앉아 있으면서 丁
丑의 자미/파군과 丁卯의 천부/문창/천형/봉각/년해, 乙亥는
無 主星이므로 己巳의 정.탐/타라/령성/천마 차성하는 구조
입니다.

지인知人 중, 식록과 복록이 여유로운 이가 있다는 것이요~
뛰어난 미모는 아니라하더라도 이성적 매력을 느끼게 하는
사람이 라는 것이며 금속류에 의해 안면顔面을 다쳤거나 사
고事故가 있을 수 있겠고, 고독성이 내재內在한다는 것이 됩
니다.

노복은 庚午의 거문/지겁/녹존/天傷과, 丙子의 천기/천괴/대
모~ 壬申 宮에서 차성해 온, 천동/천량/천월/홍란/천공/천
재, 甲戌의 태양/좌보/삼태/천귀/천수/천곡의 별들이 들어오
는 구조이죠!!!~

노복 궁은 형제 궁과 대조하므로 주로 손아래 사람이나 고용인, 형제, 동료, 동업의 대인관계가 드러나게 되는데, 이러한 관계를 형성하고 있는 사람들의 수는 제법 될지 모르겠으나, 시비거 초래되고, 그 관계가 오래도록 지속되기는 어렵다. 라고 판단 할 수 있겠습니다.

관록궁은 己巳의 염정/탐랑/타라/령성/천마와, 丁丑의 자미/파군이며 癸酉의 무곡/칠살/봉고/천관/절공이 들어오는 구조를 이루고 있습니다.

관록 궁은 夫/官 선을 이루며 이, 부관 선에서는 배우자의 정황과 더불어 사회적 정체성/직업적 분야 등이 드러나게 되는데, 이 경우는 부처 궁이 무 주성이어서 그 의미가 증폭된다고 할 수 있습니다. 즉, 본 명주의 배우配偶와 본인이 취取하게 되는 직업적 측면에 유사함이 커진다는 것이죠!!!~

조합의 구조가 이러하면, 직업적 분야는 재백 궁에서 언급되었듯~ 교육/의료/보건/유흥, 위락慰樂/군,검,경 등 권력 형 기구/토목/목재/가구/지물/중게 등과 관련되며 배연에 조화를 이루기가 쉽지 않겠으며 주로 직장 생활보다는 사업 유형으로 나타나게 되고, 사업/직업적인 변동이 따르게 된다는 것입니다.

전택 궁은 戊辰의 태음/우필/화성/지공/팔좌/과숙/홍염과, 甲戌의 태양/좌보/삼태/천귀/천수/천곡 등과 더불어, 壬申의 천동/천량/천월/홍란/천공/천재, 丙子의 천기/천괴/대모의 별들이 들어오지요!!!~

전택 궁 또한, 재백궁과 유사한 재고財庫의 위位가 됩니다.
따라서 전택에 태음이 들와 앉아있다는 것은 재백에 무곡의
별이 들와 있는 것과 같이 매우 반가운 것이지요!!!~
하지만, 辰궁에서의 태음은 힘!!!~ 세를 갖추지 못합니다.
태음〈달〉은 밤하늘에 떠, 빛을 비추는 별이기 때문입니다.

여자라면 전택의 조합으로 性 생활의 일단一端을 들여다 볼
수 있는데, 적지 않은 도화의 별들이 모여들고 개방된 성 의
식意識을 갖고 있을 수 있겠습니다.

또한, 진궁은 시간 상으로, 활동이 시작되는 7~ 9시의 시간
대여서 달은 이미 그 빛을 상실한 상태가 되죠!!!~
이와 같이 두수는 각각의 별들이 12 궁 중, 어느 위位로 들
어가는지!!!~, 세를 갖는지~ 그렇지 못한지???~ 등과 더
불어 각, 별과 각 궁이 함축하고 있는 함의를 이해하는 것이
그 무엇보다 중요합니다.

무슨~, 무슨~ 파派~...
무슨~, 무슨~ 법法~ 들 보다~ 우선于先되어야 한다는 것
이 저의 일관一貫된 생각입니다!!!~
이러한 두수의 기초적!!!~, 기본 지식만이라도 제대로 학습
되고 이해하고 있다면, 70%~를 상회上廻하는 정도의 현장
상담력은 갖추게 되는 것이라 할 수 있을 것입니다.
적어도 두수는 그러합니다.

명법은 그 어떤 방편〈자평,기문,구성,육임,두수 등...〉이 되었
든, 기초적 지식을 제대로 이해하고 갖추는데 있다고 봅니다.

다만, 전택에 태음이 좌한다는 것은 번화하고 밝은 **陽地**보다는 **陰地**에 거주居住하게 됨을 뜻하는 것이요!!!~ **東南** 方이 되겠지요...~

다음으로는 한 개인의 정신적 향수와 기호嗜好 등을 드러내 주는 **복덕** 궁을 살펴보겠습니다.

두수에서 복덕은 질액/관록 궁과 더불어 명궁과 일체一體로 간주看做합니다.!!!~

丁卯, 복덕에는 천부/문창/천형/봉각/년해 등이 앉아있고, **癸酉**의 무곡/칠살/봉고/천관/절공, **辛未**의 천상/경양/천요, **乙亥**는 **無** **主星**의 **空宮**이면서 **己巳**의 정,탐/타라/령성/천마를 차성하는 조합입니다.

위 명주는 복덕 궁이 신궁을 겸兼하는 구조이므로 복덕의 조합으로 후천의 운세와 신체 질병, 건강 등을 가름할 수 있게 됩니다.
비록 천부가 **丁卯**에서는 세를 갖추고 있지 못하지만, 천부의 별은 재백과 전택을 주관하며 재고財庫를 상징하는 별이어서 의록衣祿의 어려움은 없다 할 수 있겠습니다. 그러나 곤명으로 복덕의 천부는 배우자로 인한 즐거움을 느끼며 살아가기에는 부족함이 따른다는 의미가 되는 것입니다.
복덕이 신궁과 겸하고 있어 담〈쓸개〉질환이나 신경, 정신계 질환과 더불어 **사지四肢〈팔,다리〉**를 상할 수 있다는 것이지요!!!~.

이제~ **부모**궁을 보도록 하지요!!!~
부모 궁이 무無 주성인 空 宮이면서 壬申의 **천동/천량/천월/
홍란/천공/천재** 등을 빌려옵니다.

※己未 年 酉月 丙戌 日 未時/ 坤命※

정/탐 타라.령성.천마 관록 己巳	거문 지겁.녹존.천상 녹복 庚午	천상 경양.천요 천이 辛未	동/량 천월.홍란.천공.천재 질액 壬申
태음 우필.화.지.팔좌.과숙 전택 戊辰	己未 年 生. 坤命 <u>命主</u>; 거문. <u>身主</u>; 천상.		무/살 봉고.천관.절공 재백 癸酉
천부 문창.천형.봉각.년해 <u>身宮</u>/복덕 丁卯			태양 좌보.삼태 자녀 甲戌
천희.천무.음살.해신 부모 丙寅	자/파 태보.천허.파졸.순공 命宮 丁丑	천기 천괴.대모 형제 丙子	문곡.용지.천곡.천월 부처 乙亥

앞서서도 언급되었지만, 두수에서 격각 궁과 공 궁되는 <u>사안
궁〈명궁부터~ 부모의 12개 궁〉</u>은 기본적으로 아와 무덕함을
뜻하는 것으로 취급하게 되는바, 본 명주는 부모와의 연이
도탑지 못함을 드러내고 있는 것입니다.

丙寅 병지病地면서 해신解神까지 앉아있어 이러한 의미를 증
폭시키고 있으며 丙 干을 전개시켜보면 관록의 염정이 化忌
가 되는데, 이는 부모가 我의 직업, 배우자 문제에 집착/간섭
한다는 뜻이 되지요!!!~

부모의 성 의식 또한 자유로울 수 있습니다.

이어서 위 명주의 후천 운 중, 38세~ 부터인 丁丑 대한의
정황을 살펴보겠습니다.

자평의 丁丑 대한은 두수에서는 戊辰의 선천 전택 궁으로 선
천 子-田 線~ 가정을 이룬다는 성가成家 위位를 行하고 있
는 것이죠!!!~.

전택은 **가정/부동산 문제/주거환경/의외 사** 등과 관련되는
宮 位입니다.

대한 명궁, 戊 干의 사화를 전개시켜볼까요!!!~

戊 干이면 록/권/과/기는 탐/월/필/기가 되지요.
화록인 탐랑은 선천 부- 관선/ 대한 부- 질선이 되면서 38세
인 丙申 年이므로 유년으로는 자- 전선이 됩니다. 화기, 천기
는 선천 형제/ 대한 재백이면서 유년 부- 관선이자 소한의
명궁이 됩니다. 각, 궁선이 품고 있는 함축된 상의는 앞에서
말씀드렸으니... 그대로 읽어내실 수 있으시겠죠!!!~

어느 한 궁위에서 중첩重疊〈=선, 후천이 겹쳐진〉되는 선/후천
반을 읽어 내는 방법은 선천은 대한과 대한은 유년과, 유년
은 선천과 대한, 소한과의 관계로 대비하여 공통〈동일 사안이
거듭되는〉되는 부분을 취하는 것입니다.

上位에서 下位로, 다시 下位에서 上位로 올라가며〈本命으로의
회귀回歸과정을 통해, 사건이 구체화 되는 것이지요!!!〉,~
쉽게 이해가 되지 않는 것은, 어찌 보면, 당연한 것 일 수 있
으니 앞에서도 말씀드렸듯!!!~

두수라는 게~ 이런 거구나.!!!~
이렇게 쓰이네.!!!~
이런 방식으로 활용할 수 있겠네!!!~~~ 라는 식으로...

일단은 그냥, 훑어보는 형식으로 대하면서 넘어가세요!!!~
"자미두수 요체"가 이런 방식으로 활용되는 구나~~~
라는 유연한 시각으로~~~ 말이죠!!!~

다음의 예를 이어가 보겠습니다.

※體/用, 日辰 來情 四柱※

時		日	月	年
		癸	乙	丙
辰		未	未	午
戊 癸 乙		己 乙 丁	己 乙 丁	丁 己 丙
65	55	45	35	25	15	5
戊	己	庚	辛	壬	癸	甲
子	丑	寅	卯	辰	巳	午
災	天	地	年	月	亡	將

~三,九	~三,七	~三,五	~三,三	~三,一	日	月	流年
甲	癸	壬	辛	庚	甲	己	乙
戌	酉	申	未	午	午	卯	未
戊丁	辛辛	庚 庚壬戊	己乙丁	丁己丙	丁己丙 乙	甲	己乙丁

	五	四	三	二	甲	二	三	四	五	
亥	戌	酉	申	未	午	巳	辰	卯	寅	丑
長生	養	胎	絶	墓	死	病	衰	旺	官	帶
劫	華	六	驛	攀	將	亡	月	年	地	天
空亡	軌離脱	目的事	落喪孤	風-淫	障壁煞	憎-暗	弔.寡		解決士	怨嗔祿
	<X>	<X>	<X X>	<X>	<X>	<☆>	<☆>	<△>	<X>	

※九星, 來情※

二／ 三✗✗ 4, 文曲. 徵破 方.	七／ 八 9, 右弼. 退食 方.	九／ 一 2, 巨門 土 眼損 方.
一✗✗／ 二 3, 祿存. 木 食神 方.	乙未 年 三／卯 月 四 5, 廉貞 土 五鬼 方.	五／ 六 7, 破軍. 金 進鬼 方.
六✗／ 七 8, 左輔. 官印 方.	八／ 九 1, 貪狼. 水 天祿 方.	四／ 五✗ 6, 武曲. 金 合食 方.
九／ 七 4, 文曲. 徵破 方.	五／ 三 9, 右弼. 退食 方.	七／ 五 2, 巨門 土 眼損 方.
八／ 六 3, 祿存. 木 食神 方.	甲午 日 一／未 時 八 5, 廉貞 土 五鬼 方.	三／ 一 7, 破軍. 金 進鬼 方.
四／ 二✗✗✗ 8, 左輔. 官印 方.	六✗✗✗／ 四 1, 貪狼. 水 天祿 方.	二／ 九 6, 武曲. 金 合食 方.

※年, 空; 寅/卯.

　日, 空; 申/酉.　※來情 日, 空; 辰/巳.

▢本命星; 七赤 金星.　▢月 命星; 三碧 木星.

甲午 日의 방문이므로 食/財/官이 動합니다.

> 열심히~ 분주奔走하게 살아가고 계시네요///~
> 근면, 알뜰하신 분인데, 금전/재물적인 측면으로는
> 손실이 따르겠습니다.
> 그 원인 중에는 남편 분도 한 몫 하시겠구요.~
> 남편 분과의 관계도 썩 좋다 할 수만은 없는
> 인연이다 보니. . . ,
> 심적~, 육체적///~ 고통이 따르시겠습니다///~
> 흉터를 갖고 계실 수도 있겠구요///~

네. . . , ~ 그렇습니다!!!~

문점 일이 甲午로 辰/巳가 공망인데, 이 辰字는 래방 사주의
과거 3진이요, 본명 사주, 時 支로 있으며, 문점 당일, 일진
의 글자인 午는 본명 사주의 年 支로 드러나 있습니다.

현재, 하고 있는 일에 대한 확신할 수가 없습니다.
돈이 안 되는 것은 아니지만, 불안합니다.
하고 있는 일이 잘!!!~ 될지???~ 어떨지~~~
다른 걸 해보면 어떨까???~
한 번, 바꿔볼까???~

생각이 많고, 미래未來에 대해 생각이 많고, 불안합니다.

이러한 상태라는 것입니다.!!!~

계속 이어가~ 보겠습니다.

현재///~
금전적인 면은 괜찮아 보입니다. 만,///~
하고 계시는 일에 대한 만족감이 약하시네요///~
장사는 된다하나 좀///~ 덤덤~ 하시겠구요. . . ,

다른 생각도 있으시고~
음식물을 다루고 계시는데, 국수나 라면, 떡 볶기 류
일 듯싶습니다.///~
큰///~ 욕심 없이 만족해하며 살아가십시오///~

네???~

어떻게???~

. . .,~

사실 노점 장사지만, 좀!!!~ 되는데, . . .~

바꿔볼까???~, 어쩔까???~

계속 장사는 잘 될지!!!~ 하여~

그러시군요!!!~

팔자에 없는 길을 가고 계시는 것은 아니니,

잘!!!~ 될 것입니다.

지금의 노점 형태로 3~4년 더하시고!!!~

그 이후에는!!!~

번듯하지 않고 크지 않게, 지금처럼 기호식품을

다루시더라도

건강을 생각하는 약밥, 건강 차, 건강 술 등을 곁들이는,

퓨전 방식으로 하시되,

가게는 개방형 구조를 이루도록 하여 운영해 보세요!!!~

만족감~ 수입 면에서도 더 나아질 것입니다.

어차피!!!~

그 때 쯤 이면 그러한 변화가 주어질 것 이구요!!!~

. . . ~

체,용 래정에서 乙未 年의 乙 食傷의 별은 본명 月, 日支 未에서 투透 간干한 것이니 먹고 사는 문제, 즉, 밥 그릇 문제요!!!~ 己土는 官~ 즉, 夫星과도 연계되며 丁火 午 財星은 당일의 日支로 드러나 있습니다!!!~

따라서 본인 입장에서는 식/재/관이 당해의 주요 관심사로 여겨진다는 것이죠!!!~

말 띠 생이 午, 말의 날에 방문하여 금전적인 측면은 그리 나쁜 상황이 아니나, 본명 월, 일로 드러나 있는 관성이 체, 용 래정의 년/ 시로 드러나 있어 官에 의한 번거로움, 고충이 암시되고 있는 상황입니다!!!~

일진과 구성 래정을 볼까요.!!!~
일진 래정에서도 부성夫星인 官星은 여전히 본 명주를 괴롭히고 있는 상황이며 구성반을 보면, 우선 본 명주의 본명성인 칠적금성이 년반에서는 離 宮에서 팔백 토성과 함께하면서 八/八 대충으로 변화의 뜻을 암시하고 있으며 金氣의 칠적 금성이 離 火 宮에 들어와 있어 안정적이지 못합니다.
월 반에서는 八 艮 宮에 놓이는데, 함께하고 있는 六白 金星이 破殺로 파괴되어 변화를 시도하더라도 긍정적인 결과를 가져오지는 못한다!!!~ 라는 뜻이죠!!!~

일/시반에서는 본명성인 七赤 金星이 二 坤宮에서 五黃 土星과 함께하나 相生의 관계를 이루고 있어 흉으로 볼 수 없고, 四 巽宮에서는 九紫 火星과 함께하면서 본 궁〈巽 木宮〉과 剋의 관계지만, 극을 당하는 입장이 아니므로 이 역시 흉한 상황은 아니지요!!!~

나름 신용을 얻으며 소득을 이뤄가고 있다!!!~ 그러나 만족스럽지는 못할 것이요!!!~
夫星의 번거로움은 여전하다!!!!~

七赤 금성의 本宮인 兌 宮에는 三碧 목성과 일백 수성이 들
어와 있어 현재의 상황이 실속적이지는 못함을 그려내고 있
습니다.

자평으로 들여다보면!!!~

※丙午 年 生. 癸未 日柱. 坤命※

時			日			月			年		
			癸			乙			丙		
辰			未			未			午		
戊	癸	乙	己	乙	丁	己	乙	丁	丁	己	丙
65		55		45		35		25		15	5
戊		己		庚		辛		壬		癸	甲
子		丑		寅		卯		辰		巳	午
災		天		地		年		月		亡	將

□年, 空; 寅/卯.　□日, 空; 申/酉.
□未; 飛刃.　　□丑; 羊刃. □巳; 貴人.

癸 일간으로, 癸未 일주日柱 곤명坤命입니다.

남편 덕~, 없다!!!~
애정사~, 금전 측면으로 왜곡歪曲이 있게 된다!!!~
배우자로 인한 고충이 따르고, 건강이 문제될 수 있으며 흉
터를 남기기도 한다!!!~
금전, 재물에 대한 욕구欲求는 크겠으나 성취하기에는 어려
움이 따른다!!!~

위 명주에게 주어진 전제적前提的, 조건條件이죠!!!~

年과 월주에 의해 巳火, 재성이 생성되며 月과 日支에 의해 서는 丑, 편관의 글자가 도충倒沖됩니다.
재성과 관성의 부담負擔이 커집니다.
오행의 중화中和를 심하게 왜곡시키고 있지요!!!~
한 마디로 년/월주의 시기에는 부부와 직업, 남편으로 인한 번거로움. 고충!!!~, 번잡함에 시달린다!!!~ 가 되는 것이 죠!!!~

관성의 번거로움은 근/묘/화/실 상, 日柱의 시기까지 지속持 續되겠는데, 본 명주는 건명乾命이 아닌!!! 곤명이므로, 그나 마 견뎌내며 살아가고 있는 것이겠지요!!!~

月/日/時支로 중첩重疊〈거듭되는〉되는 편관은 어떻게 읽어내 야 하겠습니까???~

직업이 그런대로 안정된다면, 남자~, 남편!!!~
남편 문제가 그런대로 유지維持되고 있다면, 직업적인 변화, 고충이 큰!!!~ 모습으로 드러나게 됩니다.

본명 대비對比, 대한의 흐름을 보면, 35세~ 부터의 辛卯 대 한에서 45세~ 庚寅 대한 이후!!!~
그러니까 55세~ 부터의 己丑 대한부터는 어려움이 더 해질 수 있겠는데, 그나마 대한의 지지 丑에 의해 본명의 未, 관성 이 沖으로 관의 부담을 어느 정도는 덜어주는 효과를 기대 할 수 있으며 관이 교체交替되는 현상이 있게 되겠죠!!!~

이!!!~ 沖에 의한 관성의 교체가 긍정적 현상으로 드러나게 하려면, 현 업종에서 분식위주가 아닌, 주류酒類위주로 하되~..., 일반적인 술 류類가 아닌 칵테일 류로~,

단순한 술에 가공加工이 가加해진 형태가 되거나, 음식인 경우라도, 일반적인 음식이 아닌!!!~ 건강 요리식의 패턴으로 경영되어야 한다는 것입니다!!!~

※다음은 위 命主의 두수 명반입니다.!!!~

천상 우필·녹존/파졸·화성. 복덕 癸巳	천량 문창·경양·천요. 전택 甲午	정/살 령성·지공·천공. 관록 乙未	곡·마·천무·천상·고진. 노복 丙申
거문 태보 부모 壬辰	丙午 年 生.　坤命 命主；文曲. 身主；火星.		좌보·天銊·홍란. 천이 丁酉
자/탐 지겁·천희·천월 命宮 辛卯			천동 은광·용지·천사. 질액 戊戌
기/월 천형·삼태. 형제 庚寅	천부 대모 부처 辛丑	태양 팔좌·천괴·곡·허. 자녀 庚子	무/파 천괴·천곡. 대한 身/재백 己亥

위 命主는 坤命이면서 癸 日干이다 보니~
배연配緣의 불안不安이라는 기본적 조건을 갖습니다.

배우자의 왜곡이 자미두수에서는 어떻게 드러나고 있는지를 볼 까요!!!~

부처가 丑/未에 천부가 坐하면서 대모大耗星과 同 宮합니다.
천부가 대모와 함께 있으면서 공성과 살/파의 회조會照...

잔소리 심할 수 있고, 여자가 바삐 살아가며 벌어들이는 돈
을 없애는 등으로 인한 고충이 크다. . . ,~

계속해서 좀 더~ 보겠습니다.
위 명주는 辛卯의 자미/탐랑이 지겁/천희/천월 등의 별들과
동궁하는 구조입니다.
대 충궁은 공 궁이면서, 己亥〈재백이 신궁身宮임〉의 무곡/파군
과 천괴/천곡이, 乙未의 염정/칠살과 령성/지겁/천공이 들어
오는 조합이지요!!!~

이러한 구조의 조합을 이루게 되면, 대인 사교성을 갖으며
유흥성이 증폭되는가 하면, 금전에 대한 욕구가 강하게 되고,
자신의 이익만을 취하려는 경향이 있게 됩니다.
비록~ 여자의 몸을 갖고 있지만, 남성적 기질을 함축되기도
하지요!!!~.

위 인人의 사교성은 불필요한 지출로 드러날 수 있으며 감춰
진 왜곡된 애정사가 있을 수 있겠으며 남,녀를 불문하고, 살/
파/랑〈칠살/파군/탐랑의 별이 삼방으로 들어오는 구조〉 조합은
기본적으로 성패의 기복起伏이 따르게 되는 구조입니다!!!~

두수에서는 특히 육살성六殺星〈경양,타라/화성,령성/지겁,지공〉
의 쓰임과 작용력에 대한 주시注視가 필요함을 말씀드리며
명주의 명궁으로 겁,공의 별들이 함께 모여들고 있다는 것은,
이러한 조건이 부합附合되는 시기에 삶의 양상樣相이 바뀔
수 있음을 예측豫測할 수 있는 정황情況을 조성造成시키기도
하지요!!!~.

이러한 논법은 **명반을 읽어낼 때, 일관적一貫的으로 적용되는 기법技法**이기도 합니다.

방문 당시의 대한인 己亥, 선천 재백/신身궁의 시기를 볼까요.!!!~

身宮은 후천의 운기와 신체 건강이 드러낸다고 하였습니다. 본 명주는 선천적으로 귀/방광/허리와 관련되는 질환이 따르기 쉬운 체질로, 살이 찌기 쉬우면서도 허약할 수 있고, 두부頭部〈머리〉에 종기腫氣〈피부 염증이나 부스럼〉가 있게 되며 생식기계로도 질병이 있을 수 있는가 하면, 중년中年 이후로는 호흡기 계통이나 외상이 있게 됩니다.

그런데 현 대한이 신궁을 행하고 있으니 이번 대한 구간 중에 이러한 질병들과 관련된 수술을 하게 될 가능성이 증폭되는 것이지요!!!~
그러면!!!~ 대한이 재백 궁을 행한다는 것은 무슨 의미를 갖는 것일 까요???~

우선 재백 궁은 금전의 입入/출出과 경제적 환경/발發,파재破財 등의 정황이 드러나는 곳으로, 우선, 재백에 재성財星인 무곡이 앉아있다는 것은 즐거운 것이죠!!! 하지만, 손모의 별인 파군과 해주偕住하면서 살성이 회집하여 그 즐거움은 상당히 반감半減된다는 것입니다. 그렇다 해도, 대한의 己 干에 의해 무곡이 화록이 되고, 녹/마를 동반하고 있어 욕심을 버린다면 서운하지만은 않겠습니다.

한 가지 더~ 살펴봐야 할 것은!!!~

이 대한이 살/파/랑 운을 행하면서 **화,탐/ 령,탐의 횡발橫發 조합**〈순식간에 큰 금전을 이룬다는 뜻〉을 이룬다는 것인데~, 아쉽게도 타 살성의 침탈侵奪로 기대하기 어렵습니다.

하나만, 더 볼까요.!!!~
다름이 아닌!!!~ 자녀 궁을 보려고 하는 것인데, 이 분은 자녀를 제왕절개帝王切開로 낳았을 것이라는 거죠!!!~

어떤 연유緣由였겠습니까.???~
다름이 아닌!!!~庚子 자녀 궁으로 경양/타라의 별이 들어오고 있기 때문입니다.

六 殺星이 갖는 작용력을 주시해야 하는 이유입니다!!!~
자녀의 제왕절개 출산이 자평에서는 어떠한 모양으로 드러나고 있는지!!!~

조금~ 더 살펴본 후~ ,
다음의 예시로 넘어가도록 하겠습니다.!!!

※丙午 年 生, 癸未 日柱 坤命※

時			日			月			年		
	辰			癸 未			乙 未			丙 午	
戊	癸	乙	己	乙	丁	己	乙	丁	丁	己	丙
65		55		45		35		25		15	5
	戊		己		庚		辛		壬	癸	甲
	子		丑		寅		卯		辰	巳	午
	災		天		地		年		月	亡	將

위 사주에서 혼인과 출산이 있게 되는 운은 25세~ 부터의
壬辰 대한이 됩니다.

곤명이면, 관기官氣와 식상食傷의 별이 들어오는 운기運氣
일 때, 혼인에 대한 생각이 발동發動되기 때문입니다.

壬辰 運을 행하게 되면서 辰 중, 식상성인 乙木과 官星인 戊
土가 활동성을 갖게 되는데, 辰 중, 乙木과 戊土가 모두 관대
지冠帶地를 점합니다.

혼인에 대한 욕구가 생동生動하게 됩니다!!!~
그렇다고 하나???~
여기까지는~ 출산시의 제왕절개와는 무관無關합니다.

위 명주는 月支와 日支가 未로 축자를 생성시키게 되는데,
이 축자는 계 일간의 양인이 되며 관성과 식상의 별에 의해
도충이 되었으며, 또 다른 이유는 대한의 地支 辰이 時柱의
辰과 辰/辰 刑을 이룬다는 것이지요!!!~

양인羊刃과 형형의 공통적 작용력은 상흔傷痕~
칼!!!~ 수술!!!~

자~ 그럼!!!~
이정도하고~~~ ,

다음의 예를 더~ 보시지요!!!~

乙未 年 乙酉 日 래정입니다.

※體/用, 日辰 來情 四柱/ 83年 生, 坤命※

時	日	月	年
	乙	壬	癸
丑	酉	戌	亥
己 辛 癸	辛	庚 戊 丁 辛	壬 甲 戊

65	55	45	35	25	15	5
己	戊	丁	丙	乙	甲	癸
巳	辰	卯	寅	丑	子	亥
驛	攀	將	亡	月	年	地

~三,九	~三,七	~三,五	~三,三	~三,一	日	月	流年
丙	乙	甲	癸	壬	乙	己	乙
戌	酉	申	未	午	酉	卯	未
戊丁辛辛	庚庚壬戊	己乙丁丁	己丙辛	庚乙		甲己乙丁	

五	四	三	二	乙	二	三	四	五
寅	丑	子	亥	戌	酉	申	未	午	巳	辰
旺	衰	病	死	墓	絶	胎	養	長生	浴	帶
劫	華	六	驛	攀	將	亡	月	年	地	天
空亡	軌離脱	目的事	落喪孤	風-淫		憎-暗	弔.寡		解決士	怨嘆祿

※乙未 年 卯月 乙酉 日 酉時, 九星 來情※

二/ 三XX	七/ 八	九/ 一
4. 文曲. 徵破 方.	9. 右弼. 退食 方.	2. 巨門 土 眼損 方.
一XX/ 二	乙未 年 三/卯月 四	五/ 六X
3. 祿存. 木 食神 方.	5. 廉貞 土 五鬼 方.	7. 破軍. 金 進鬼 方.
六X/ 七	八/ 九	四/ 五
8. 左輔. 官印 方.	1. 貪狼. 水 天祿 方.	6. 武曲. 金 合食 方.

九/ 九	五/ 五	七/ 七
4, 文曲. 徵破 方.	9, 右弼. 退食 方.	2, 巨門 土 眼損 方.
八X/ 八X	乙酉日 一/酉時 一	三X/ 三
3, 祿存. 木 食神 方.	5, 廉貞 土 五鬼 方.	7, 破軍. 金 進鬼 方.
四/ 四	六XX/ 六XX	二/ 二
8, 左輔. 官印 方.	1, 貪狼. 水 天祿 方.	6, 武曲. 金 合食 方.

□年, 空; 子/丑.　　　□日, 空; 午/未.

⊙本命星; 八白 土星.　　□來情 日, 空; 午/未.

손님께서는 모친〈어머니〉의 문제나, 학업, 공부에 관련한
문제들로 인한, 고충/애로隘路를 겪게 됩니다.
살아가시면서, 문서와 관련되는 일로
어려움을 겪으실 수 있으니 문서, 보증 행사行使 등에
신중하셔야 되겠습니다.

20대 후반의 시기에 있었을 혼인의 연緣이 무산되었을
듯하니, 현재~ 미혼이실 것이오///~
오늘///~ 이렇게 제 사무실을 찾게 되신 이유도
남자///~ 혼인 문제일 듯하나,
이번에도 인연은 아닌 듯합니다.
금전적 손실도 있으실 거구요///~
혼인 문제로 인한 번거로움이 번복되다 보니~
근심, 고충이 크시겠습니다///~
그러나 내, 후년 사이에는 혼사의 즐거움이 있을 터이니
마음을 여유롭고, 편하게 하세요///~

먼저 체용 래정으로 보면 방문일이 본인의 일주와 복음伏吟
이요, 년 간이 비견, 시주時柱와도 복음이면서 酉酉 刑을 이
룹니다.

손재가 따르며 울면서 헤어진다...~

이리되면 일진 래정은 사실 상, 확인의 의미가 없고, 바로~
구성 반으로 검증을 해 봐야 하는데, 구성 년.월/ 일.시반의
어디에서도 혼인을 단정할만한 조짐은 없습니다.

오히려 드러낼 만한 관계는 아니었던 것으로 보이며, 일시반
의 팔백 토, 艮 宮으로 사록 목성이 들어와 있으나, 동일 상
수이니 삼벽 목성으로 변환되면서 분위기는 조성되는 듯, 하
였으나 결국은 무산되는 형국이 됩니다!!!~

밝은 모습으로 들어왔으나 이내, 실망스런 낯빛을 감추지 못
하며...~

...~ 그렇군요///~ ...~

좀, 더~ 살펴보면~~~

乙酉 日 방문하신 경우로, 당일 일진의 酉 字가 본명의 日支
로 있으며, 月支의 戌은 래방 사주의 미래 2진으로, 본명의
년지로 있는 인성의 亥는 미래 3진, 본명 시지의 재성, 丑은
미래 5진으로 드러나 있습니다.

집을 사려고 하는 상황이라거나,
직장 문제라면 스트레스가 심한 상태입니다.

남자~, 혼인 문제도 걸려있습니다.
혼인!!!~,
해야 하나???~ 잘~ 될 수 있을까???~
어찌해야 하나~~~
마음의 정리, 확신이 안 서고, 생각이 많습니다.

현재의 남자가 술, 개 띠 인이라면, 여자 문제에 있어 솔직하지 못한 사람일 수 있으며, 문점 인의 부모가 그럴 수도 있습니다.

이어 자평과 두수로 이 분의 본명과 대한의 흐름을 살펴보겠습니다.

이번에도 자평부터 보겠습니다.!!!~

※癸亥 年 乙酉 日柱/ 83年 生, 坤命※

時			日			月		年		
			乙			壬		癸		
丑			酉			戌		亥		
己	辛	癸	辛		庚	戊	丁	辛	壬	甲	戊
65		55		45		35		25	15	5
己		戊		丁		丙		乙	甲	癸
巳		辰		卯		寅		丑	子	亥
驛		攀		將		亡		月	年	地

우선 근/묘/화/실 상의 좌표에 의한 글자론으로 보면, 年 支의 인성으로, 선조 대의 가권이 계승되는 가문이거나 유,소년 기에는 성장환경이 그리 좋지는 않았겠으나, 학문성이 증폭되면서 바르게 성장했을 것이요, 월지의 시기인 청년기에는 금전에 대한 바른 인식체계를 갖추게 되고, 일지의 청, 장년 기에는 편관이다 보니 자식의 성장, 발전은 이뤄지겠으나 온 전한 남편의 덕은 기대하기 어렵고, 맞으면서 사는 세월이 될 수도 있으며 시주로 편재가 나가 있다는 것은 신체 건강이 문제되기 쉽다는 것이요, 노년의 시기에도 사회활동을 전 개시키게 됨을 의미한다는 것이 됩니다!!!~.

또한, 이 명주는 년/월/일주가 모두 암합을 이루는 구조여서 육친관계가 왜곡되는 사주이기도 합니다.

년주의 癸亥는 계 간이 해중, 무토와 암합을 이루므로 5~ 부터인 계해 대한 중에 드러나게 되겠고, 월주의 壬戌은 임 간이 술 중의 정화와 암합이니 좌표 상, 술이 동動하는 25~ 부터의 乙丑 대한 중에...~ 발현되며 일주인 乙酉는 을간이 유중, 경금과 압합을 이루고 있어 日支의 유가 형, 충되는 시 기에 사건화 되겠는데, 45~ 부터의 대한이 丁卯이니 제 五 대한 중에 있게 된다는 것이요, 이는 배연의 왜곡으로 드러 나기 쉽습니다.!!!~

"드러나게 된다."~ "발현 된다"~ 라는 표현을 사용하였으나 실제적으로는 압합暗合의 현상들이므로 암암리에~ 타인들에 잘 드러나지 않게...~
비밀스럽게 행行해지는 현상들이 되겠습니다.!!!~

위 명주는 坤命이므로 기본적으로 木/火의 陽氣가 勢를 갖춰야 하고, 그러한 운에 성취, 발전하게 된다는 전제가 주어집니다.

사주 구조적으로 보면, 인성이 년주로 있어 학문성이 증폭되고, 인내심을 키워가며 바르게 성장해 가겠으나, 년주로 나가 있다는 것은 타 육친성 보다, 쉽게 손상될 수 있음을 함축하기도 합니다.

년지가 인성으로 亥의 글자이니 寅이나 巳의 大/歲 運에~

대한의 흐름은 亥/子/丑 북방, 水運으로 흐르면서 始 運은 亥/亥, 刑이요, 二 대한에도 日/時 支의 酉,丑으로 비합飛合된 巳에 의한, 巳/亥 沖 등으로 유, 소년기와 입시 공부에서도 어려움을 겪게 됩니다.

해/자/축 水氣의 운을 행하면서 본명 년/월지는 戌/亥이니, 규정화되고 定定해진 대로 따라야 하는 학교 공부보다, 정신적, 철학적, 샤머니즘의 측면으로 편향되는 시기를 보냈을 수 있게 되는 것입니다.

25, 乙丑과 35, 丙寅 대한의 기간을 거치면서는 금전 활동을 전개시켜 나가지만, 성패의 굴곡을 경험하는 시기가 됩니다. 하지만, 곤명이라서 건명들이 느끼는 고충보다 그 정도가 그리 심하지는 않겠습니다.

월주의 壬戌은 백호면서 괴강이요,~ 시주의 丁丑은 백호가
되는데, 임술 백호가 25~ 백호 대한과 형을 이루니, 직업적
으로는 형刑적인 요소가 함축되겠는데, 戌字이다 보니 권력,
위압적 요소가 내재되는 의료, 제약, 보건/ 세무, 법무 등과
더불어 금융/ 교육과도 관련되는 분야와 인연하게 됩니다.

월주 괴강에 乙酉 관성의 絶地로 배연配緣에 조화를 이루기
에는 어려움이 따른다는 조건이 부여附與되어 있기도 하지
요!!!~

배연을 왜곡시키는 요인은 이뿐 아니라, 관성이 정, 편으로
과過하다는 것이요, 일지 酉가 묘/유 沖으로 酉 中, 경/신금
이 뛰쳐나오는 45~ 정묘 대한의 시기에도 配緣의 왜곡사는
따르게 됩니다.

그렇다 하나, 丁卯 대한부터 사회적인 성취, 발전할 수 있는
운기가 조성되기 시작하며 그 이후는 곤명으로 巳/午의 여
름, 火氣의 시기이니... 세상살이에 즐거움을 느끼며 살아가
겠지요.

언어, 언변을 활용한다거나 정신적 측면이나 교육적 속성이
내재되는 업종의 사업을 전개하며...~

여기서 잠시~
위 래정에서 2~ 3년 이내에 혼인의 즐거움이 있을 것이라
했었는데, 어떻게 그러한 해석이 가능했는지에 대해 살펴본
후, 본 명주의 명/운을 두수로 운용해 보도록 하겠습니다.

坤命으로 혼인이 이뤄지기 위해서는 식상을 동반하면서 관성이 들어와야 하는 것으로, 34세가 되는 丙申 年이면, 상관인 丙은 乙 목에 욕지가 되고, 丁酉 年이면 丁은 일간인 乙에 장생지가 되면서 혼인에 대한 욕구가 상승되며 丙申의 申은 편관인 辛에 旺, 정관성인 庚에는 관록이요, 丁酉 年의 酉는 辛에 관록, 庚에는 왕지가 되면서 혼사가 가능해 지는 것입니다.!!!~

하지만, 사주에 실자實字로 드러난 관성은 편관인 酉金이요, 정관은 지장 간으로 유기有氣하여 배우자, 남편 덕을 논하기에는 부족합니다.

명주의 입장에서는 酉가 편관이면서 絶地이나, 편관은 地支로 有氣하면서 세勢를 갖추므로, 남편 입장에서는 비록 대중적으로 인지도가 있으면서 내세울만한 직장은 못 된다하더라도 실속은 있습니다.!!!~

부인의 입장과는 무관한...~
그러한 삶을 살아가는 남편이라는 것입니다.!!!~
부인이 어렵고!!!~, 어렵다 해도~ 남의 일인 양!!!~

자식과의 관계는 원만하겠습니다.!!!~
서로 이해되고, 공유共有되는 부분들도 많은...

위 명주의 부모덕은 어떠할 까요!!!~
비록 정재로 현금재산을 의미하지만, 戌字면서 왜곡되어...
그렇다고, 없다고는 말할 수 없겠지요.

그러면 이번에는 두수로 논해 보겠습니다.

※癸亥 年 乙酉 日柱/ 83年 生, 坤命※

천동 문곡·천월·마·형·천무 재백 丁巳	무곡/ 천부 삼태·천관 자녀 戊午	태양/ 태음-科 태보·천곡 부처 己未	탐랑-忌 팔좌·천재/홍염 형제 庚申
파군-祿 홍란·대모·천사,·해신. 질액 丙辰	癸亥 年 生. 坤命 <u>命主</u>; 文曲 <u>身主</u>; 天機		천기/ 거문-權 문창·천요. 명궁 辛酉
천괴·용지·봉고. 천이 乙卯			자미/ 천상 화·공·천희·음살·과숙 부모 壬戌
염정 우필·은광·고진·천월 노복 甲寅	경양·절공·순공 관록 乙丑	칠살 좌보.·지공·천공·녹존 전택 甲子	천량 타라·령성·봉각·년해. 신/복덕 癸亥

위의 명주는 卯/酉宮의 기/거 조합으로 酉궁이 명궁이면서 대궁은 空 宮〈無 主星- 두수의 14주성이 들어와 있지 않다는 것〉이요, 辰궁의 **파군/홍란/대모/천사/해신** 등이 들어오며, 삼합 방으로는 **천동/문곡/천월/천마/천형/천무/천허**의 별과 차성借星되는 **태양/태음/태보/천곡** 등이 함께 들어오는 구조를 이루고 있습니다.

■위에서 차성이란, 차성안궁借星安宮한다는 것으로, 두수의 12 사안 궁 중, 어느 한 궁이 공 궁일 때에는 그 대〈충〉궁의 별을 끌어다 쓴다는 것입니다.

예를 들어 辰궁에 主星이 없다면 戌궁의 별들이 辰궁에 앉아 있는 것으로 본다거나, 寅궁이 비었다면 申궁의 별을 寅궁에 있는 것으로 취급取扱하여 논한다는 것입니다.

卯/酉의 天機/巨門은 두뇌회전이 빠르고 구변口辯, 즉 언어
言語, 말솜씨가 좋고 연구심을 갖습니다.

주관主觀, 자부심을 갖추며 고집이 있고, 하는 일에 대해서는
원칙을 적용합니다.
직업적으로는 언어를 활용한다거나, 전문, 기능/기술 분야에
적합〈이러한 분야에서도 주 고객은 이성일 때, 더 유리해 진다〉
하며 의외의 상해傷害〈내가 다치거나 타인을 다치게 하는〉가
따르기도 합니다.

명궁의 거문이 묘왕廟旺하다 하나 거문은 암성으로 시비구설
이 따르게 되고, 천기와의 동궁이므로 정신적으로도 안정하
기에는 다소의 어려움이 있게 됩니다.

여기에서 안정하지 못한다는 것은 주로 감정상의 파절破折을
뜻하는 것이며 혼인 생활에 조화가 어려워진다는 의미를 내
포內包하기도 합니다.

또한, 이 조합은 어린시절 성장환경이 불우〈분파노고奔波勞
苦〉할 수 있고, 경가파산傾家破産을 경험하기도 하는 구조요.
기/거는 묘/유의 同宮이거나 子/午의 대조對照이든, 자신의
행위에 대해 정정당당하지 못함이 있고, 초선종악初善終惡〈처
음에는 좋으나 뒤에가서는 나빠지는〉의 현상이 드러나는 구조요, 말만
그럴듯할 수 있어 대타 관계에서 화禍를 자초하기도 합니다.

위, 명주는 묘왕한 문창/문곡의 별을 갖고 있어 문학적 소질
이 내재하며 천요를 품고 있어 미모를 갖추고 이성 어필의
요소로 작용됩니다.

천요의 별이 명궁이 좌하면서 도화, 살성들을 만나지 않는다
면, 이성과 관련된다거나, 이성을 상대하는 업종이나 분야 등
에서 생재生財의 방편으로 활용될 수 있습니다.

이 명주의 경우, 비록 타 도화나 살성이 다회多會하지는 않
지만 곡/창과 홍염/홍란/천희 등의 협夾으로 도화의 속성이
드러날 수 있는 구조로 볼 수 있습니다.!!!~

이번 명주로는 육친 궁을 제외한 **재백/질액/천이/노복/관록/**
전택/복덕궁의 성계조합을 읽어 보도록 하겠습니다.
각 궁에 자리하고 있는 별들과, 합방으로부터 들어오는 별들
을 함께 고려하여 읽어 내면 되는 것이므로 그 방법은 같습
니다.~

두수가 어렵고 복잡하다는 인식들을 갖고 계실지 모르겠지
만, 두수는 그 운용법을 알면 오히려 더, 간단, 간편하면서도
명료明瞭하게 명반을 읽어 낼 수 있는데, 만약 선천 명궁이
후천의 관록이나, 복덕 궁이라면, 선천 명궁의 상황이 후천의
관록이나 복덕 궁에서 드러난다는 것이니...~
선천 반을 기저로 대한과 소한, 유년의 후천을 그대로 취하
면 되는 것이지요!!!~ 기본적인 별들과 선천 반은 고정된
상태에서 운에 따라 각, 12개 궁이 자리를 바꿔가면서 사건/
사고 등이 야기惹起되는 것이지요!!!~

이미 언급되었듯, 각 12궁에는 각각의 함의가 내포되어 있으
니 선, 후천의 궁과 <u>流星〈대한과 유년에 의해 생성되는 별들
을 말합니다〉</u>들이 서로 만나면서 드러나는 변화〈사건, 사고〉
들을 그대로 읽어내면 된다는 것이죠!!!~

이미 정定해진 틀〈폼;Form〉 안에서 일어나는 변화들을 끄집어내기만 하면 되는...~ 방식인 것입니다.

계속하여, 두수 명반에서 재백 궁을 보겠습니다.!!!~

※癸亥 年 乙酉 日柱/ 83年 生, 坤命※

천동 문곡.천월.마.형.무 재백 丁巳	무곡/ 천부 삼태.천관 자녀 戊午	태양/ 태음-科 태보.천곡 부처 己未	탐랑-忌 팔좌.천재.홍염 형제 庚申
파군-祿 홍란.대모.천사.,해신. 질액 丙辰	癸亥 年 生. 坤命 命主; 文曲 身主; 天機		천기/ 거문-權 문창.천요. 명궁 辛酉
천괴.용지.봉고. 천이乙卯			자미/ 천상 화.공.천희.음살.과숙 부모 壬戌
염정 우필.은광.고진.천월 녹복 甲寅	경양.절공.순공 관록 乙丑	칠살 좌보.지공.천공.녹존 전택 甲子	천량 타라.령성.년해.천주 신/복덕 癸亥

위 명주는 재백 궁이 巳/亥의 同/梁 분거分居 조합으로 丁巳 재백에 **천동/문곡/천월/천마/천형/천무/천허** 등이 좌하면서 亥궁의 천량, 酉궁의 기/거, 丑궁에서는 未궁의 일/월을 차성하는 구조입니다.

재백궁의 천동은 자수성가를 의미하며 정 간의 화기가 명궁으로 들어가니 근검절약하지만, 언제나 자신의 잇속만을 챙기려는 경향이 두드러지고 손해 보는 것에 대해, 참지 못하는 類型이기도 합니다.

재백 궁 간의 화기가 되는 별로는 명주의 직업적 측면을 알 수 있는바, 거문 화기이니 **변호사/ 외교/평론/교육, 학술연구 분야/의약/ 역학. 중개/ 경매인/ 광고업/ 아나운서 등, 언론, 방송 계통/ 기자**· 등과 관련되며, 더불어 생재生財의 수단으로, 문장이나 언변이 활용될 수 도 있겠으나 시비/구설 등으로 인한 번거로움이 수반되는 구조이기도 합니다.

동궁한 천마는 平地면서 양, 타를 만나고 있어 금전, 재물을 축적하기에는 부족함이 있습니다.!!!~

다음으로 질액 궁을 보겠습니다.
질액은 丙辰의 파군이요, 대궁으로 **자/상과 화성/지겁/천희/음살**이, 합방으로는 庚申의 탐랑 화기와 甲子의 **칠살/좌보/지겁/녹존/천공**의 별들이 들어옵니다.

파군의 신체 질병은 콩팥/빈혈/생식기 계통과 호흡기 계 질환이 되며 살성이 들어오는 구조이므로, 피부가 건조해진다거나 사지四肢〈두 팔, 두 다리〉를 상상傷할 수 있다는 의미가 됩니다.

천이 궁은 명궁의 대충 궁으로 공궁이니 명궁의 별들을 차성하며 합방으로 癸亥의 **천량/타라/령성/천곡** 등과 己未의 **일, 월/태보/천곡** 등이 들어오는 구조입니다.

천이 궁에서의 성계 구조가 이러하다는 것은 대인이나 교우 관계, 활동 처, 여행지 등에서 시시비비를 가려야 하는 등, 번잡한 일들이 많게 된다는 것입니다.!!!~

노복 궁은 甲寅의 염정 독좌와, 탐랑이 대조하면서 壬戌의 자미,천상과 화성/지공/천희/음살 등과, 戊午의 무곡,천부와 삼태/천관의 별리 들어오는 구조입니다.!!!~

노복 궁에서의 대인관계는 주로 아랫사람들과의 관계가 드러나는 곳으로 성계의 구조가 이러하면, 이들과의 관계가 좋을 수 없으며 손아래 지인知人 중에는 사업을 하는 이가 있겠으나 그 사업이 잘 된다고 볼 수는 없겠으며 예술성이나 정신생활을 중시하는 이가 있거나 도화적 속성과 탐욕, 투기성을 갖는 등 극단적 인간관계가 드러날 수 있게 됩니다.

관록 궁은 乙丑이나 공궁으로 己未의 일,월을 차성하며 辛酉의 기,거와 문창/천요가 丁巳의 천동/문곡/천월/천마/천형 등이 들어오는 구조가 되며 乙 干의 태음 화기가 대궁으로 들어가 관록을 충하므로 직업 변동이 따른다거나 혼인 생활에 변화가 있게 된다는 의미가 됩니다.!!!~

관록 궁에서는 일, 월을 반기지만, 차성하는 일,월은 세를 갖추고 있지 못하며 乙 干에 의해 태음 화기가 되므로 좋을 수가 없는 것입니다.

전택궁을 볼까요.!!!~
전택은 甲子 궁으로 칠살과 좌보/녹존/지겁/천공이요, 대궁에는 무곡/천부가 좌하고 있으며 합방으로는 庚申의 탐랑 화기와 팔좌/천재/홍염이, 丙辰으로는 파군과 홍란/대모/천사/해신 등이 좌하면서 전택으로 들어옵니다.

본명 전택과 형제, 질액 궁으로 변동/굴곡/파동이 따른다는 살/파/랑 구조를 이루고 있지요.!!!~ 더하여 공성과 손모/도화의 별들이 함께 들어옵니다.

전택에서 반기는 재성財星~ 녹존이 전택에 들어와 있으나 온전하지 못하며, 칠살이 왕지를 점하고는 있으나 전택에서 반기는 별은 아닙니다.!!!~

이렇게 되면, 가택家宅에 안정을 구하기가 어렵고 가업家業 기울 수 있다는 의미가 함축됩니다.
전택의 칠살은 도시의 도로 주변에 주거하게 된다는 별이기도 합니다.

위 명주는 坤命으로 전택 궁이 욕지면서 도화의 성계가 들어오고 있어 성생활이 자유로울 수 있습니다.

다음은 복덕 궁입니다.
복덕은 癸亥로 身궁을 겸하고 있으면서 천량과 타라/ 령성이요, 대궁에는 천동과 문곡/천월/천마/천형 등이..., 합궁으로는 己未의 일,월과 乙卯의 기거가 들어오는 구조를 이룹니다.

복덕 궁은 각 인의 정신적 향수와 내면의 세계가 투영投影되는 곳인데, 성계구조 이러하니 참으로 번잡스러워 지는데, 이는 정신적 수양이나, 공문空門〈불문佛門〉, 공문孔門〈孔子의 학문〉/ 현공학玄空學 등을 연구함으로써 순화시킬 수 있게 됩니다.

자평법도 본명에 주어진 사주 여덟 자에 의한 상호 작용,~
근/묘/화/실 상의 좌표에 주어진 글자..., 라든가~
대한으로 주어진 계절과 각 글자들에 의해...,~
乙 干이기에...~, 癸 干이기 때문에 기본적으로 주어지는 틀
들이 있지요!!!~

무엇보다 이러한 각 인들에게 기본적으로 부여되는 틀들을
숙지熟知하고, 이렇게 기본적으로 주어지는 조건적 상황들을
主로 하며 각 운에서 드러나게 될 유동적 사건들을 부가附加
해 가며 사주를 파악해 나가는 방식을 취하게 되면, 보다 간
편하면서도 명료함을 높일 수 있게 되는데, 이는 두수에서도
같습니다.

아니 어찌 보면!!!~ 두수는 이미 조건적으로 주어진 틀이
더욱 명료화 되어 있다고도 볼 수 있습니다.
정형화되어 주어진 조건들을 읽어내기만 하면 되는 것일 수
있습니다.
더욱이나 두수에서는 명리와 달리, 애써 기교를 구사해야 할
필요도...
무리한 논리를 펴야할 필요도 없이. . .~

다음은 두수에서 기본적으로 부여된, 주어진 조건적 지식 중,
12궁 좌 안성安星, 즉, 각 별들이 12 궁 중, 어느 궁에 들어
갔을 때, 가장 안정적으로 쓰이며 어느 궁으로 들어가는 것
이 좋다!!!~, 그렇지 않다는 것 등입니다.

간단하고 보기 쉽게 도표로 정리해 보겠습니다.

궁宮	안성安星
명命신身	※자미. 녹존/ ※문곡. 문창/ 화록, 화권
형제兄弟	※천기/ 자미. 천부. 천동. 천량. 녹존.
부처夫妻	자미. 천부. 천동. 천량. 좌보. 우필
재백財帛	무곡.천부/자미.염정.천상.녹존 ※무곡이 우선※
질액疾厄	자미. 천부. 천동. 문창. 좌보, 우필
천이遷移	자미.천부. 천동.천량. 천기.일,월. 문창,문곡
노복奴僕	자미. 천부. 일,월. 보,필. 창,곡
관록官祿	※자미.탐랑.일,월.염정.천상/천부/녹존/ 창,곡
전택田宅	자미. 천부. 염정. 녹존/ ※태음
복덕福德	자미.천부/천동/천량/거문/보,필 ※천동이 우선※
부모父母	자미.천부. 일,월/ 보,필/ 창,곡 ※천량

□참고 부가지식□

⊡명궁이 양,타에 의해 협되면, 노록분파勞碌奔波요,
아무리 고생을 한다 해도 성취하기 어렵다.

⊡신,명에 겁, 공이 단수하면서 함지면,
빈천貧賤 단수短壽의 상象이다.

⊡화기성이 명궁에 좌면 대인들이 힘들어 지지만,
천이 궁이라면 대인들로부터의
시기/질투/음해/모함 등이 따르며 여기에 타 살이
가해지면 불측不測의 재난/ 관재가 따르게 된다.

⊡양,타/화,령/겁,공 등의 살성은 대체적으로
모든 12궁에 좌함을 꺼리나, 무조건적이지는 않다.

⊡ 명궁의 타라와 화,령은 재난災難을 초래하기 쉽고,
면免하기도 어려우며
겁,공이 수 명하면, 만사~ 되는 일이 없고,
금전 재물과 인연하기 어렵다.

이어서 위 명주의 현 대한은 어떠한 그림과 이야기를 담고 있는지 살펴보지요!!!~

※癸亥 年 乙酉 日柱/ 坤命※

천동 문곡.천월.마.형.무 재백 丁巳	무곡/ 천부 삼태.천관 자녀 戊午	태양/ 태음-科 태보.천곡 부처 己未	탐랑-忌 팔좌.천재/홍염 형제 庚申
파군-祿 홍란.대모.천사.,해신. 질액 丙辰	癸亥 年 生. 坤命 命主; 文曲 身主; 天機		천기/ 거문-權 문창.천요. 명궁 辛酉
천괴.용지.봉고. 천이乙卯			자미/ 천상 화.공.천희.음살.과숙 부모 壬戌
염정 우필.은광.고진.천월 녹복 甲寅	경양.절공.순공 관록 乙丑	칠살 좌보.지공.천공.녹존 전택 甲子	천량 타라.령성.년해.천주 신/복덕 癸亥

위 명주의 현 대한은 자평으로 25~ 34세의 乙丑이요, 두수로는 33~42세의 선천 전택 궁이 됩니다.
현재의 대한이 선천의 전택을 행하고 있다는 것은, 전택궁에 담겨져 있는 함축적 상의와 관련되는 일, 사건 등이 이 운에 드러날 수 있음을 의미하는 것입니다.

누누累累이 말씀드리지만, 선천은 후천의 체體로, 후천에 어떠한 일들이 전개될 것인가???~를 제대로 파악하기 위해서는 반듯이 선천으로 회귀回歸해야 한다는 것인데, 이는 두수에만 적용되는 것은 아닙니다.!!!~

자평도, 래정來情에서도~

전택 궁에는 어떠한 상의가 함축되어 있나요???~
"두수 12궁 함의"에서 언급되었습니다. 만,~ **가문/조업/부동
산의 유,무/다,소/ 유산遺産/ 주거환경/ 가족, 가정/ 도화** 등
이 관련됩니다.

위 명주는 33세의 여성으로 본명의 두수 구조가 이러하면 부
동산이나 유산遺産 등의 문제 일 수는 없겠고,~
대한이 行하고 있는 본명 전택 궁에는 남성의 별인 칠살이
앉아 있으니!!!~.
남자문제요, 가정을 이룰 수 있겠는가~ 하는 혼사의 문제가
이번 대한의 주동사라고 볼 수 있습니다.

전택의 甲 干 사화四化를 전개시켜 보면, 노복의 염정성이
화록이요, 화기는 부처 궁의 태양입니다.
역시 혼인 문제에 관심사가 집중되어 있습니다!!!~

두수!!!~
두수 또한, 타 명법들과 마찬가지로 그 관법과 기법들이 참
으로 많습니다!!!~
그러나 자평도~, 두수도~,
아니, 대부분의 명법命法들이 그러하듯!!! 처음부터 이들에
대한 사전 지식〈좋은 책/ 양질의 공부법/ 좋은 선생 등에 대한〉
없이 공부하게 되는 경우가 일반적이다 보니~~~
세월가고~~~, 돈!!!~ 깨지고~~~

어쩌면, 역 공부보다 좋은 인연 만난다는 것이 더 어려운 것
이 아닐까!!!~ 하는 생각도 많았었지요!!!~

세상사///~
참///~
그렇게 쉽지 않습니다///~
~ 물론///~ 전적으로 제 예기 입니다///~
되돌아보면, 허망虛妄하기도 합니다.///
이미, 그려진 그림이겠지만///~

. . . . , 아무쪼록 성취하시길 바라며...:

예시例示들을 통해,
사주를 풀어내는 방법, 기법들에 대해 다뤄보았습니다.

부족함, 아쉬움이 많습니다. 만,
이것으로 마치려합니다.

수고 많으셨습니다.///~
고맙습니다.///~

※사주명리이나, 자미두수의 부족한 부분들과, 실전 예시는
"사주명리 요체" 나, "자미두수 요체"를
참고하실 수 있겠습니다.

※四柱 命法 統合 要諦 參考資料※

⊡子平 命理⊡

※박일우 님의 낙화론/ 12신살론.

※설진관 님의 낙화- 사계단법 동영상 C.D.

※황인 님의

※Jk강의 님의 강의록/ 명학오의.

※온 북스/ 계의신결- 최국봉 님 저.

※명문당/ 상리철학- 조명언 님 저.

※삼한/ 물상활용 비법- 이학성 님 저.

※도가/ 명리 일진 래정법- 김인순. 박수진 님 저.

※남각문화출판사/투파 십간체용 사주학- 김남용 님 저.

※청화 학술원/ 박청화의 실전 명리학 시리즈 중,

  정진반, 상.하/ 부모,형제 운/ 학습,학업 운/ 직업 운 등,

※지금원/ 사주명리학의 신지식- 김애영 님 저.

※네이버 블로그/ 동우재산방 역학연구소의 천간과 지지의 특징.

※네이버 블로그/ 동심제- 유성수 님의 육친과 직업.

※다음 블로그/ 우암선생의 사주이야기 중,

                  간지의 특성. 육친의 확장과 특성 외,

⊡九星氣學⊡

※동반인/ 백리길 여행으로 운명이 바뀐다- 배 성현 님 저.

※가림/ 구성학의 기초- 문 길여 님 저.

※생활문화사/ 구성학 비법- 추 송학 님 저.

※명문당/ 구성학 입문- 김 명제 님 저.

※동학사/ 구성기학- 이 승재 님 저.

⊡紫微斗數⊡

◇명문당.

※사주비전 자미두수- 한중수 님 저.

※사주비전 자미두수 정해- 김우제 님 저.

◇문학 아카데미.
※신령스러운 자미경 외- 김석훈 님 저.

◇동학사.
※알기 쉽게 풀어 쓴 자미두수- 박종원 님 저.

◇성보사.
※자미두수 금전과 건강- 이승전 님 엮음.

◇삼한.
※운명으로 본 나의 질병과 건강상태- 오상익 님 저.

◇대유학당.
※심곡비결- 김선호 님 저.
※자미두수 전서 상, 하- 김선호 님 역.

◇네이버 카페.
※자미두수 초보교실- 왕 초보 님. 프라시드 님. 칠파블 님의 글.
※명리두수- 네잎 클로버 님의 글.

◇다음 카페.
※석벼루의 기문둔갑 이야기- 석벼루 님의 글.

※以外,
　本人 所藏의 命理/ 九星學/ 紫微斗數 受講 資料 및,
　著者나 出處가 明確하지 않은, 多數의 命 法 資料.

□동양 점성술, 역 철학 학술원 강좌안내□

※본, 학술원의 전 강좌는 **현장 상담사**를 목적으로 하는 분과,
현재 술사로 계시지만, 다소 부족감을 느끼고 계시는 분들을 대상으로
이론의 서술이나 연구가 아닌, 현장 상담용 활용지식 위주로 진행되며
각, 강좌의 수강 인원은 5~6인 이하로 제한됩니다.※

□이미, 2011〈辛卯〉년, **"명법 통합 통변술"**을 선보이며
사주명법命法의 **"학습법"**과 **"교수법"**에 있어, 새로운
페러다임〈paradigm〉을 제시한바 있는 본 학술원에서는,
명법命法의 현실적 실용성과 효용성을 중시重視하며,

현장 지식위주의 학습, 교수법!!!~
비효율적 수강 기간의 현실화〈단축短縮〉!!!!~
상대적으로 저렴低廉한 수강료!!!~ 로,
천리天理 도반道伴님들과 함께하는,
역 철학의 학술적 교류처가 되고자 합니다.

※□과목별 강좌안내□※
■자미두수■〈〈〈두수, 실전지식/ **"자미두수 즉간즉결"** 활용기〉〉〉
※A코스; 매주, **월요일**. 오후/17:30~20:30〈1개월/ ₩350,000〉※
　　□17:30~ 19:00〈〈〈1교시〉〉〉□/ 19:00~ 19:15; 휴식.
　　　　□19:15~ 20:30〈〈〈2교시〉〉〉□

※B코스; 매주, **토요일**. 오전/10:00~13:30〈2개월/ ₩550,000〉※
　　□10:00~ 11:30〈〈〈1교시〉〉〉□/ 11:30~ 11:45; 휴식.
　　　　□11:45~ 13:15〈〈〈2교시〉〉〉□

　　□본 자미두수 강좌는 현재, 현장 상담사로 계시는 분들 중,
상담에 두수를 병용竝用하고 싶지만, 자미두수를 처음부터 배워

써먹기에는 시간!!!~, 경제적인 문제 등, 이런 저런 연유緣由로
두수에 대한 아쉬움만을 남기고 계신 분들을 위한,
"자미두수!!!~ 즉간卽看즉설卽說 활용" 코스로,
본 강좌의 강의 교재인 "자미두수 요체"을 운용하여 래방 인들에게
자미두수로 알 수 있는 특,장점인 각 인의 성격적 특징과 육친의 성향,
최적의 전공학과와 직업/ 선, 후천으로 드러나는 질병 등과 더불어
두수 12궁과 선천 사화/ 궁 간에 의한 비성사화 등을 운용하여
바로보고 즉시 적시해 줄 수 있도록 한, 두수 활용!!! 학습강좌입니다.

*※자미두수를 전혀~ 모른다 해도, 현장상담에
바로, 활용할 수 있도록 하자!!!
이것이 본 강좌의 개설 의도이자, 목적입니다!!!~*

◙자평명리◙
□매주, 금요일□; 《《《명법 입문, 기초~ 실전 활용지식》》》.
　※A코스; 오후/ 13:30~ 16:30〈3개월/ ₩2,500,000〉※
　□13; 30~ 15; 00《《《1교시》》》□/ 15; 00~ 15; 15; 휴식.
　　□15; 15~ 16; 30《《《2교시》》》□

　※B코스; 오후/ 17:30~ 20:30〈3개월/ ₩2,500,000〉※
　□17; 30~ 19; 00《《《1교시》》》□/ 19; 00~ 19; 15; 휴식.
　　□19; 15~ 20; 30《《《2교시》》》□
　《《《A/B코스. 첫 달; ₩1,000,000/ 이후, ₩750,000×2》》》
　　　《《《일시불; ₩2,150,000》》》

▷이론 연구가 아닌, **현장용 지식 습득**은 3개월 정도면 **가능합니다.**◁
　※명법, 활용 지식들이 체계적으로 정리된 교재〈상담서〉가
　제공되며 부족함이 느껴진다면, 보충이 실시됩니다!!!~

□매월 마지막 주, 토요일□; 《《《두수, 즉간즉설 활용기》》》

※일일, 8시간 종료. ₩450,000※
《《《자미두수 강좌, A 코스 압축!!!》》》

⊡시간 배분配分⊡
《《《오전》》》, □10; 30~ 12; 15 《《《1교시》》》□
12; 15~ 오후, 1; 30; 점심.
《《《오후》》》, □1; 30~ 3; 15 《《《2교시》》》□
3; 15~ 3; 30; 휴식.
□3; 30~ 5; 15 《《《3교시》》》□ 5; 15~ 5; 30; 휴식.
□5; 30~ 7; 15 《《《4교시》》》□ 7; 15~ 7; 30; 휴식.
□7; 30~ 8; 30 《《《5교시》》》□
《《《8; 30~ 저녁》》》.

□매월 마지막 주, 일요일□: 《《《명법, 통합 래정기》》》

※일일, 6시간 종료. ₩300,000※
《《《일진/ 구성/ 체용 래정》》》

⊡시간 배분配分⊡
《《《오후》》》, □1; 30~ 3; 00 《《《1교시》》》□
3; 00~ 3; 15; 휴식.
□3; 15~ 4; 45 《《《2교시》》》□ ※4; 45~ 5; 00; 휴식※
□5; 00~ 6; 30 《《《3교시》》》□ ※6; 30~ 6; 45; 휴식※
□6; 45~ 8; 15 《《《4교시》》》□
《《《8; 15~ ; 저녁》》》

※각 강좌의 요일과 시간은 변경될 수 있습니다※

□사주명법, 통합 상담사 마스터 코스□

⊡강좌 명⊡: "사주四柱 명법命法 통합統合 요체要諦"

자평 명리, 허자; 3개월.

두수; 1개월/ 통합 래정; 1개월.

□매주, 월요일□; 《《《**사주 명법 기본지식~ 현장 실전 운용기**》》》.

⊡A코스: 오전,10; 00~13; 00⊡ ※11; 45~12; 00; 휴식※

《《《13; 00~ 점심》》》

⊡B코스: 오후,14; 00~17; 00⊡ ※15; 45~16; 00; 휴식※

⊡수강료⊡; 첫 달; ₩1,500,000.

이후, 7500,000✕2개월.

□일시불□; 2,500,000.

《《《*2017년까지 한시적 시행*》》》

※본, 명법 통합 상담사 마스터 코스의 구성체계는 저술서

"명법 통합 요체"의 목차 구성과 동일하며

"자평", "두수"의 개별 강의교재가 함께 제공됩니다.

☆동양 점성술 역 철학 학술원. 동양東洋 역 천문 철학관☆

□"潤" Life Care Center╱ O.S.P Laboratory□

Offspring; 자녀. Subject; 학과. Profession; 직업.

"潤" 자녀/ 학과/ 직업 연구실.

《《《010. 5380. 7644》》》

네이버 블로그 카페 바로가기 주소

《《《세사묘간》》》 http://cafe.naver.com/artgrin

☆명법 통합 요체란!!!

대부분 명命/ 운運命을 판단判斷하고 예측豫測하는 方便 中, 優先的으로 명리命理를 학습學習하게 되지만, 어느 정도定度의 시간이 흐르고, 역에 눈이 떠질 때 즈음이면 "이게 다는 아닌 것 같다"라는 사념思念에 빠지게 되면서 관심關心 밖 이였거나 도외시度外視되었던, 타他 논법論法들에 대한 관심이 높아지기 시작하며 그 시각視覺 또한 너그러워지게 됩니다.

보통 이러한 시점時點에 이르면 적게는 1~3년에서 5~ 10년 이상 돈, 시간을 버려가며 남는 것은 별로 없는, 역학 나그네가 되는 경우가 적지 않게 되지요!!!~
물론 한 분야分野에 정통正通하여 대가大家의 반열班列에 오르신 분들도 계시겠지만, 학문적學問的으로나 술수적術數的인 面에서도 100% 완벽完璧한 이론理論이나, 기법技法은 부존否存한다는 것이 주지周知의 사실事實이기도 합니다.

개인個人의 성향性向이나, 지적知的 학습능력에 따라 각기各其 다른 현상으로 나타날 수 있겠지만, 역자譯者 또한 운명運命을 논論할 수 있는 여러 방편方便〈命理/ 斗數/ 奇門/ 六壬/ 九星/ 六爻/ 梅花易數 等.....〉들을 연구硏究 탐색探索하는 과정過程을 거치면서, 혼란混亂과 회의懷疑. 능력의 한계限界를 느껴 몇 차례의 포기抛棄와 다시 돌아섬을 거듭하는 지리함을 체험體驗한 바 있습니다.
더욱이나 저는 누군가를 만나고, 서로 부딪치면서 발생되는 세사世事의 오묘奧妙한 이치理致와, 상호간의 대응관계에서 빚어지는 이야기들을 역易 술적術的인 기법技法으로 풀어내고자 하는, 우둔한 술사術士에 불과하며 易의 원리原理를 이론적 학문의 대상對象으로 삼는 역학연구가硏究家는 아니라는 말씀을 드립니다.

본서, "명법命法 통합統合 요체要諦"는 선학先學분들의 역술적 산물産物과 더불어 저의 체험體驗과 연구. 탐색探索의 과정을 거치면서 얻어낸, 역술적易術的 활용지식의 결과물을 책자로 구성하여 사용해 오던 상담서相談書를 강의교재로 재再 편집編輯한 강의록講義錄에 현장지식을 추가追加하여 그대로 공개하는 것으로, 상담현장에서 느낄 수 있었던 문제점들을 다소나마 해소解消할 수 있는, 가치성 갖는 학습서로서뿐만 아니라, 현장 상담 기법서技法書로서의 效用性을 가져주었으면 하는 바램입니다.

또한 本書는 문점자가 왜???~ 무슨 일로 방문하였는지를 알 수 있는 래정來情 으로부터~ 사주로는 풀어내기 어려운 목적사별 점단. 한해 운기運氣의 길.흉/ 성.패를 다루는 신수!!!, 本命을 읽어 내는 방법 等, 효용성效用性을 갖추는 활용 지식들로 구성되어 있습니다.
단, 본서本書가 얼마가 유용有用하게 활용活用되는가!!!~ 하는 것은 각 인人의 몫으로 남겨지겠지만 말이지요!!!~

앞서 이미 밝혔듯, 특히 본 "명법 통합 통변요결"은 부족함도 많겠지만, 자평명리/ 허자/ 두수/ 구성학 등의 특. 장점만을 취합聚合하여 **현실적 실용성과 취용상의 간편성을 만족시킬 수 있도록, 단일單一체계화體系化한 기법技法**으로 현장, 상담사로 활동하시고자 하는 분들이라면, 학습기간과 경제적인 부담까지 해소解消할 수 있는 방편이 되어 줄 수 있으리라 봅니다.

아무쪼록 易의 대해大海를 항행航行하려 하시거나, 易의 신비神秘함에 매료魅了되어 있거나, 혹은 혼돈混沌의 소용돌이에서 易에 대한 회의懷疑와 포기抛棄 상태에 계신다거나, 再 도전挑戰의 과정에 있으시거나, 上位의 현장 상담사相談士로서 목표目標한 바를 이루고자 하시는 모든 분들에게 유익有益한 쓰임이 되었으면 하는 바입니다.

※두수든 자평이든 그 어떤 方便을 취하여 命/運을 觀하든, 복잡하고 어려운 관법觀法일수록 적중的中 할 것이라고 생각하신다면, 편견偏見이 아닐까 하며 복잡하지 않은 명료明瞭함을 갖으면서도 현실적 효용성을 갖출 때, 더 없는 가치성價値性를 갖추게 될 것이라 여겨집니다.
더불어 명학命學은 선대先代 현인賢人들께서 이루신 학문적 연구와 현실적 성과물成果物들을 탐색探索하며 술법적術法的 측면側面으로 궁구窮究 발전시켜 나가야 할 대상對象이지, 결코 학문적 연구와 폐쇄閉鎖적 성취에 자족自足하는 고독한 무기물無機物로 남겨져서는 안 될 것이라는 所見을 갖습니다.

□후기後記□

어찌 보면, 책을 낸다는 것이 쑥스럽기도 하고,
부족함이 많다보니, 참으로 부끄러운 일이 될 수도 있으나,
본서의 목적은, 비록 일반인들이라 해도
사주, 즉, 역 철학이 갖는 목적성이 그러하듯,
보다 많은 분들이, 실생활에서 역 철학의 실용적 지식들을
쉽고 간편하게 활용하실 수 있게 함으로서
역 철학〈사주 명법〉의 대중화大衆化에 조금이라도
일조一助가 되었으면 하는 것이며,

사주 역 철학에 입문하시려는 분들이라면,
사주 공부가 그렇게 . . .~ 어려운 것만은 아니요,
굳이, 그렇게~ 어렵게 학습을 해야 한다거나
어렵게 배우고〈수강자 입장〉, 가르쳐야 할〈강의자 입장〉,
불가피不可避성을 갖는 것만도 아님을
본서의 서술을 통해 제시提示하고자 하였으며,

기존의 역 철학〈사주명법〉에 널리 인식되어왔던
왜곡歪曲된 기류氣流들에서
보다, 유연하고 자유로운 시각視角을 가질 수 있는
계기契機가 되었으면 함에, 있었음을 말씀드립니다.

　　　　　다음은 본서에서 미처 다루지 못한 사주명법의 지식들을
　　　　참고 하실 수 있는 **"사주명법 요체"**와 **"자미두수 요체"**의
　　목차로, 이 두 권은 **"사주명법"**과 **"자미두수"**의 강의교재이자,
　　사주명법을 통합적으로 다루는 **"사주명법 통합요체"** 강좌의
　　부 교재로, 이들은 **사주 명법과 두수의 입문入門 자를 위한,**
　　　　　　　　　　　　　　　기본지식基本知識부터~ ,
　　실전 운용지식은 물론, "상담 예시"를 함께 다루고 있어
　　　　　　　　　사주명법 학습과, 운용기법 활용에
　　　보다 유익한 쓰임이 있을 것이라 사료思料됩니다.!!!~

【"사주명법 요체" 엮은 순서】

목.화.토.금.수 오행 함의.
간지 음,양 오행의 조후.,

좌표 약설.
사주, 궁위 별 함의.

간지 상의. 대한, 유년 결.

바로 보는 십 간 십이지 함의.
갑/ 갑 대한, 십 간 조합.
을/ 을 대한, 십 간 조합.
병/ 병 대한, 십 간 조합.
정/ 정 대한, 십 간 조합.
무/ 무 대한, 십 간 조합.
기/ 기 대한, 십 간 조합.
경/ 경 대한, 십 간 조합.
신/ 신 대한, 십 간 조합.
임/ 임 대한, 십 간 조합.
계/ 계 대한, 십 간 조합.

인/ 인 대한, 인 년생 개운 법.
인 목 보충지식/ 인, 물상/ 인자론.
묘/ 진.
사/ 오/ 미.
신/ 유/ 술.
해/ 자/ 축 까지 **동일 방식.**

간,지 합/형/충/파.
　천간 합/ 충,파
　지지 합/ 형.
형, 충에 의한 질병/ 정신 질환/ 암 발생.

주요 신살.
　파. 사. 묘. 절.
　귀인. 역마. 홍염살. 도화.
　자충. 천전지충.
　이동, 변동수. 천라지망. 양인. 귀인
　백호. 괴강. 귀문. 고란. 원진

※<u>성형과 일상</u>※

<u>12운성과 10간 육갑 일주별 운세</u>.

12신살, 12운성 운용기.
<u>겁살〈=절지〉/ 재살〈=태〉/ 천살〈=양〉/ 지살〈=장생〉</u>.
<u>년살〈=욕〉/ 월살〈=대〉/ 망신살〈=관〉/ 장성살〈=왕〉</u>.
<u>반안살〈=쇠〉/ 역마살〈=병〉/ 육해살〈=사〉/ 화개살〈=묘〉</u>.

간파요체.
비견/ 일간 대비 래정, 비견.
겁재/ 일간 대비 래정, 겁재.
비겁 공통.

식신/ 일간 대비 래정, 식신.
상관/ 일간 대비 래정, 상관.
상관 공통,

편재/ 일간 대비 래정, 편재.
정재/ 일간 대비 래정, 정재.
재성 공통.

편관/ 일간 대비 래정, 편관.
정관/ 일간 대비 래정, 정관.
관성 공통.

정인/ 일간 대비 래정, 정인.
편인/ 일간 대비 래정, 편인.
인성 공통.

대한, 유년, 세운.
유년 신수 결.

논 명, 부가 지식.
　논, 부모, 형제.
　논, 학과선정, 직업.
　학과 선정을 위한 사전 지식.
　육친성과 격에 의한 학과, 직업.

　비겁/ 비견,겁재/ 건록격, 양인 격.
　비견/ 건록 격의 직업.
　겁재/ 양인 격의 직업.

　식상/ 식신. 상관.
　식신 격/ 식신 격의 직업.
　상관 격/ 상관 격의 직업.

재성/ 편재, 정재.
정재 격/ 정재 격의 직업.
편재 격/ 편재 격의 직업.

관성/ 편관, 정관.
편관 격/ 편관 격의 직업.
정관 격/ 정관 격의 직업.

인성/ 편인, 정인.
편인 격/ 편인 격의 직업.
정인 격/ 정인 격의 직업.

학과 선정.
인문, 사회 과학 대/ 사범대/ 사학, 철학/ 행정/ 정치외교.
법대/ 자연대/ 상대, 세무 대/ 예술 대/ 공과대/ 의대.
특수 대〈사관학교/ 경찰 대〉/ 체육 대.

□사주 격 정법□

직업 논 결.
육친성과 학과, 직업의 상응.
운의 작용력.

논, 혼인/ 출산.
년, 월의 육친성으로 혼인 양상.
비겁/ 식상/ 재/ 관/ 인성.

격에 의한 사교, 혼인.
건록격/ 식상격/ 재격/ 관격/ 인수격.

혼인은 언제 이뤄지나???~
자녀 출산.
출산과 무자.
아들인가, 딸 인가???

12신살에 의한 자식의 유형.
겁살/ 재살/ 천살/ 지살/ 년살/ 월살/
망신살/ 장성살/ 반안살/ 역마살/ 육해살/ 화개살.

직업〈월령도 관법〉

논, 유형별 직업구조.
교육직/ 학원/ 토목, 건축업/ 부동산업/ 법률분야.
사회복지 분야/ 건강식품/ 섬유, 의류업/ 가구점/ 유흥 음식업.
유통업/ 이발, 미용업/ 숙박, 목욕업/ 제조, 임대업.
의료 분야/ 의약/ 종교, 신앙 분야.

형에 의한 직업.
충에 의한 직업.
천라지망에 의한 직업.
진/술 상충에 의한 직업.

대한, 계절별 직업 유형.

□子平, 異法이법〈배연. 혼인. 도화. 건강〉□
암합 외정.
도화. 외정. 음란.
남,녀 공통.

배연〈自然法〉.

배연〈月影圖 觀法〉.

곤명/ 건명.

건명의 風, 風, 風~

이법 활용기〈形象, 到記, 象理學〉.

음 팔통, 양 팔통 사주.

사망시기.

운 논 결.

논 명, 부가 지식.

낙화결/ 구궁 방소, 이사방위/ 생기복덕 택일표.

황, 흑도 길, 흉 정국/ 생년지 별, 갑순 조건/ 육십 갑자.

월건 길신/ 생기복덕 길, 흉/ 지장 간, 육갑 납음표.

오행 진/퇴, 12포태.

오행 별 함의/ 일주 대비 시간 조견표.

일진 삼합에 의한 래정.

□실전 예시□

□목차 순서는 다소 다를 수 있습니다.

보좌, 살, 잡성의 함의.

사화.
화록. 화권. 화과. 화기.

보좌성.
천괴,천월/ 좌보,우필/ 문곡,문창. 문곡 화기, 문창 화기.
탐창, 탐곡, 살창. 녹존,역마.

살성.
경양,타라/ 화성,령성/ 지겁,지공.

잡성.
삼태,팔좌/ 용지,봉각/ 태보,봉고/ 천귀,은광/ 천관,천복/
천재,천수/ 천주/ 천형,천요/ 천상,천사/ 고진,과숙/ 천곡,천허
천월/ 파쇄/ 비렴/ 함지.대모/ 화개/ 음살/ 천무/ 홍란,천희.
홍염/ 해신/ 천공,절공.순공.

※두수 60성계 구조※

☆자미성☆
자미성의 특징. 일반적 성향. 단점. 곤명. 상호작용.
진.술/ 축.미의 자미.
인.신/ 사.해의 자미
자.오/ 묘.유의 자미.
자미 화권/ 화과.

자미의 성계조합.
자,오 좌 자미.
자,오 좌 자미 화권.

자,오 좌 자미 화과.

묘,유 좌 자미.
묘,유 좌 자미/ 탐랑 화록.
묘,유 좌 탐랑/ 자미 화권.
묘,유 좌 탐랑/ 자미 화과.
묘,유 좌 자미/ 탐랑 화기.

진,술 좌 자미.
진,술 좌 천상/ 자미 화권.
묘,유 좌 천상/ 자미 화과.

축,미 좌 자미.
축,미 좌 자미/ 파군 화록.
축,미 좌 탐랑/ 파군 화권.
축,미 좌 파군/ 자미 화권.
축,미 좌 파군/ 탐랑 화과.

인,신 좌 자미.
인,신의 곤명.
인,신 좌 천부 화과/ 자미 화권.
인,신 좌 천부/ 자미 화과.
인,신 좌 자미/ 천부 화과.

사,해 좌 자미.
사,해 좌 칠살/ 자미 화권.
사,해 좌 칠살/ 자미 화과.

자미성의 적성,학과 직업/ 사업 유형.
자미의 건강, 질병.

☆천기성☆

천기성의 특징. 일반적 성향. 단점. 곤명. 상호작용.

진.술/ 축.미의 자미.

인.신/ 사.해의 자미

자.오/ 묘.유의 자미.

천기 화, 록/권/과/기.

천기성이 명궁에 좌 할 때.

천기이 전택궁에 좌 할 때.

천기의 성계조합.

자,오 좌 천기.

자,오 좌 천기 화록.

자,오 좌 천기 화권.

자,오 좌 천기 화과.

자,오 좌 천기 화기.

묘,유 좌 천기.

묘,유 좌 거문/ 천기 화록.

묘,유 좌 천기/ 거문 화록.

묘,유 좌 거문/ 천기 화권.

묘,유 좌 천기/ 거문 화권.

묘,유 좌 거문 화기/ 천기 화과.

묘,유 좌 거문/ 천기 화기.

진,술 좌 천기.

진,술 좌 천기/ 천량 화록.

진,술 좌 천량 화권/ 천기 화록.

진,술 좌 천량/ 천기 화권.

진,술 좌 천량/ 천기 화과.

진,술 좌 천기/ 천량 화과.

진,술 좌 천량/ 천기 화기.

축,미 좌 천기.
축,미 좌 천기 화록.
축,미 좌 천기 화권.
축,미 좌 천기 화과.
축,미 좌 천기 화기.

인,신 좌 천기.
인,신의 곤명.
인,신 좌 태음 화기/ 천기 화록.
인,신 좌 천기 화과/ 태음 화록.
인,신 좌 태음/ 천기 화권.
인,신 좌 천기 화기/ 태음 화권.

사,해 좌 천기.
사,해 좌 천기 화록.
사,해 좌 천기 화권.
사,해 좌 천기 화과.
사,해 좌 천기 화기.

천기성의 적성,학과 직업/ 사업 유형.
천기의 건강, 질병.

☆태양성☆
태양성의 특징. 일반적 성향. 단점. 곤명. 상호작용.
태양 화, 록/권/과/기.

태양의 성계조합.
자,오 좌 태양.
자궁의 태양.
오궁의 태양.
자,오 좌 태양 화록.
자,오 좌 태양 화권.

자,오 좌 태양 화과.
자,오 좌 태양 화기.

묘,유 좌 태양.
묘궁의 태양.
유궁의 태양.
묘,유 좌 천량/ 태양 화록.
묘,유 좌 태양/ 천량 화록.
묘,유 좌 태양/ 천량 화권.
묘,유 좌 천량/ 태양 화권.
묘,유 좌 천량/ 태양 화과.
묘,유 좌 태양/ 천량 화과.
묘,유 좌 태양/ 천량 화기.

진,술 좌 태양.
진궁의 태양.
술궁의 태양.
진,술 좌 태양 화록.
진,술 좌 태양 화권.
진,술 좌 태양 화과.
진,술 좌 태양 화기.

축,미 좌 태양.
축궁의 태양.
미궁의 태양.
축,미 좌 태양/ 태음 화록.
축,미 좌 태음/ 태양 화록.
축,미 좌 태양 화과/ 태음 화권.
축,미 좌 태음/ 태양 화권.
축,미 좌 태양/ 태음 화과.
축,미 좌 태음/ 태양 화기.
축,미 좌 태양/ 태음 화기.

인,신 좌 태양.

인,신의 거, 일.

인,신 좌 거문/ 태양 화록.

인,신 좌 태양/ 거문 화록.

인,신 좌 거문 화록/ 태양 화권.

인,신 좌 태양/ 거문 화권.

인,신 좌 거문/ 태양 화과.

인,신 좌 거문/ 태양 화기.

인,신 좌 태양/ 거문 화기.

사,해 좌 태양.

사궁의 태양.

해궁의 태양.

사,해 좌 태양 화록.

사,해 좌 태양 화권.

사,해 좌 태양 화과.

사,해 좌 태양 화기.

태양성의 적성,학과 직업/ 사업 유형.

태양의 건강, 질병.

☆무곡성☆

무곡성의 특징. 일반적 성향. 단점. 곤명. 상호작용.

무곡 화, 록/권/과/기.

무곡성의 성계조합.

자,오 좌 무곡.

자,오 좌 천부/ 무곡 화록.

자,오 좌 천부 화과/ 무곡 화권.

자,오 좌 천부/ 무곡 화과.

자,오 좌 무곡 화기/ 천부 화과.

묘,유 좌 무곡.

  묘,유 좌 칠살/ 무곡 화록.

  묘,유 좌 칠살/ 무곡 화권.

  묘,유 좌 칠살/ 무곡 화과.

  묘,유 좌 칠살/ 무곡 화기.

진,술 좌 무곡.

  진,술 좌 무곡 화록.

  진,술 좌 무곡 화권.

  진,술 좌 무곡 화과.

  진,술 좌 무곡 화기.

축,미 좌 무곡.

  축,미 좌 무곡/ 탐랑 화록.

  축,미 좌 탐랑 화권/ 무곡 화록.

  축,미 좌 탐랑/ 무곡 화권.

  축,미 좌 탐랑/ 무곡 화과.

  축,미 좌 탐랑/ 무곡 화기.

  축,미 좌 무곡/ 탐랑 화기.

인,신 좌 무곡.

  인,신의 곤명.

  인,신 좌 천상. 무곡 화록.

  인,신 좌 천상. 무곡 화권.

  인,신 좌 천상. 무곡 화과.

  인,신 좌 천상. 무곡 화기.

사,해 좌 무곡.

  사,해 좌 파군/ 무곡 화록.

  사,해 좌 무곡/ 파군 화록.

  사,해 좌 무곡 화과/ 파군 화권.

  사,해 좌 파군/ 무곡 화권.

  사,해 좌 파군/ 무곡 화기.

무곡성의 적성,학과 직업/ 사업 유형.
무곡의 건강, 질병.

☆천동성☆

천동성의 특징. 일반적 성향. 단점. 곤명. 상호작용.
천동 화, 록/권/기.

천동의 성계조합.

자,오 좌 천동.

자,오 좌 태음/ 천동 화록.
자,오 좌 천동 화권/ 태음 화록.
자,오 좌 천동/ 태음 화권.
자,오 좌 천동/ 태음 화과.
자,오 좌 천동/ 태음 화기.
자,오 좌 태음/ 천동 화기.

묘,유 좌 천동.

묘,유 좌 천동 화록.
묘,유 좌 천동 화권.
묘,유 좌 천동 화기.

진,술 좌 천동.

진,술 좌 천동 화록.
진,술 좌 천동 화권.
진,술 좌 천동 화기.

축,미 좌 천동.

축,미 좌 거문/ 천동 화록.
축,미 좌 천동/ 거문 화록.
축,미 좌 천문 화기/ 천동 화권.
축,미 좌 천동/ 거문 화권.
축,미 좌 거문/ 천동 화기.

인,신 좌 천동.

인,신 좌 천량/ 천동 화록.

인,신 좌 천동/ 천량 화록.

인,신 좌 천동/ 천량 화권.

인,신 좌 천량/ 천동 화권.

인,신 좌 천량/ 천동 화과.

인,신 좌 천량/ 천동 화기.

사,해 좌 천동.

사,해 좌 천동 화록.

사,해 좌 천동 화권.

사,해 좌 천동 화기.

천동성의 적성,학과 직업/ 사업 유형.

천동의 건강, 질병.

☆염정성☆

염정성의 특징. 일반적 성향. 단점. 곤명. 상호작용.

염정 화, 록/ 기.

염정성의 성계조합.

자,오 좌 염정.

자,오 좌 천상/ 염정 화록.

자,오 좌 천상/ 염정 화기.

묘,유 좌 염정.

묘,유 좌 파군/ 염정 화록.

묘,유 좌 염정/ 파군 화록.

묘,유 좌 파군/ 염정 화기.

진,술 좌 염정.

진,술 좌 천부/ 염정 화록.

진,술 좌 염정/ 천부 화과.
진,술 좌 천부/ 염정 화기.

축,미 좌 염정.
축,미 좌 칠살/ 염정 화록.
축,미 좌 칠살/ 염정 화기.

인,신 좌 염정.
인,신 좌 염정 화기.

사,해 좌 염정.
사,해 좌 탐랑/ 염정 화록.
사,해 좌 염정/ 탐랑 화록.
사,해 좌 탐랑/ 염정 화기.
사,해 좌 염정/ 탐랑 화기.

염정성의 적성,학과 직업/ 사업 유형.
염정의 건강, 질병.

☆천부성☆
천부성의 특징. 일반적 성향. 단점. 곤명. 상호작용.
천부 화, 록/ 과/ 기.

천부성의 성계조합.
천부 좌 자/오〈=자,오 좌 무/부〉
천부 좌, 묘,유/ 묘,유 좌 천부 화과.

천부 좌 진,술〈=진,술 좌 정/부〉
천부 좌 축,미/ 축,미 좌 천부 화과.

천부 좌 인/신, 사/해.
사,해 좌 천부 화과.

천부성의 적성,학과 직업/ 사업 유형.
천부의 건강, 질병.

☆태음성☆
태음성의 특징. 일반적 성향. 단점. 곤명. 상호작용.
태음 화, 록/ 권/ 과/ 기.

태음성의 성계조합.
태음 좌 자/오〈=자,오 좌 동/월〉

묘,유 좌 태음.
묘,유 좌 태음 화록.
묘,유 좌 태음 화권.
묘,유 좌 태음 화과.
묘,유 좌 태음 화기.

태음 좌 진,술.
진,술 좌 태음 화록.
진,술 좌 태음 화권.
진,술 좌 태음 화과.
진,술 좌 태음 화기.

태음 좌 사,해.
사,해 좌 태음 화록.
사,해 좌 태음 화권.
사,해 좌 태음 화과.
사,해 좌 태음 화기.

태음성의 적성,학과 직업/ 사업 유형.
태음의 건강, 질병.

☆탐랑성☆
　탐랑성의 특징. 일반적 성향. 단점. 곤명. 상호작용.
　탐랑정 화, 록/ 권/ 기.

탐랑성의 성계조합.
탐랑 좌 자,오.
　자,오 좌 탐랑 화록.
　자,오 좌 탐랑 화기.

탐랑 좌 묘,유〈=묘,유 좌 자/탐〉

탐랑 좌 진,술.
　진,술 좌 탐랑 화록.
　진,술 좌 탐랑 화기.

탐랑 좌 인,신.
　인,신 좌 탐랑 화록.
　인,신 좌 탐랑 화기.

탐랑 좌 사/해〈=사,해 좌 정/탐〉

탐랑성의 적성,학과 직업/ 사업 유형.
탐랑의 건강, 질병.

☆거문성☆
　거문성의 특징. 일반적 성향. 단점. 곤명. 상호작용.
　거문 화, 록/ 권/ 기.

거문성의 성계조합.
거문 좌 자,오.
　석중은옥격.
　자,오 좌 거문 화록.

자,오 좌 거문 화권.
자,오 좌 거문 화기.

거문 좌 묘/유〈＝묘,유 좌 기/거〉

거문 좌 진,술.
진,술 좌 거문 화록.
진,술 좌 거문 화권.
진,술 좌 거문 화기.

거문 좌 축/미〈＝축,미 좌 거/동〉

거문 좌 인/신〈＝인,신 좌 거/일〉

사,해 좌 거문.
사,해 좌 거문 화록.
사,해 좌 거문 화권.
사,해 좌 거문 화기.

거문성의 적성,학과 직업/사업 유형.
거문의 건강, 질병.

☆천상성☆
천상성의 특징. 일반적 성향. 단점. 곤명. 상호작용.
형수협인.
천상 화기.

천상성의 성계조합.
천상 좌 자,오〈＝자,오 좌 정/상〉
천상 좌 묘,유.

천상 좌 진,술〈＝진,술 좌 자/상〉

천상 좌 축,미.

천상 좌 인,신〈=인,신 좌 무/상〉
천상 좌 사,해.

천상성의 적성,학과 직업/ 사업 유형.
천상의 건강, 질병.

☆천량성☆
  천량성의 특징. 일반적 성향. 단점. 곤명. 상호작용.
  천량 화, 록/권/과/기.

천량성의 성계조합.
천량 좌 자,오.
  자,오 좌 천량 화록.
  자,오 좌 천량 화권.
  자,오 좌 천량 화기.

천량 좌 묘,유〈=묘,유 좌 양/량〉

천량 좌 진,술〈=진,술 좌 기/량〉
천량 좌 축,미.
  축,미 좌 천량 화록.
  축,미 좌 천량 화권.
  축,미 좌 천량 화기.

천량 좌 인,신〈=인,신 좌 동/량〉
천량 좌 사,해.
  사,해 좌 천량 화록.
  사,해 좌 천량 화권.
  사,해 좌 천량 화과.

천량성의 적성,학과 직업/ 사업 유형.
천량의 건강, 질병.

☆칠살성☆
칠살성의 특징. 일반적 성향. 단점. 곤명. 상호작용.
칠살 화, 권/기.

칠살성의 성계조합.
칠살 좌 자,오.
칠살 좌 묘,유〈=묘,유 좌 무/살〉

칠살 좌 진,술.
칠살 좌 축,미〈=축,미 좌 정/살〉

칠살 좌 인,신.
칠살 좌 사,해.

칠살성의 적성,학과 직업/ 사업 유형.
칠살의 건강, 질병.

☆파군성☆
파군성의 특징. 일반적 성향. 단점. 곤명. 상호작용.
파군 화, 록/권/기.

파군성의 성계조합.
파군 좌 자,오.
자,오 좌 파군 화록.

자,오 좌 파군 화권.
파군 좌 묘,유〈=묘,유 좌 정/파〉

파군 좌 진,술.
　진,술 좌 파군 화록.
　진,술 좌 파군 화권.
파군 좌 축,미〈＝축,미 좌 자/파〉

파군 좌 인,신.
　인,신 좌 파군 화록.
　인,신 좌 파군 화권.
파군 좌 사,해〈＝사,해 좌 무/파〉

자오의 정.상/ 파.
파군성의 적성,학과 직업/ 사업 유형.
파군의 건강, 질병.

보좌, 살성의 질병.
천고,천월/ 좌보,우필/ 문곡,문창/ 녹존/ 천마/ 삼태,팔좌/ 홍란.
천희/ 경양/ 타라/ 화성,령성/ 천형/ 지겁/지공/ 절공/ 고진.
과숙/ 천곡,천허.

성요와 성계조합에 의한 직업.
복수 명. 부귀 명. 총명,지혜 명. 무직. 문직. 기예 명. 무속.
역술인. 승도 명. 고독,형극 명. 음란 명. 빈천 명. 질액,형파 명.
신체장애. 요절 명.

　　　　　　　　　　※두수斗數!!!
　　　　　부가附加 참고지식參考知識!!!〜

　　　　　　각 궁 좌 성요의 吉,兇/ 묘廟,함陷.
　　　　　　성요의 남,녀/ 합合. 협夾. 조照.

　　　　　　　　여성 요/ 남성 요.

협으로 길한 성/ 흉한 성.
합으로 길한 성.
공조로 길한 성/ 흉한 성.

두수斗數, 쌍성雙星.
정요. 보좌. 살성. 잡요.
도화성과 해액성.

소한 취용기.
소한의 상충/ 순, 역
소한이 흉한 경우.
대, 소한의 작용력.
소한, 유년,
소한과 유년 태세의 작용력
두군.

쌍태아 판단/ 유아 간명법/ 윤월 생 간명법.
형제 자매궁 잡는 법.
래인〈元神,辰〉/ 인과 궁.
생년 지궁의 함의.

대인관계 판단. 칠성점 위.
태세 입괘법.

명, 신궁/ 명,신주.
명, 신주 활용.
신, 명에 대한 바른 이해.
신, 명과 운 추론.
신/명 대충.

대/ 소한, 유년의 릉 限宮.

성요와 운의 함의.
사생, 마, 고지의 조합.
자,오,묘,유/ 진술,축,미/ 인,신,사,해의 조합.

궁선/ 상관 성.
시험/ 승진/ 사업, 직업/ 재산증식〈발재〉/ 혼인.임신/ 이사.
부동산 매매/ 관재/ 경가파산〈파재〉/ 질병, 사고/ 사망.

두수, 12궁 좌 생년 사화.
명궁의 록/권/과/기~ 부모 궁 까지.

곤명 결.
남, 여 배연, 도화.

□실전 예시□

□목차 순서는 다소 다를 수 있습니다.

□후기後記□

어찌 보면, 책을 낸다는 것이 쑥스럽기도 하고,
부족함이 많다보니, 참으로 부끄러운 일이 될 수도 있으나,
본서의 목적은, 비록 일반인들이라 해도
사주, 즉, 역 철학이 갖는 목적성이 그러하듯,
보다 많은 분들이, 실생활에서 역 철학의 실용적 지식들을
쉽고 간편하게 활용하실 수 있게 함으로서
역 철학〈사주 명법〉의 대중화大衆化에 조금이라도
일조一助가 되었으면 하는 것이며,

사주 역 철학에 입문하시려는 분들이라면,
사주 공부가 그렇게 . . . ~ 어려운 것만은 아니요,
굳이, 그렇게~ 어렵게 학습을 해야 한다거나
어렵게 배우고〈수강자 입장〉, 가르쳐야 할〈강의자 입장〉,
불가피不可避성을 갖는 것만도 아님을
본서의 서술을 통해 제시提示하고자 하였으며,

기존의 역 철학〈사주명법〉에 널리 인식되어왔던
왜곡歪曲된 기류氣流들에서
보다, 유연하고 자유로운 시각視角을 가질 수 있는
계기契機가 되었으면 함에 있었음을 말씀드립니다.

《《《編著 者 略歷》》》

東洋 易 哲學. 占星術 學術院. "윤" 출산/ 학과/ 직업 연구실
潤"易 天文 哲學舘.
《《《010. 5380. 7644》》》

⊡戊戌 年 生.
⊡大學에서 哲學과 獨 文學을 晩學.
⊡自身의 삶과 現實에 대해 懷疑하며 수년간 易 哲學에 興趣하다.
  戊寅 年 定式으로 入門. 戊寅 年 末부터 相談.
  ※한 중수 先生님과 이 영수 先生님으로부터 師事.
⊡子平命理/ 奇門遁甲/ 九星氣學/ 紫微斗數/ 六壬/ 六爻/ 梅花易數 等
  을 探索.
⊡傳來 易學의 現實的 實用性과 더불어 旣存 敎授. 學習法 대한 問題
  點을 풀어내고자 命法의 相互 有機的 統合을 試圖.
  ※2011년 "命法 統合 了訣"
        "두수로 들여다보는 우리네 인생살이" 저작권 등록.
  ※2016년 "자미두수 요체", "사주명리 요체", "두수 궁선 결"을 저작
  권 등록.

⊡저술서⊡;
※바로보고 즉시 말해주는, 두수~ 현장 상담 활용서 "자미두수 요체"
※사주 명리 학습서이자, 현장 상담 활용서 "사주명법 요체".
※래정 목적에서 운 풀이까지, 현장 통합 상담서 "사주명법 통합요체".

신랑·신부 궁합으로 선택하기

쉽게 보는 **나의 짝, 궁합** 定價 18,000원

2016年 10月 10日 인쇄
2016年 10月 15日 발행
편 저 : 방외사(方外___
　　　 "潤(윤)"역 ___
발행인 : 김 현 호
발행처 : 법문 북스
공급처 : 법률미디어

[1][5][2]-[0][5][0]
서울 구로구 경인로 54길4(구로동 636-62)
TEL : 2636-2911~3, FAX : 2636~3012
등록 : 1979년 8월 27일 제5-22호
Home : www.lawb.co.kr

❚ ISBN 978-89-7535-362-8 93180
❚ 이 도서의 국립중앙도서관 출판예정도서목록(CIP)은 서지정보유통지원시스템 홈페이지(http://seoji.nl.go.kr)와 국가자료공동목록시스템(http://www.nl.go.kr/kolisnet)에서 이용하실 수 있습니다.(CIP제어번호: CIP2016022967)
❚ 파본은 교환해 드립니다.
❚ 본서의 무단 전재·복제행위는 저작권법에 의거, 3년 이하의 징역 또는 3,000만원 이하의 벌금에 처해집니다.

법률서적 명리학서적 외국어서적 서예·한방서적 등
최고의 인터넷 서점으로
각종 명품서적만 제공합니다

각종 명품서적과 신간서적도 보시고
정보도 얻으시고
홈페이지 이벤트를 통해서
상품도 받아갈 수 있는

핵심 법률서적 종합 사이트
www.lawb.co.kr

(모든 신간서적 특별공급)

대표전화 (02) 2636 - 2911